经管华信 创新系列

U0821713

Entrepreneurship Management

创业管理

苗　苗　蒋玉石　周　静□主　编
代　宁　孔祥彬　夏高发
彭　敏　高　恒　蔡梧桐
邓馥郁　李静波　姬晓旭□副主编
武　俊　温　宁　宁　迪

電子工業出版社
Publishing House of Electronics Industry
北京 · BEIJING

内 容 简 介

本书是针对高校创业学教学所编写的实用型教材，全书分为10章。1～3章主要介绍在互联网情境下，创业的基本概念和创业机会的识别、评价，并对创业商业模式进行分析。4～7 章讲述创业团队的建立、商业计划书的撰写和产品设计的主要流程。8～10章对企业运营管理与资金管理提出意见，最后对于企业创建和发展给出了合理的科学的建议。在编写过程中，作者结合自身多年来指导的各类创业实例和创业学的教学经验，采用实际创业案例与创业学理论相结合的编写方式，使得读者能够结合实践更加深入地理解与创业相关的各项理论知识。此外，本书还制作了配套教学课件及线上MOOC，有较好的操作性和指导性。

图书在版编目（CIP）数据

创业管理 / 苗苗等主编. — 北京：电子工业出版社，2019.5
（华信经管创新系列）
ISBN 978-7-121-35253-9

I. ①创… II. ①苗… III. ①企业管理－高等学校－教材 IV. ①F272

中国版本图书馆 CIP 数据核字（2018）第 240973 号

策划编辑：石会敏
责任编辑：石会敏　　　　特约编辑：赵翠芝
印　　刷：北京天宇星印刷厂
装　　订：北京天宇星印刷厂
出版发行：电子工业出版社
　　　　　北京市海淀区万寿路173信箱　　　邮编：100036
开　　本：787×1 092　1/16　印张：14.75　　字数：378千字
版　　次：2019年5月第1版
印　　次：2021年1月第2次印刷
定　　价：42.00元

凡所购买电子工业出版社图书有缺损问题，请向购买书店调换。若书店售缺，请与本社发行部联系，联系及邮购电话：（010）88254888，88258888。

质量投诉请发邮件至 zlts@phei.com.cn，盗版侵权举报请发邮件至 dbqq@phei.com.cn。

本书咨询联系方式：（010）88254537。

主要作者介绍

苗苗

西南交通大学副教授、博士，美国乔治梅森大学、宾州州立大学访问学者。研究方向为公共政策、电子商务、电子政务，发表多篇SCI/SSCI/EI检索论文。入选全国万名优秀创新创业导师人才库，指导团队参加学科竞赛，获奖20多次，其中三次全国特等奖，三次全国一等奖，四次全国二等奖。

前　　言

随着社会的不断进步，新时期背景下，知识密集型人才比较稀缺，创新创业人才已经成为社会紧缺人才。高校是培养高素质人才的主要场所。当下，如何优化学生创新创业能力已经成为高校首要关注的问题。其中创新创业教育资源对于大学生创业管理有着至关重要的作用，在目前创业教育资源相对匮乏的情况下，高校中缺乏培养创新创业人才的完善体制，相应的课程不完整，课程教材也不规范统一，缺乏创新创业实践的平台，同学们较难接触到社会的企业资源等，优化创新创业教育资源的开发与利用是解决这一问题的有效方法。当今社会迫切需要大批具有创新创业能力的人才。可以说，创新创业能力已经成为社会向前发展的原动力。创新能力是指运用知识和理论完成创新过程、产生创新成果的综合能力。创新能力包含着创造性思维能力和创造性实践能力，主要包括四个方面的内容，即创新意识、创新思维、创新技能和创新人格。本书对于培养创新创业型人才的意义在于：结合当下"互联网+"的时代背景，详细地阐述了创业的全部环节，为创业者提供了详尽的创业基础知识和大量的创业实例分析，对创业者来说是一本创业的指导全书。

本书是针对高校创业学课程编写的实用型教材，对于完善创新创业课程及各类创新创业大赛的培训有较大作用，在 MBA、管理专业或非管理专业的本科生、硕士生创业学课程的教学中可以作为教材使用，也可作为科技工作者、工程技术人员和其他管理人员的创业培训资料。本书中整合的大量创业实例是结合了作者多年指导创业项目的经验编写而成的，具有很强的可读性和参考性。最后，本书配套的线上 MOOC 还邀请了许多成功的创业企业进行实地采访和拍摄，将企业资源与高校创新创业教育相结合，为同学搭建起创新创业理论与实践并重的教育平台。[本教材受到国家自然科学基金（71572156）、川酒发展研究中心（CJZB18-02）、四川循环经济研究中心（XHJJ-1815）、中央高校基本科研业务费资助项目（2682018WQN16）、西南交通大学 2018 年本科教育教学研究与改革项目（1802012、1802031）的支持。]

在本书的编写过程中，我们参考了大量国内外著作与网上学习资料，引用材料繁多，个别资料出处没有详细标出，而是添加在参考文献中，编者未能与材料原作者取得联系，冒昧将资料收录，敬请谅解。在此向所有作者、资料提供者表示由衷的感谢。

由于编写时间仓促，编者业务水平与经验有限，书中难免存在遗漏与偏颇之处，恳请广大读者批评指正。

目　录

第1章

创业概论

导入案例

蚁视：国内虚拟现实的拓荒者

VR 发展历程回顾

1989 年，一位名为 Jaron Lanier 的计算机科学家研发了人类历史上的第一款虚拟现实设备，那是一台名叫 EyePhone Model 1 的头戴式显示设备。在当时，这款被发明者 Lanier 称为“能够重塑现实，并将其分享给他人”的 VR 设备，售价 9400 美元，需要两台超级电脑才能驱动。

1990 年，由于高昂的运营成本以及相关技术的限制，Lanier 解散了公司、卖了相关专利，但是 VR 技术还是坚强地存活了下来。

1992 年，科幻恐怖电影《割草者》(The Lawnmower Man) 以 Jaron Lanier 为原型，虚构了一个精彩的科幻故事，第一次向观众介绍了“虚拟现实”(Virtual Reality) 这个词。

2005 年，任天堂推出了 Virtual Boy，这款笨重又尴尬的设备不仅终结了任天堂当年的利润，还短暂地终结了 VR 的命运。至此，VR 成了所有技术界人士记忆中的“哦，那个令人失望的东西”。

2010 年，一个来自美国加利福尼亚的 18 岁少年因为再也无法忍受市面上 VR 头显的极差体验，决定干一番大事业。于是，在他爸妈的车库里，Palmer Luckey，也就是现在人们口中的“帕胖”，研发出了他的 VR 设备，他把自己的设备命名为 Rift(裂缝)，用以指代 VR 用虚拟空间对现实世界的割裂。

2012 年，Luckey 成立了 Oculus，拉丁语中是眼镜的意思，又把自己的项目放到了 Kickstarter 上，寻求的资金总额是 25 万美元。最终，他得到了 240 万美元。

2013 年，Oculus 创始人 Luckey 携 DK-1 亮相当年 CES，这也是 Oculus 第一次以完整的企业形态出现在人们面前。

2014 年，Facebook 宣布以 20 亿美元的天价收购 Oculus。

不可否认，Oculus 的一夜成名让 VR 技术重新回到了大众的视野中，也掀起了新时代第一波 VR 技术的浪潮。放眼国内，无数的创业者也纷纷借助 VR 技术的热潮开启了新一轮的创新创业。而蚁视，就是国内众多虚拟现实的拓荒者之一。

蚁视，全称北京蚁视科技有限公司，创立于 VR 技术最火的 2014 年。创始人覃政，1987 年 8 月出生于湖北恩施，本科就读于北京航空航天大学，硕士博士就读于中国空间技术研究院(航天五院)。2014 年年初，覃政从航天五院博士退学，创办蚁视，推出产品 ANTVR KIT。

蚁视科技专注于穿戴式设备、虚拟现实、增强现实、立体视觉领域，具有全球最领先的穿戴式显示及虚拟现实技术，自主研发的全球首款虚拟现实套装 ANTVR KIT 于 2014 年 5 月 14 日在美国 KICKSTARTER 网站开始预售。ANTVR KIT 的头盔部分能带来无变形的沉浸式虚拟现实体验，控制器可变为多种形态，如体感枪、控制棒、传统手柄、方向盘等。此外，ANTVR KIT 全面兼容 PC、XBOX、PS、BLU-RAY 和 Android 等平台，可以应用于所有 2D、3D 的游戏和电影。

因为科幻，所以创业

就像 VR 技术起源于 Jaron Lanier 的一个科幻想法一样，覃政的创业也同样是因为科幻。

覃政从小就是一个科幻迷，早在高中、大学时期，他就已经在科幻界颇有名气。他的三部科幻小说《白纸》《暗杀》《谁动了我的钱包》均发表于《科幻世界》杂志，其中，《谁动了我的钱包》还入选了《2007 年度科幻小说(选集)》。同时，他作为北航科幻协会的负责人和会员们一起拍摄的微电影《北航惊魂》和《北航惊魂 2》，当年曾在大学生科幻迷中广为流传。此外，由覃政导演拍摄的微电影《CD-1(鼠族崛起)》《浮云》还连续两年获得北京高校联合电影节多项奖项。

对于虚拟现实，覃政一直有着一份特殊的情感。早在儿时，他从科幻小说中了解到，未来可能会出现一种设备，可以让人进入虚拟世界之中，用无与伦比的虚拟现实体验改变人们的生活。上大学之后，虽然覃政所学的是航天器设计专业，却也在虚拟现实领域有过较为深入的钻研。他曾经独立设计制造过“目标姿态探测系统”，可以应用于虚拟现实领域进行人体动作识别。

“我从本科、硕士直到博士，一直在航天器设计专业学习。这是因为，宇宙航行是科幻作品中最常见的题材之一，在我看来，设计航天器可能是现实生活中离科幻，也就是我的理想最近的领域。”覃政说，“但多年之后，当我读研究生的时候，我才突然发现，自己未来的工作很可能不那么‘科幻’。我更想从事一些更加贴近科幻的工作，所以我选择了虚拟现实。”

带着这样的想法，覃政组建起一个由昔日同窗中的科幻迷组成的创业团队。同窗多年的经历使团队成员之间都了解彼此的特长，从而能更默契地配合以完成研发工作；而团队成员狂热爱好科幻的特质，也会让他们对研发工作充满热情。

于是，覃政带着对于科幻、对于 VR 技术的一片赤诚之心开始了他的创业之路。

高科技产品的艰难求生之路

直接从科幻作品中吸取营养、然后进行创意、最后变成产品的创业模式，听上去非常具有硅谷范儿。但是，对于创业而言，创业模式听起来怎么样根本不重要，最重要的是，你所推出的产品是什么样子的，是否具有价值。

2012 年，覃政还在上学，他就在家里搭了一个实验室，做了各种 DIY 的产品，包括 3D 打印机、一些钻床类的加工工具，到最后他捣鼓出了一个 VR 头盔。

2013 年，覃政带着这个头盔去见了投资人，先后见了十几个，最后只有一家愿意投他，原因是其他人看不懂也没听过，不知道这个头盔是什么东西。而那时的覃政也是抱着试试看的心态，想如果能融到钱就创业，拿不到就继续上学。

2014 年，蚁视成立，覃政也从航天五院博士退学全职创业。同年 6 月，ANTVR KIT 在国外著名众筹平台 Kickstarter 众筹成功，共获得支持约 26 万美元，打破中国项目在 Kickstarter 上的众筹纪录。而这已经是 ANTVR 的第四代原型。

从获取融资的角度来看，蚁视其实并不受投资人的喜爱，只是碰巧遇到了 VR 发展的热潮，这才搭上了投资的快车。

在中国，像蚁视这样硅谷范儿的创业模式其实一定程度来讲，并不是特别合适，因为在中国试错是有成本的，而且这个成本往往会很高。在国外，我们常常会看到一些创业者，他们创业失败了很多次，甚至十几次，可还会有人愿意去投资他。但是在中国，一旦一次创业失败了，就很难再有人愿意投资了。

此外，中国的投资人也更加现实，他们不愿意去投资一些看起来成功概率比较渺茫的产品，他们期待于投资一些在国外已经验证成功的商业模式或者已经验证成功的产品形态。而 2014 年的蚁视，恰恰不属于这一类。

从行业的角度来看，蚁视所专注的 VR 行业，其核心技术仍然在快速发展之中，新产品的研发与推广都面临着巨大的压力。

VR 行业早期更像是一个平台级的产品，它的发展路径类似于电脑和手机。

20 世纪 80 年代，乔布斯发布苹果电脑的时候，那时的乔老爷子也是踌躇满志想把电脑迅速地推广到万千家庭，他也曾豪言三个月之内卖 100 万台，但事实上最终的销量非常惨淡。直到 2000 年左右，电脑才真正面向大众开始做销售。这当中经过了长达 20 年的时间，在这 20 年的时间里，很多公司都不复存在了。VR 作为一个全新的高科技设备，想要获得来自普通大众的认可和接受，还有很长的一段路要走。

而手机的发展也向我们展示类似的科技产品在发展的过程中需要解决的另一个问题：普通用户购买产品来做什么？就像人在最初购买手机的时候，需要了解自己购买手机来干什么一样，VR 产品也面临着同样的问题，普通用户需要 VR 做什么？

案例评价

蚁视，作为一家高新技术创业企业，具有全球领先的穿戴式显示及虚拟现实技术，专注于虚拟现实、增强现实、全息现实的创新研发，致力于建设开放的软硬件结合的 VR 生态体系。它具有新时代技术创业企业的典型特征——通过核心科技创造新产品；面向未来开发新的细分市场；易形成独角兽企业。蚁视的创业路径、天堂和地狱的商业模式选择、未来布局、研发、爆发的设想，投融资方法，都值得深入分析、思考、借鉴。

思考题

1. 从蚁视的创业案例中，能够发现哪些创业活动的组成要素？
2. 蚁视属于创业分类中的哪一种？
3. 依照创业行为几个特征阶段的定义，蚁视目前处在哪个阶段？
4. 利用安索夫矩阵模型为蚁视进行战略模式的选择分析。
5. 以蚁视为例进行一次市场机会分析。
6. 案例中的哪些地方体现出了创业思维中的创新思维？

本章要点

- 中国创业发展的五个时间阶段
- 创业及创业的定义
- 创业概念的组成要素
- 创业的分类
- 创业行为的特征阶段
- 创业管理的特点
- 创业管理与传统管理的区别
- 安索夫矩阵模型及其应用
- 市场机会分析
- 创业思维
- 创业方法

学习目标

- 了解创业的两种分类
- 了解创业管理的特点
- 了解几种重要的创业思维
- 了解中国创业发展的五个时间阶段
- 了解创业以及创业的概念
- 理解创业管理与传统管理的差异
- 理解市场机会分析
- 掌握创业行为的三个特征阶段
- 掌握创业中的实用方法
- 熟悉安索夫矩阵模型及其拓展模型
- 熟悉安索夫矩阵模型的使用方法

1.1 创业与互联网创业

1.1.1 创业的演变

创业纪录电影《燃点》的开机序言中说："在今天的中国，如果有什么人生契机可以点燃一代人的激情，可以让青年精英对自身和未来保有希望，那只能是创业。40 年前的高考实现了市场经济下最早的人才选拔；40 年后，在一个愈加成熟的商业中国，创业者如走上搏击台，实现了以弱胜强的创富神话。创业让这代中国人的商业灵感，达到了燃点。"

20 世纪 80 年代改革开放之初，伴随着自主经营、自负盈亏的经济体的出现，市场经济开始逐渐繁荣起来，一个全新的自由空间开始逐步呈现在大众的眼前。在这样的时代背景之下，一些具有前瞻性眼光的人士，主要是政府机关人员、企事业单位工作人员等放弃了在传统体制内的工作，转而到这一新的空间里创业经商、谋求发展。这样的“下海”风潮成就了一批风流人物，如个体户、民营企业主、国企改革家、下海创业者、农村大包干承包者、边贸开拓者等。从某种意义上看，他们可以算作是最早的创业者。发展至今，他们或成功、或失败、或归于平淡，但无论如何，他们的经历都是这段伟大历史的生动纪录。

90 年代初期，我国开始由计划经济向市场经济转轨，经济发展多年积累的深层次矛盾逐渐显现，出现了一系列综合反应现象。我国人口多，劳动力总量大、增长快，远远超过社会生产的需求，但就业岗位相对不足，造成了不少需要分流的企业富余人员暂时找不到就业机会而成为下岗职工，进而出现失业现象。“停薪留职”“厂内待业”“放长假”“两不找”等职工下岗现象，催生了第二波创业潮流。随着改革的深入、科技的进步以及经济结构的调整，劳动力也出现了相应的调整与流动。在产业转型的过程中，伴随着经济的发展，投身创业的人也越来越多，在经济发展中的各行各业都可以见到创业者的身影。

从 1978 年到 2008 年，创业者们的愿景是“改变自身命运”，而从 2008 年开始到 2017 年，越来越多的中国创业者更希望“改变世界”。这种改变，与早期的创业冒险相比已经进入了一个全新的阶段。进入 21 世纪以后，信息化建设、产业革命、电子商务热潮、大数据建设，一轮又一轮的科技浪潮不断兴起。在这样的社会经济背景下，涌现出新一批的眼光精准、战略前瞻、伺机而动、应时而上的创业者。这类创业者往往具有很高的个人素质、扎实的教育背景和一定的技能水平，其创业行为往往能够为成熟市场带来新的思路，或挖掘出全新的细分市场，形成独角兽企业，甚至领航新一轮的产业变革。10 年前在中国创业，只要做得像样都能赚到钱，而如今任何一个行业都弥漫着竞争的硝烟，想要出类拔萃很难。

“财富会改造一个人，如同繁荣会改变一个民族一样。”在描述中国老一代创业者的鸿篇巨制《激荡三十年》中，我们可以看到作者记录的创业变迁史。曾经的中国创业者被称为“个体户”，往往还被微微蔑视；但近十年来，越来越多的创业者身上不仅承载了自己的事业，还通过互联网承载了更多人的情感寄托。创业活动，不仅是个人的选择，更是时代的呼唤。

在左仁淑主编的《创业学教程：理论与实务》一书中，曾引用了李时椿《创业管理》一书中对于中国创业发展的论述：中国创业发展的阶段分为**原始积累阶段、正式起步阶段、曲折前进阶段、迅猛发展阶段和纵深发展阶段**五个阶段。

其主要历程如表 1-1 所示。

表 1-1　中国创业活动发展阶段

发展阶段	时间跨度	主要表现
原始积累	1979～1984	个体户创业；农民和城镇无业人员，知识不多；主要领域为劳动密集型产业（如餐饮业、商业、加工业、运输业）
正式起步	1984～1988	第一次创业热潮。知识分子加入；主要从事第三产业、科技产业、制造业
曲折前进	1988～1992	第二次创业热潮。全民经商现象；大批有学历和稳定工作的人、政府官员、大学生开始创业。国际经济环境的变动使部分新创企业受到影响
迅猛发展	1992～1999	第三次创业热潮。更多人“下海”创业，下岗人员创业，主要集中在金融、房地产、第三产业、教育产业等，创办企业的规模较大
纵深发展	1999 年至今	第四次创业热潮。《个人独资企业法》通过，创业支持和扶持体系健全，创业环境得到改善，创业多元化、纵深化，涵盖各个行业各个领域，高科技创业、大学生创业、归国留学人员创业、创业、二次创业迅猛发展

1.1.2 创业的基本概念

王安石有言，“世之奇伟、瑰怪、非常之观，常在于险远，而人之所罕至焉，故非有志者不能至也。”创业是一场漫长的征途，成功者寡，而失败者众。这不是一场吟赏烟霞、封存美丽的旅途，也不是一场光怪陆离、斑驳繁复的体验。这是一场博弈，更是一场战争。

创业是什么？国内外研究者从不同角度给出了多种理解。杰夫里·提蒙斯（Jeffry A.Timmons）写作了创业教育领域的经典教科书《创业创造》（New Venture Creation），在书中，他将创业定义为“一种思考、推理结合运气的行为方式，它为运气带来的机会所驱动，需要在方法上全盘考虑并拥有和谐的领导能力”。科尔（Cole）（1965）则提出，创业是一种“发起、维持和发展以利润为导向的企业的目的导向行为”。而百森商学院和伦敦商学院则把创业定义为“依靠个人、团队或一个现有企业来建立一个新企业的过程”，如自我创业、一个新业务组织的成立或一个现有企业的扩张。[①]

在中国的文化和研究体系中，《孟子·梁惠王下》有“君子创业垂统，为可继也”的表述，在这里“创业”则是创立基业的意思。研究者张健提出，创业包括了开创新业务、创建新组织、组合新资源、发掘和创造新价值等一系列活动。李志能等认为，“创业是一个发现和捕捉机会并由此创造出新颖的产品或服务，实现其潜在价值的过程”。张秀娥提出，“创业是企业管理的一种手段和指导思想，创业在本质上是一种创新活动、高风险活动”。

不同研究者对创业的定义不同，阐述也各有侧重。但是深入分析和比较一番，我们可以发现，对于创业活动，有如下几项要素是一定会被概括到的。[②]

（1）发现新的机会。

（2）创建新的企业、新的产品或服务。

（3）实现资源的配置、重组或优化，包括但不限于技术资源、人力资源、资本、生产、顾客资源等。

（4）创造价值，包括个人价值、企业价值、顾客价值、社会价值等。

（5）克服困难，对抗风险，妥善应对技术实现、产品制造、市场开发、经营管理、财务投资、社会变革等方面的不确定性。

综上所述，创业可定义为：一个通过创新发现商业机会、筹集和配置资源、创立企业或组织、对抗风险并创造价值的行为过程。

例 1.1

刘秋玲是苍溪县人，2005 年获得大学本科学历之后，曾在江苏南京工作，并在那里生活了整整四年。在这四年的时光里，她曾在高尔夫球场工作，结识了许多业界精英人士，开阔了眼界；也曾在诺亚方舟集团服务部，从最底层的服务人员一直做到主管。在这四年的实践中，她不仅锤炼了自己的职业技能，也潜移默化地学会了许多企业管理的方式方法。

2009 年刘秋玲回到家乡，在成家定居的同时，也着手进行自主创业的尝试。2010 年，她在苍溪县歧坪镇创办了华川纸杯厂，主要经营纸杯、纸碗的加工和销售，这也是刘秋玲

① 创业. 百度百科. https://baike.baidu.com/item/%E5%88%9B%E4%B8%9A/5324?fr=aladdin

② 左仁淑. 创业学教程：理论与实务. 北京：电子工业出版社，2014.

自主创业的第一次尝试。华川纸杯厂在创办之后顺利完成了生产经营活动，取得了可喜的业绩，但随后因遇到了手续办理难题，最终停办。

2013 年，刘秋玲开始了自己人生中的第二次创业。在本次创业的过程中，她：

发现了新的机会

在江苏南京的工作经历，让刘秋玲有了把握市场、分析行情的敏锐眼光。她寻找并发现了良好创业机会——林木产业，并通过查阅相关资料进行详细分析，最终选择了将油橄榄种植作为创业项目的切入点；随后，刘秋玲考察了成都金堂、广元青川等地区的油橄榄种植基地，并提取歧坪镇土壤进行取样化验，在进行了充分的市场调研和可行性分析之后，最终决定要把握住这一绝佳的创业机会。

创建新的企业、新的产品或服务

刘秋玲首先建立了自己的油橄榄种植基地，实现了生产经营的全过程并逐步扩大种植规模；在 2015 年底，联合在江苏南京创业的侯天茂创办了花卉苗木合作社；后又创办了苍溪县兴农粮油专业合作社，不断扩大企业规模，丰富业务种类。

实现资源的配置、重组或优化

在创业的过程中，刘秋玲流转了土地，聚集了发展种植需要的土地资源；关爱村镇贫困户，聘用村民做固定工人或其他工人，合理调配人力资源；采用先进的生产模式和生产技术，合理应用技术资源。

创造价值

刘秋玲的苗木专业合作社，每年可实现产值 35 万元。参合社员只需缴纳每亩 600 元的费用就能获得收益，参与生产管理的还可以享受每年 150 元/亩的分红。

克服困难，对抗风险，妥善应对各方面的不确定性

在创业之初，刘秋玲流转土地的需求并未得到村民的支持，工作开展遇到阻力。刘秋玲首先寻求村支部书记、其父刘太聪的帮助，她首先向父亲详细阐述了自己的创业思路，在得到了父亲的支持之后，进一步向父亲咨询做通村民工作的方式方法。在父亲的支持指导下，村里先后召开了干部会、群众会、座谈会，通过会议宣传政策、阐述创想，最终统一了大家的意见。

面对村里不同意流转土地的老人，刘秋玲挨家挨户走访，给老人们做思想工作，算细账：“如果土地荒芜的话，地里补贴会被取消，而如果把土地流转出来就能有补助，这是其一；将来土地流转了建成了产业园，一周就能挣 600 块钱，顶得上种庄稼一年的收入，这是其二；流转土地能够不让土地荒废，物尽其用，这是其三。另外，扎根于家乡土地的创业一旦成功，不仅能够美化环境让大家的生活环境更加美好，还可以吸引更多的家乡人民返乡创业，帮助大家过上富裕的生活，是不是好处更多？”

在她的不懈努力之下，终于做通了全村人的思想工作，顺利流转土地建起种植基地，迈出了创业的第一步。

从苍溪县歧坪镇返乡创业大户刘秋玲的创业经历中，我们可以鲜明地感受到创业的五个典型特征。它们贯穿于创业活动的全过程中，是创业的出发点、行为指南以及奋斗目标，也是支持创业项目得以落地的基础。

创业的本质是一种行为，由创业者发起，对社会、市场产生作用，受相关联的实体的影响并对之负责。创业往往意味着创新，是一种从无到有的创造，是一种崭新的布局和尝试；但与此同时，创新的另一面就是风险，因为对前路一无所知，所以会遇到各种各样的问题，于是又需要运用勇气和智慧，从头迎战创业路上的困难和风险，寻求伙伴、获取资源、解决问题。从这个角度来看，创业其实是一个发现痛点，并试图通过商业方法解决痛点问题，还要在解决痛点问题的途中迎战完全的未知，最终逐渐形成积淀的过程。

1.1.3 互联网创业

1994 年 4 月 20 日，中国通过一条 64K 的国际专线实现了与国际互联网的全功能链接，从此开启了中国的互联网时代。在被称为中国互联网元年的 1997 年，互联网走入了寻常百姓家，仅仅经过 21 年，中国便已全面步入互联网时代，伴随着互联网的发展也催生出一个巨大的产业——IT 与互联网产业。随着 IT 与互联网产业的不断壮大，互联网思维作为一个极具代表性的名词，也越来越多地被大众所提及，跨界、开放、链接等是互联网思维的典型特征。

所谓的互联网创业，指的就是利用互联网思维来完成一种生产力的转变，改革、创新、发展、推动新经济形态不断发生演变的创业项目。由此可见，互联网与创业的结合，并不仅仅局限于硬件与渠道的结合，更多的是强调思维方式的结合。

例 1.2

1995 年，马云受浙江省交通厅委托到美国催讨一笔债务，开启了他的美国之行。结果却是一分钱都没有要到，但是马云却在美国真正接触到了一个“宝库”——互联网。在美国，马云对计算机一窍不通，第一次真正意义上的接触到了互联网。马云在美国刚刚学会上网，他就想通过互联网为他的翻译社做线上广告，第二天一早他就把翻译网站的广告发送到网上，不到中午的时候他就收到了 6 封邮件，这些邮件分别来自美国、德国和日本，说马云的广告是他们看到的第一个有关中国的网页。这使马云意识到互联网是一座“宝库”，他开始构思回国后建立一个公司从事互联网开发。

马云初步构思的想法是把国内的企业资料收集整理起来通过互联网向全世界发布，回国后他立刻和在美国认识的合作伙伴一起搭建了这个网站，这个网址就是中国黄页。中国黄页代表着全球首创的 B2B 电子商务模式，从此马云就这样开始了他的互联网征途。

同年 4 月，马云又投入 7000 元，联合妹妹、妹夫、父母等亲戚凑了两万多元，创建了中国最早的互联网公司之一“海博网络”，它的主营产品就是“中国黄页”。

之后的两年里马云艰难地在中国推广自己的中国黄页，对于很多没有互联网的城市来说马云的推广一度被认为是“骗子”，但马云仍然像疯子一样不屈不挠地向大众普及着互联网的知识和推广着他的中国黄页，他天天不断地提醒自己：“互联网是影响人类未来生活 30 年的 3000 米长跑，你必须跑得像兔子一样快，又要像乌龟一样保持耐力。”在不断的坚持与失败中，一笔笔互联网业务就这样艰难地开展了起来。在 1996 年，海博网络的营业额惊人地做到了 700 万！也就是这一年，互联网的浪潮在中国开始盛行。

后来，中国黄页与杭州电信的竞争因为实力差距过大，马云将中国黄页卖给了杭州电信，随后由于经营理念的不和，马云放弃了中国黄页，但马云的创业梦想并没有就此停止。

1999 年 2 月的一天，马云在杭州湖畔家园的家中召开了新的“起事”的会议，18 位创业成员兴奋地围绕着慷慨激昂的马云，马云快速而疯狂地发表着激情洋溢的演讲，在这次“起事”的会议上，马云和伙伴共筹了 50 万元本钱，这次会议对于马云有着极大的历史价值。在这次会议上马云说：“我们要办的是一家电子商务公司，我们的目标有三个：第一，我们要建立一家生存 102 年的公司；第二，我们要建立一家为中国中小企业服务的电子商务公司；第三，我们要建立世界上最大的电子商务公司，要进入全球网站排名前十位。”从这天开始，马云开始铁下心来做电子商务。

利用这仅有的 50 万元的微薄的创业资金，马云首先花了 1 万美元从一个加拿大人手里购买了阿里巴巴的域名，并注册了 http://alimama.com 和 http://alibaby.com。他们没有花钱租写字楼，就在马云家里办公，最多的时候一个房间里坐了 35 个人。他们每天工作 16—18 个小时，如饿狼一般在马云家里疯狂工作，日夜不停地设计网页，讨论网页和构思，困了就席地而卧，睡醒了再起来继续工作。马云不断地鼓动员工，“发令枪一响，你可不能有时间去看对手是怎么跑的，你只有一路狂奔”；又不断告诫员工“最大的失败是放弃，最大的敌人是自己，最大的对手是时间”，阿里巴巴就在这不断的鼓励和警醒中孕育成长着。1999 年 3 月阿里巴巴正式推出上线，逐渐成为大众、媒体、风险投资者关注的焦点，并在拒绝了 38 家不符合自己要求的投资商之后于 1999 年 8 月接受了以高盛基金为主的 500 万美元投资，于 2000 年第一季度接受了软银的 2000 万美元的融资，阿里巴巴从而由横空出世、锋芒初露，到气贯长虹、势不可挡，直至成为全球最大网上贸易市场、全球电子商务第一品牌，并逐步发展壮大为阿里巴巴集团，最终成就了阿里巴巴的互联网帝国。

电子商务概念的提出以及阿里巴巴的诞生都是互联网与传统商务模式相结合的产物，互联网兼容并包的特性使得“互联网+”变得可能。从电子商务最初始的“互联网+传统零售”到如今的“互联网+金融”“互联网+教育”“互联网+医疗”，互联网跨越了行业与行业之间的鸿沟，用其特有的方式将用户与行业加以连接。因此，跨界、开放、连接，既是互联网思维的典型特征，也是创业的关键词。

1.1.4 创业的分类

在大众创业、万众创新的时代，越来越多的年轻人投身于创业大潮当中，依据创业动机、创业模式的不同，可以将创业分为不同的类别。总体来说，创业行为可划分为两个大类。

1. 生存型创业

生存型创业，其实是在面对产能过剩的情况下，人们不得不选择的维生之道，这类创业的直接影响便是解决困难人群的就业问题(在国家支持下)。生存型创业者大多为下岗工人，因为失去土地或其他原因而不愿困守乡村的农民，以及刚刚毕业找不到工作的大学生。

这是中国数量最大的创业人群。根据清华大学的调查报告数据显示，这一类型的创业者占中国创业者总数的90%。其中许多人是“被逼上梁山”，为了谋生混口饭吃。[①]

一般来说，生存型创业的范围往往局限于商业贸易，少量从事实业，即使有从事实业的，也基本是一些小型的加工业。当然也有因为机遇成长为大中型企业的，但数量极少。尤其是如今的国内市场，已经不同于20多年前刘永好兄弟、鲁冠球、南存辉等所处的那个创业时代，当时经济短缺、机制混乱、机遇遍地；而当今市场逐渐趋于饱和，企业成熟度高，着眼于图生存的生存型创业往往“小富即安”，在满足企业正常的周转存货要求之后，因触到发展的天花板从而走向稳定，少有做大做强者。

例 1.3

李琼是一名幼儿教师，从1985年高中毕业之后就一直从事这项工作。然而，稳定的工作状态直到2002年被打破了。企业改制让李琼被迫下岗，她的人生也从此发生了转折。

下岗后无事可做的李琼一度非常迷茫。但她总觉得技多不压身，多学点本领总是没有坏处的。于是她自学了会计知识并取得了证书，还自学了服装裁剪等技能。机遇总是留给有准备的人。就在此时，小市社区有个闲置了一年多的幼儿园需人经营，李琼抓住了这个机会。幼儿教师本来就是自己最热爱的工作，这一次，她要将自己热爱的工作变成自己的事业。

李琼接手的这个幼儿园已经闲置了一年多，早已破败不堪，重新建园修缮需要大笔资金。李琼没有犹豫，她迅速从亲朋处筹集了7万元资金，投入了她的“宝宝乐园”的创建。

李琼对幼儿园的重建工作非常投入。她装潢了房屋，购置了大型玩具，并按高标准筹办生活教学设施。她还聘用了原幼儿园三名同事当老师。牌子挂出来了，硬件设施也完备了，但李琼还缺少最重要的东西——声誉。家长对她不了解，也就不愿将孩子送来。为了提升新幼儿园的知名度与信誉，李琼挨家挨户上门向家长介绍。即便如此，李琼开办的幼儿园在当年开园的时候，也只招到了20名小朋友。

创业初期的生活是艰苦的。由于招生不足，没有足够的资金来源，在创业的头几个月，李琼是靠着父母的退休金在给教师们开工资。但凭着一颗爱心与对事业的热情，李琼没有放弃。很快，幼儿园的口碑逐渐传播开来，半年后新入园的小朋友达到了60多名，幼儿园也扭亏为盈。2004年，李琼再接再厉创办了第二所幼儿园“云燕幼儿园”，也很快达到了满员状态。

2008年是李琼事业的又一个转折点。幕府西路一处千户居民的小区落成了，并配套了一所2800平方米的幼儿园。在政府创业贷款的支持下，李琼投入近200万资金，创办了她的“旗舰园”——海燕幼儿园。

这是一所南京市高水平的民营幼儿园。走进海燕幼儿园，可以看到室外活动园地的塑胶跑道，还有一应俱全的游乐器械。幼儿园拥有9个标准化教室。在此基础上，李琼还投资设立了幼儿音体室、绘画室、幼儿图书馆、科学发现室和鼓励幼儿动手的“蒙台索尼”教学室。海燕幼儿园以文艺教育为特色，是江苏省唯一一家具有“幼儿戏曲基地”称号的学校。

---

① 创业. 百度百科. https://baike.baidu.com/item/%E5%88%9B%E4%B8%9A/5324

5 年的创业经历，让李琼拥有了 3 所幼儿园，在园儿童 500 多人，教职员工 50 多名，创业时的三名老教师也都在团队之中。李琼还十分注重年轻人的培养，20 多名专职教师全部来自幼儿师范专业，目前业余时间也都在南师大本科就读，提升自身水平，加强教学能力。

下岗职工李琼的创业故事就是典型的生存型创业。在她 35 岁下岗之后，迫于生计开始创业。创业项目也是和她之前从事的工作相关，长期的工作为她积累了丰富的经验，也为创业活动的顺利开展奠定了基础。此外，李琼创办的民办幼儿园属于文教服务行业，规模不大，发展稳定，符合生存型创业“小富即安”、低技术门槛的特点。

2. 机遇型创业

机遇型创业最大的特点就是以机会为导向，侧重点在于抓住机会求得发展、收获历练，而不是追求稳定保障生存。这也就决定了这种类型的创业往往具有较大的发展空间，但同时兼具多种不确定因素的特点。一般来说，机遇型创业还可以细分为以下几种。

(1) 主动型创业。

主动型创业者又可以分为两种，一种是盲动型创业者，一种是冷静型创业者。前一种创业者大多极为自信，做事冲动，他们大多是博彩爱好者，喜欢买彩票，喜欢赌，而不太喜欢反思成功的概率。因此，盲动型创业者很容易失败，但一旦成功，往往就是一番大事业。而冷静型创业者是创业者中的精英人才，其特点是谋定而后动，不打无准备之仗，他们中的大多数要么掌握资源，要么拥有技术，一旦行动，其成功概率通常很高。

(2) 赚钱型创业。

赚钱型创业者除了赚钱，没有什么明确的目标。他们就是喜欢创业，喜欢做老板的感觉。他们不计较自己能做什么，会做什么。可能今天在做着这样一件事，明天又在做着那样一件事，他们做的事情之间也可以完全不相干。甚至其中有一些人，连对赚钱都没有明显的兴趣，也从来不考虑自己创业的成败得失。奇怪的是，这一类创业者中赚钱的并不少，创业失败的概率也并不比那些兢兢业业、勤勤恳恳的创业者高。而且，这一类创业者大多过得很快乐。

(3) 创意创新型创业。

此类创业模式对创业者的个人素质要求很高，创业成功往往形成独角兽企业，有时还能形成新的业态。此类创业模式的创业者往往具有较高的受教育水平，对于行业有较为深入的见解，其企业本身往往掌握有核心专利技术，容易形成技术壁垒。另外，创意创新型企业的规模往往不如劳动密集型企业的大，常见于新兴行业。

在互联网技术飞速发展的今天，伴随着信息技术、产业革命、电子商务、大数据与云计算等科技浪潮的不断兴起，出现了共享经济、网红经济、粉丝经济等新型的经济形态。正在进行或者有意进行创意创新型创业的创业者们往往对于时代发展中重要的技术突破、全新的经济形态等具有敏锐的洞察力，并且能够迅速判断出这些新兴事物在未来能够实现的经济价值，再配合以强大的执行力抢先一步占据主要市场。

例 1.4

1997 年的深圳，一位大学毕业的年轻人创立了一家小公司，开发了一个小的通信软件。

在当时的深圳，这样的公司有上百家。对于这个小公司来说，唯一要做的就是生存下来。

创业的头两年是艰苦的，很多企业都没有迈过这道坎。但是这个年轻人没有放弃，一直在坚持着。

1999 年初，这个公司开始有了动静。他们开发出第一个“中国风味”的通信软件。这个软件并没有直接为公司带来任何经济效益，在 IT 界也完全没有引起波澜。

随后，这个年轻人把这个软件放到网上，供用户免费下载。不到一年，这个并不起眼的“小玩意儿”的累计下载量就超过了 500 万次。然而下载人数爆炸式的增长迫使这个小作坊式的公司必须接受升级服务器所需的每月一两千元的托管费，这也带来了巨大的财务压力。没有更新设备的资金，工作人员的工资也快发不出去了，这个年轻人四处奔走，苦苦寻求着融资。

因为公司不被看好，年轻人始终无法找到合适的投资人，公司也始终没有实现盈利。4 年多来，这个年轻人一直在苦苦支撑，没有放弃。终于，机会出现了。2000 年 8 月，这家公司与广东移动达成了合作，第一次实现了扭亏为盈，获得了 1000 万元人民币的纯利润。

2002 年，这个公司的净利润是 1.44 亿元，比上一年增长了 10 倍多；2003 年，这个公司的净利润为 3.38 亿元，比 2002 年又翻了一倍多。

2004 年，这个公司在香港联交所主板上市，一个新的互联网的巨人出现了。这个公司就是如今家喻户晓的腾讯，而那个最初不起眼的通信工具，就是现在几乎每个人都在使用的 QQ。

QQ 的成功绝非偶然，这恰好符合了创意创新型创业的几类特征。马化腾创业之初，是从规模不大的小公司开始起家的，通过研究具有核心技术的通讯软件，做到别人无法复制的技术壁垒，也产生了巨大的经济效益。马化腾瞄准了互联网的机遇，对全新的经济形态具有敏锐的洞察力，在艰苦的创业环境中坚持了下来，体现了他超高的个人素质。

1.1.5 创业行为的特征阶段

不同的创业类型具有较为明显的内在特征，彼此之间虽然各具差异，但从创业行为的特征阶段上来讲，大致都可以分为以下几个阶段。

1. 第一阶段：初创期

创业活动的初创期一般从创业行动开始到小规模公司成型为止。在这一阶段中，创业者发现了商机，开始有了创业的想法，并在此想法的驱动下开始进行商业活动。创业者开始组建商业团队并在创业过程中不断打磨自己的团队；根据创业思路进行相应开发或推广，开发的可能是新的产品，也可能是一种新技术，或者新的服务形态，也可能是在成熟市场中发展进入一定阶段的产品，也可能是完全崭新的创造。同时，创业者开始进行项目路演，寻求投融资；在形成成熟产品后创办公司，联系客户，正式展开生产经营活动。

在此阶段，创业者要完成的是从无到有的创造过程：要从无到有地创造、实现一个想法，把一点一滴缥缈的灵感变成真真切切的现实，并为了这种实现而付出不懈的努力；从无到有地创造一个团队，组建一个班底，培植自己的力量，以诚换诚，以心换心，用共同的志向、心意、目标或者依靠其他条件交换、诚意感化等方式凝聚人才；从无到有地实现一种开发，创造产品、技术或者服务形态；从无到有地积攒商业资源，建立人脉，寻找渠道，形成合作关系；从无到有地建立一个经济体，一个自负盈亏的商业实体，以市场主体的身份进行贸易活动、经济活动，自主应对随之而来的风险和变数并获取收益。

例 1.5

苍溪县永宁镇桃花村八组的王全龙，在 20 世纪 80 年代初是组里的生产队长。尽管他带领群众日出而作、日落而息、艰辛劳作，仍难以改变组里缺水少粮、群众困苦不堪的生活状况。在党的十一届三中全会后，他抓住改革开放的机遇，大胆闯入市场发展商品经济，经过反复琢磨和调查论证，他瞄准了国内小檗碱粉供不应求的市场机遇。1984 年，他组织本组和周边村组有经济头脑和知识水平的 40 多位农民下海闯市场，开办小檗碱粗粉加工厂。在反复失败和经验累积后，他终于探索成功了小檗碱粉的提炼和加工方法。他将第一批产品送往四川省医药检验中心进行质检，一举获得了产品合格证书。

在此阶段，创业者所要解决的最大问题、所面临的最大风险，是能否找到最能支撑企业生存下去的东西。资金支持、核心优势、市场资源，三者得其一，初创企业便有了生存下去的依靠和支撑。

这里需要注意的是，笔者认为，以上三者任得其一即可。换句话说，三者的取得并没有必须遵循的次序。即不是必须先创造产品或服务形成自己的核心优势，然后争取资金支持，之后打开市场取得资源；也可以先打开渠道集聚资源形成通道，然后创造出自己的核心产品或核心服务形成核心竞争力，并通过前期的资源集聚善加利用和推广，随后取得商业利益和流水资金；也可以先取得大笔资金，然后用资金打通市场铺展渠道或者进行产品研发，再随后逐渐占领市场取得资源。

因此，可以将影响企业发展的三要素概括如下，如图 1-1 所示。

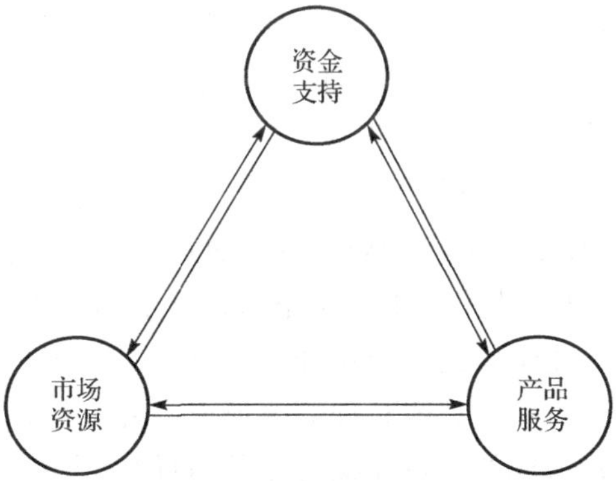

图 1-1　初创期影响企业发展的三要素

除此之外，初创期的创业者需具备以下特质：思维活跃，善于创造；眼光敏锐，善于发现；思维灵活，善于解决；行动迅速，优于执行。

2. 第二阶段：成长期

这一阶段是企业由初步创立逐渐做大做强、迅猛发展取得市场地位的时期。在这一阶段中，企业需要的是快速推销产品、推广服务，打开市场；寻求项目，并通过不断的成就积累资本和商誉；由点到面铺展业务布局，丰富业务种类，形成竞争优势。在管理上，强化公司制管理，明战略、定标准，形成成熟的管理体制，建设特色的企业文化，形成企业的凝聚力。这时需要创业者把自己的思维从想法提升到思考的高度，把原先的商业关系凝聚转变成商业渠道建设，企业团队初步形成。

在这一阶段，创业者面临的最大风险是无法获得发展所需的条件。发展的核心条件是推广，包括产品推广、服务推广、市场推广、渠道推广、业务推广等。这一阶段创业者不应该再以一个初创者的身份审视身处环境，而是要以一个市场主体的定位谋篇布局，伺机而动，寻求机会，一击必杀，在弱肉强食竞争激烈的动荡的市场环境中发展壮大，用实力赢得地位和尊重；同时，要懂得进退有度，布局伏线，以诚相交，尊道宽仁。创业者要建立真正意义上可用的、有活力的、有韧性的商业交际网络。

在这一阶段，创业者要有冷静的心智、坚毅的心性，精准的眼光，持正的坚守。创业者需要具备的能力是：管理能力、执行力和沟通能力。

例 1.6

王全龙于 1984 年取得小檗碱粉加工的产品合格证书之后，第二年，王全龙便带领家乡的 70 多人奔赴小檗碱加工地，开始大批量加工小檗碱粗粉，并连续三年取得了可观的经济效益。到了 1987 年，当初跟他一起出去创业的家乡农民工，年纯收入均在万元以上。

3. 第三阶段：成熟期

在这一阶段，经过前两个阶段的积累，企业已经有了自己的核心产品，形成了自己的核心竞争力；有推广期的成绩积累，渠道建立，市场占据，业务初步稳定。因此，在此阶段，创业者需要的就是进一步让公司发展成熟，在经过前两个阶段的飞速发展和直线上升之后，安稳步入成熟期，克服发展瓶颈，保持能量的稳步增长。

这一阶段可细化为两个子阶段。第一为集团化阶段，这时依靠的是硬实力（产业化的核心竞争力）将整个集团和子公司协调整合形成系统化平台。集团化阶段的主要特征为：团队通过系统平台来完成管理，人治变成了公司治理；销售变成了营销，区域性渠道转变成地区性的网络，最终形成了系统；创业者的思维从平面到三维，由单一产品、单一行业的布局逐步连线成面，同时切入相关行业和产业链上下游，开发相关产品，进一步挖掘竞争优势。

第二是集团总部阶段。此阶段的主要特征为：首先，集团总部的系统平台和各子集团的运营系统需要形成统一的体系，集团总部需要形成一种可跨越行业边界的无边界核心竞争力（软实力），子集团需要形成的是行业核心竞争力（硬实力），集团总部软实力和各子集团的硬实力相结合，可以使得集团的各行各业取得它们在单兵作战的情况下所无法取得的业绩水平和发展速度；其次，创业者的思维也需要从三维向多维转变，由维持公司的发展，到形成行业良好的生态系统，主动承担企业的社会责任，维持良好的商业氛围和经济形势。这才是企业发展所能追求和达到的最高境界。

例 1.7

为了扩大规模、增加效益、带领更多群众脱贫致富，王全龙将原厂的技术骨干抽调出来，分派到陕西、甘肃、宁夏、云南、贵州、中越边境等地开办永宁镇小檗碱加工厂分厂。截至2017年，王全龙开办的分厂达到100多家，聘用工人达到1000多人，为永宁镇经济发展做出了很大贡献。

1.2 创业管理

1.2.1 传统管理概述

由张俊伟所著、出版于2013年的《极简管理：中国式管理操作系统》中这样定义管理：“管原意为细长而中空之物，其四周被堵塞，中央可通达。使之闭塞为堵，使之通行为疏。管，就表示有堵有疏、疏堵结合。所以，管既包含疏通、引导、促进、肯定、打开之意，又包含限制、规避、约束、否定、闭合之意；理，本义为顺玉之纹而剖析，代表事物的道理、发展的规律，包含合理、顺理的意思。管理犹如治水，疏堵结合、顺应规律而已。所以，管理就是合理地疏与堵的思维与行为。”

法国学者 Henri Fayol 在其名著《工业管理与一般管理》中也定义了“管理”的概念：“管理是所有的人类组织都有的一种活动，这种活动由五项要素组成，即计划、组织、指挥、协调和控制。”此概念一出便受到学界的广泛认可，影响力跨越一个世纪甚至更久。后人在法约尔的理论上形成了管理过程学派，对西方管理理论的发展具有重大影响。第二次世界大战后，Koontz 进一步集成和发扬了这一学派，使该学派风行全球。①

广义的管理是指应用科学的手段安排、组织社会活动，使其有序进行。其对应的英文是 Administration，或 Regulation。狭义的管理是指为保证一个单位全部业务活动而实施的一系列计划、组织、协调、控制和决策的活动，对应的英文是 Manage 或 Run。管理，面临的情形多是既定的，如问题、人员、企业情况等。管理的本质是企业通过内部调整来促进自身的整体改变，让这种改变能够适应外部变化和完成外部使命，从而让企业这个整体可以存续和不断发展。

在现代市场经济中，工商企业的管理最为常见。每一种组织都需要对其事务、资产、人员、设备等所有资源进行管理，因此企业管理可以划为以下几个分支，即人力资源管理、财务管理、生产管理、物控管理、营销管理、成本管理、研发管理等。在企业系统的管理上，又可分为企业战略、业务模式、业务流程、企业结构、企业制度、企业文化等系统的管理。

管理的过程包括六个环节。

(1) 管理规则的确定：通常指组织运行规则，如章程及制度等。

(2) 管理资源的配置：比如人员配置及职责划分与确定，设备及工具、空间等资源配置与分配。

(3) 目标的设立与分解：通常包括所有的阶段性目标和详细的实施计划。

①管理. 百度百科. https://baike.baidu.com/item/%E7%AE%A1%E7%90%86/366755

(4)组织与实施：按照实施计划调配资源进行实操。

(5)过程控制：通常包括检查、监督和协调三大方面。

(6)效果评价、总结与处理：需要建立健全效果评价体系以及相应的奖惩制度。

管理的任务是设计和维持一种环境，使得在该环境中工作的人们能够用尽可能少的支出实现既定的目标，或者以现有的资源实现最大的目标。具体可以细分为四种情况：产出不变，支出减少；支出不变，产出增多；支出减少，产出增多；支出增多，产出增加更多。这里的支出包括资金、人力、时间、物料、能源等的消耗。

总而言之，管理基本的原则是“用力少，见功多”，以越少的资源投入、耗费，取得越大的功业、效果。管理的意义在于：更有效地开展活动、改善工作，更有效地满足客户需要，提高效果、效率、效益。

1.2.2 创业管理概述

创业管理不同于传统管理。它主要研究企业的创业行为，研究企业管理层如何连续注入创业精神和创新活力，增强企业的战略管理柔性和竞争优势。创业管理的核心问题是机会导向、动态性等。所谓“机会导向”，即指创业是在不局限于所拥有资源的前提下，识别机会、利用机会、开发机会并产生经济成果的行为。而所谓创业的“动态性”，即一方面创业精神是连续的，创业行为会随着企业的成长而延续并得以强化；另一方面机会的发现和利用是动态的过程。

创业管理反映了创业视角的战略管理观点。

战略管理理论由策略管理之父 Ansoff 博士于 20 世纪 50 年代创立，他认为战略管理与一般管理的不同之处在于：战略管理是面向未来动态地、连续地完成从决策到实现的过程。安索夫认为企业生存是由环境、战略和组织三者构成，只有当这三者协调一致、相互适应时，才能有效地提高企业的效益。

后来，研究者 Stevenson 和 Jarillo 于 1990 年提出了创业学和战略管理的交叉，作者使用“创业管理”这个词以示二者的融合，他们提供了一个从创业视角概括战略管理和一般管理的研究框架，其中创业是战略管理的核心。

随着创业管理研究的深入，对创业管理的研究形成了非常有价值的概念框架模型。如 W. B. Cartner(1985)提出了个人、组织、创立过程和环境的创业管理模式；William(1997)在 Cartner 概念框架的基础上，提出了由人、机会、环境、风险和报酬等要素构成的创业管理概念框架；Timmons(1999)提出了机会、创业团队和资源的创业管理理论模型；Christian(2000)提出了创业家与新事业之间的互动模型，强调创立新事业随时间而变化的创业流程管理和影响创业活动的外部环境网络是创业管理的核心。

基于创业管理研究领域专家、学者的研究成果，创业管理范式可以概括为：以环境的动态性与不确定性以及环境要素的复杂性与异质性为假设，以发现和识别机会为起点，以创新、超前行动、勇于承担风险和团队合作等为主要特征，以创造新事业的活动为研究对象，以研究不同层次事业的成功为主要内容，以心理学、经济学、管理学和社会学方法为工具研究创业活动内在规律的学说体系。

概括地说，创业管理的特点主要有以下几点。[①]

第一，创业管理是“以生存为目标”的管理方式。

新事业的首要任务是从无到有，把自己的产品或服务卖出去，掘到第一桶金，从而在市场上找到立足点，使自己生存下来。在创业阶段，生存是第一位的，一切围绕生存运作，一切危及生存的做法都应避免。最忌讳的是在创业阶段提出不切实际的扩张目标，盲目铺摊子、上规模，结果只能是，“企而不立，跨而不行”。

第二，创业管理是“主要依靠自有资金创造自由现金流”的管理方式。

现金对企业来说就像是人的血液，企业可以承受暂时的亏损，但不能承受现金流的中断，企业的自由现金流就是刨除融资、资本支出、纳税和利息支出的经营活动净现金流。自由现金流一旦出现赤字，企业将发生偿债危机，就可能导致破产。自由现金流的大小则直接反映了企业的盈利能力，它不仅是创业阶段也是成长阶段的管理重点。创业管理要求企业的管理人必须锱铢必较，像花自己的钱那样花企业的钱，千方百计增收节支、加速周转、控制发展节奏。

例 1.8

有一次和几个老板聊天，大家提到对钱的感受时，都很焦虑。有个老板朋友说，公司最惨的时候，因为没有钱，她恨不得去卖身。有人过来问，对你们来说，钱是很重要的问题吗？我们说，不是重要，对我们来说，钱是全部的问题。

钱的重要性，是我开垮了一家公司、赔了 400 万之后，才更深刻地懂得了的。在深圳创业的那段时光，我们团队真的拼了老命在干。一帮 90 后跟着我每天工作 18 个小时，有时候甚至要连续工作 60 多个小时。有一次我站着洗澡的时候睡着了，头磕在水管上，又把自己痛醒了。当时我们团队成员累到晕倒、累到尿血，但还是挣不到钱。

那时候我们拍网剧，没钱买道具，只有靠自己做。安迪白天当编剧，晚上兼职做道具。我们网剧里大雕的翅膀都是她一针一针缝出来的。有一次，我们需要一个充气娃娃道具，实在没法手工做了，只好买了个 200 块的充气娃娃，被当作全公司的宝贝一样供着，生怕她漏气。那段时间，我对我们公司的财务有阴影，因为每次看到她都不是什么好消息，每次签的字都意味着又赔了钱。记得 2015 年 7 月份，财务又跑过来找我，我直接躲进了厕所。财务在外面拍门说，“老板你别躲了，我们挣钱了”。开公司快一年了，那天第一次挣到了钱。1 万零 700 块，看到那个数字，我激动到有点发抖。

但是仅仅过了一个月，公司又撑不住了，我去银行抵押房子，请银行给我贷款。银行说不行，因为你们公司一直亏钱。我当时真的生气，说，我就是因为亏钱才要贷款啊，我要是赚钱，我还贷什么款啊！

是的，不管是什么样的公司，无法盈利都是老板们最大的痛点。资金链断裂这几个字，足以让每一个创业者瑟瑟发抖，不管什么时候想起来，都还心有余悸。

通过该创业经历，我们可以体会到资金对于一个企业的重要性，在创业管理中要严格控制财务支出，保证现金流的流通。

---

① 张玉利，李新春. 创业管理. 北京：清华大学出版社，2006.

第三，创业管理是充分调动“所有的人做所有的事”的团队管理方式。

新事业在初创时，尽管建立了正式的部门结构，但很少有按正式组织方式运作的。典型的情况是，虽然有名义上的分工，但运作起来是哪急、哪紧、哪需要，就都往哪里去。这种看似的“混乱”，实际是一种高度“有序”的状态。每个人都清楚组织的目标和自己应当如何为组织目标做贡献，没有人计较得失，没有人计较越权或越级，相互之间只有角色的划分，没有职位的区别，这才叫作团队。这种运作方式可以培养出强大的团队精神、奉献精神和忠诚。即使将来事业发展了，组织规范化了，这种精神仍在，能够成为企业的文化。在创业阶段，管理者必须尽力使新事业部门成为真正的团队，否则是很难成功的。这种在创业时期锻炼出来的团队领导能力，是经理人将来领导大企业高层管理班子的基础。

例 1.9

著名自媒体大咖咪蒙曾在采访中提到自己的助理月薪五万，这瞬间引发了公众的强烈关注。1989 年出生的黄小污和 1993 年出生的安迪，这两位年轻女孩现在是咪蒙团队的核心。

事实上，黄小污早已不是咪蒙的助理，她先后从助理升为内容团队的“主管”，进而成为“咪蒙”的内容总监。自进入《南方都市报》实习与时任报社编辑的咪蒙相识，双方互相给对方留下了深刻印象。2013 年，咪蒙创业，第一个想到的人就是黄小污。

2015 年 10 月，咪蒙带着包括黄小污在内的 7 个人来到北京创业。在初创阶段，一切前途未卜，8 个人共同挤在朝阳大悦城一间三室一厅的公寓吃住和办公。随着咪蒙团队业务的动态变化，黄小污的职位也从一开始的影视剧本台词撰写，转为咪蒙的公众号写作助理和内容编辑。随着建立新媒体内容资料库、热点事件量化分析库等职业能力的提升，黄小污也一步步涨薪、升职，最终由做内容转向做管理。

第四，创业管理是彻底奉行“顾客至上，诚信为本”的管理方式。

创业的第一步就是把企业的产品或服务卖给顾客。企业是发自生存的需要把顾客当作衣食父母的。再有，对于一家默默无闻的初创企业，要想打开融资渠道、打开销售渠道、打开资源汇聚渠道，只能靠企业的良好信誉。所以，一个企业的核心价值观不是后人杜撰的，是创业阶段自然形成的。创业管理是在塑造一个企业。

例 1.10

现任滴滴企业文化经理的张艺梅，是完整经历滴滴公司从初创发展至今的元老之一。2012 年 8 月底，张艺梅入职滴滴，成为滴滴公司的第 9 号员工。在此后将近一年的时间里，在初创阶段的滴滴团队中，她是唯一的一名行政人员。在滴滴“从 0 到 1”的阶段，作为唯一的职能人员，张艺梅成了公司的“大管家”。她同时兼任行政人力、前台、采购以及部分财务工作。老板的信任、同事的关爱、团队的默契，让张艺梅对公司有了强烈的归属感，也让滴滴的文化观念深深烙印在每一位公司成员心中，成为企业的文化精神。在滴滴成功度过初创阶段、经历过野蛮生长阶段，进入稳步发展阶段，成长为独角兽企业之后，张艺梅也从台前的“大管家”变成了背后的“螺丝钉”。2016 年 10 月，张艺梅主动申请加入企业文化部门，帮助公司完成急需的文化沉淀和文化建设工作。没有谁比张艺梅更清楚滴滴这家独角兽公司是如何成长起来的，正如张艺梅自己所言，“我知道公司最基本的汤底是什么味道。”

例 1.11

1994 年 3 月，海底捞第一家火锅城在四川简阳正式开业。据海底捞创始人张勇说，那时的海底捞在起步阶段，创业团队只有张勇和他的妻子、同学及同学妻子四个人。

那时张勇连炒料都不会，只好自己买本书摸索着来学。他左手拿书，右手炒料，就这样边炒边学。可想而知，这样做出来的火锅味道很一般，为了能使火锅城生存下去，张勇只能态度好点，客人要什么速度快点，有什么不满意多赔笑脸。

因为海底捞创业团队服务态度好、上菜速度快，客人都愿意来吃。即使他们有的地方做的不好客人也乐意去给出建议。于是，张勇发现优质的服务能够弥补味道上的不足，因此张勇更加卖力了，扩宽了很多服务，帮客人带孩子、拎包、擦鞋……无论客人有什么需要，他们都二话不说去帮忙。这样做了几年之后，海底捞在简阳已经是家喻户晓。

张勇做火锅是偶然，但也算歪打正着。因为火锅相对于其他餐饮，品质的差别不大，因此服务就特别容易成为竞争中的差异性手段。

1999 年，张勇决定将“海底捞”的品牌打响，将业务扩展到外地去。经过诸多考虑后，海底捞走出简阳的第一站，选在了西安，因为西安那边有人愿意合作。但事与愿违，海底捞刚到西安的头几个月都有不同程度的亏损，眼看就要把他们之前辛苦积攒下来的老本赔个精光了。危急关头，张勇果断要求合伙人撤资，并委托得力助手杨小丽全权负责，重拾海底捞的核心理念——服务高于一切！短短两个月内，西安海底捞店居然奇迹般地扭亏为盈。

张勇每谈及海底捞的核心理念则表示：“我这个人想法也比较开明，没有‘餐饮服务’的定见——什么能做，什么不能做。只要顾客有需求，我们就做。”

张艺梅和张勇的创业故事都告诉我们，一家企业慢慢成长起来，往往会形成自己的核心价值和文化氛围，这对其建设和推广都具有十分重要的作用。张艺梅从滴滴第 9 号员工到文化经理，充分地经历了滴滴的发展历程，将滴滴文化精神铭记于心。张勇的海底捞则是将“服务高于一切”的理念践行到位，塑造了良好品牌，成功打造了口碑。

1.2.3 “创业管理”与“管理”的不同

创业管理与传统管理的内容不同表现在以下四方面。[①]

1. 时代背景不同

传统的职能管理产生并成熟于机器大工业时代，而今天，世界正在经历从工业社会向消费社会、工业社会向信息社会的转变，这就是创业管理产生的新背景。传统的管理范式聚焦于商品，是技术导向型的，研发、设计、工程、大批量制造、大市场、大规模操作、自动化和专业化都是重要因素。而在知识经济时代，产品市场的生命周期缩短，竞争的关键转向产品生命周期的前端，重点在于解决如何快速进入和退出市场、如何迅速推出升级产品等问题。由此可见，新事业或新产品的管理策略包括研发管理、创新管理、知识产权管理等逐渐成为当代创业管理关注的重点。

① 创业管理（企业管理层创业行为）. 百度百科 https://baike.baidu.com/item/%E5%88%9B%E4%B8%9A%E7%AE%A1%E7%90%86/1407694

2. 研究的客体不同

传统管理理论是以现有的大公司为研究对象，创业管理理论则是以不同层次的新建事业或新的创业活动为研究对象。传统管理理论侧重于向人们提供在现存大企业中开展管理工作所需要的知识和技能，灌输用保守的规避风险的方式来运用这些理论和分析方法，为的是培养优秀的职业经理人。而创业管理培养优秀的企业家，其不仅仅研究客体包括中小企业，内容也不是一般企业管理知识在中小企业领域的翻版。

3. 研究出发点不同

传统管理的出发点是效率和效益，创业管理的出发点是通过找寻机会并取得迅速的成功与成长。创业管理的核心问题是机会导向，即创业是在不局限于所拥有资源的前提下，识别机会，开发机会，利用机会并产生经济成果的行为。

4. 内容体系不同

传统管理通过计划、组织、领导和控制来实现生产经营；而创业管理则是在不成熟的组织体制下，更多地依靠团队的力量，靠创新和理性冒险来实现新事业的起步与发展。创业管理的内容体系是围绕如何识别机会、开发机会、利用机会而展开的。其中创业过程中组织与资源之间的关联性和耦合是其研究重点之一。它包括：个人的知识准备与新机会之间的耦合；创业过程中核心团队成员知识和性格的耦合；现有资源和能导致事业成功的战略之间的耦合；新的潜在事业特征和当前用户实践之间的耦合等。

1.3 创业思维

1.3.1 安索夫矩阵模型

1. 模型概述

创业者可以使用安索夫矩阵来分析市场,以便选择最合理的产品策略和市场营销策略。安索夫矩阵是策略管理之父安索夫博士于 1957 年提出，以产品和市场作为两大基本面向，区别出四种产品/市场组合和相对应的营销策略，是应用最广泛的营销分析工具之一。它也被称为产品/市场方格、产品市场扩张方格或成长矢量矩阵。

安索夫矩阵是以一个 2×2 的矩阵来代表企业为了使收入或获利成长的四种选择，其主要的逻辑是企业可以选择四种不同的成长性策略来达成增加收入的目标。如图 1-2 所示。

安索夫提出了“经营战略”的概念，并将其定义为：企业为了适应外部环境，对正在从事的和将来要从事的经营活动进行的战略决策。他认为，企业战略的核心应该是弄清所处位置、界定目标、明确为实现目标而必须采取的行动。[①]

---

① 安索夫矩阵. 百度百科. https://baike.baidu.com/item/%E5%B8%82%E5%9C%BA%E6%9C%BA%E4%BC%9A%E5%88%86%E6%9E%90

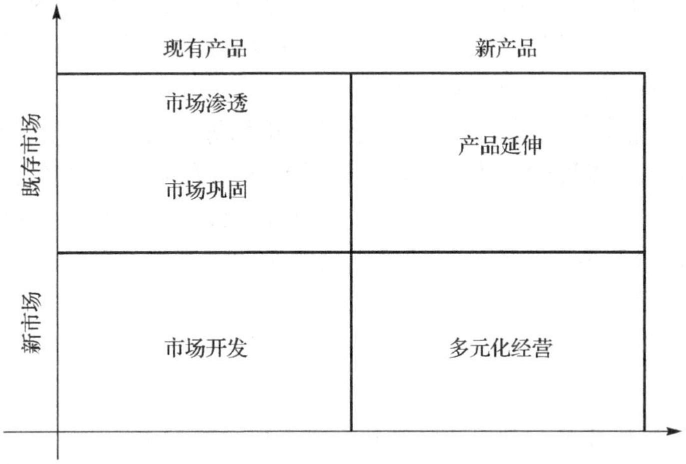

图 1-2　安索夫矩阵图

安索夫把企业战略限定在“产品”和“市场”的范畴内，他认为经营战略的内容由四个要素构成，即产品市场范围、成长方向、竞争优势和协同作用。他把企业的决策划分为战略的(关于产品和市场)、行政的(关于结构和资源调配)和日常运作的(关于预算、监督和控制)三类。在这些理论的基础上，他设计了安索夫矩阵模型，这个模型的核心就是通过企业和市场的分析确定有效的企业战略。

2. 使用方法

安索夫模型可以帮助企业科学地选择战略模式，但在使用该工具的时候，必须掌握四大核心步骤。

第一，考虑在现有市场上，现有的产品是否还能得到更多的市场份额，即市场渗透战略。如图 1-2 中左上矩阵的市场渗透和市场巩固。

矩阵左上：市场渗透和市场巩固

市场渗透——以现有的产品面对现有的顾客，以产品的市场组合为发展焦点，力求增大产品的市场占有率。采取市场渗透的策略，借由促销或提升服务品质等方式来说服消费者改用不同品牌的产品，或说服消费者改变使用习惯、增加购买量等。

市场巩固——以现有的市场和产品为基础，以巩固市场份额为目的，采用产品差异化战略来加强客户忠诚度。同时，当市场份额总体有所下降时，缩小规模和缩减部门成为不可避免的应对措施。通常，市场巩固和市场渗透在安索夫矩阵中占据同一格。

第二，考虑是否能为其现有产品开发一些新市场，即市场开发战略。如图 1-2 中左下矩阵的市场开发。

市场开发——为现有产品开拓新市场，要求企业必须在不同的市场上找到具有相同产品需求的顾客，然后通过调整产品定位或改变销售方法等方式，增加现有产品在新市场上的占有率。一般来说，采用市场开发战略时产品本身的核心技术通常不会改变。

第三，考虑是否能为现有市场开发若干具有潜在利益的新产品，即产品开发战略。如图 1-2 中右上矩阵产品延伸。

产品延伸——推出新产品给现有顾客，采取产品延伸的策略，有利于充分发挥现有的顾客关系来借力使力。通常是以扩大现有产品的深度和广度，推出新一代或是相关的产品给现有的顾客，提高该厂商在消费者钱包中的占有率。

第四，考虑是否能够利用自己在产品、技术、市场等方面的优势，根据物资流动方向，采用使企业不断向纵深发展的一体化战略。如图 1-25 中右下矩阵的多元化经营。

多元化经营——提供新产品给新市场，此处由于企业的既有专业知识等可能派不上用场，因此是最冒险的多元化策略。其中成功的企业多半能在销售、通路或产品技术等核心知识上取得某种综效，否则多元化的失败概率很高。

例 1.12

从宝洁集团的发展史中，我们可以看到安索夫理论的影子。

2003～2004 财政年度，宝洁公司全年销售额为 514 亿美元。在《财富》杂志最新评选出的全球 500 家最大工业/服务业企业中，排名第 86 位。然而，如果把目光转回宝洁初创的 1837 年，读者们可能会纷纷皱起眉头，叹息这并不是创业的黄金时间。

1837 年，美国正遭受金融危机的冲击。全国有成百上千的银行倒闭，经济危机笼罩着这个国家。然而，英格兰移民 William Procter 与爱尔兰移民 James · Gamble，这两位宝洁创始人，却毅然决然地决定开创自己的事业。初到美国、定居辛辛那提市的威廉本来从事制造蜡烛的生意，而詹姆斯则在学习制造蜡烛。如果不是因为他们凑巧娶了两姐妹，这两个人也许永远也不会走到一起。他们的岳父说服两个女婿成为合伙人。

1837 年 4 月 12 日，他们开始共同生产和销售肥皂和蜡烛。8 月 22 日，两方各出资 3596.47 美元，正式确立合作关系，并于 10 月 31 日签订合伙契约，在辛辛那提市设立首间生产厂兼办公室。此时，在创业的第一阶段，他们使用的就是市场渗透策略，在日化市场提供肥皂和蜡烛两种产品，通过各种营销手段打开市场。

1879 年，创始人的儿子 James Norris Gamble 和一位化剂师，共同开发出一种质量与进口的橄榄香皂相同，而价格却更适中、颜色洁白的香皂。另一位创始人的儿子 Harley Procter 为这种香皂取名为“Ivory(象牙)”皂。此时他们开始使用产品延伸策略。

1882 年宝洁公司首次投资 11000 美金通过一份名为“独立”的周刊发布广告，在全国促销 Ivory 香皂。1890 年，宝洁公司共销售包括象牙皂在内的 30 多种不同类型的肥皂。极具创意的广告使更多的消费者认识了宝洁产品，消费者对宝洁香皂的需求日益增长。公司开始在辛辛那提以外设立工厂，首先在堪萨斯州的堪萨斯城设立工厂，接着又在美国以外设立工厂。

1890 年，宝洁在 Ivorydale 工厂建立了一个分析实验室，研究及改进肥皂制造工艺，这是美国工业史上最早的产品开发研究实验室之一。1945 年，宝洁公司已经成为一家估值近 3.5 亿美金的大公司，宝洁产品在美国和加拿大广受欢迎，同时宝洁公司还通过收购英格兰的 Thomas Hedley 有限公司，开始拓展海外业务。至此，保洁公司采取的**市场开发策略**取得显著成效。

在后来的发展中，宝洁公司的规模不断扩大，集团化程度不断加强，**多元化经营**的特征开始逐步显现。到 1931 年，公司创立了专门的市场营销机构，由一组专门人员负责某一品牌的管理，而品牌之间存在竞争。这一系统使每一品牌都具有独立的市场营销策略，至此，宝洁的品牌管理系统正式诞生。

1934 年宝洁推出 Drene——这是宝洁公司推出的第一款合成洗发香波。1946 年，宝洁公司推出汰渍——这是公司继象牙皂后推出的最重要的新产品。随后，保洁又推出世界上第一支含氟牙膏——佳洁士，并得到美国牙防协会首例认证，很快就成为首屈一指的牙膏品牌。此外，宝洁还发明了可抛弃性的婴儿纸尿片，在 1961 年推出帮宝适。

在公司原有的业务实力不断加强的同时，宝洁开始进军食品和饮料市场——最重要的举措是于 1961 收购了 Folger's 咖啡。随后，宝洁开始在墨西哥、欧洲和日本设立分公司。到 1980 年，宝洁公司在全世界 23 个国家开展业务，销售额直逼 110 亿美金，利润比 1945 年增长了 35 倍。1980 年，宝洁公司销售额突破 100 亿美元，通过收购 Norwich Eaton 制药公司(1982)、Rechardson-Vicks 公司(1985)，公司开始活跃于个人保健用品行业；通过 80 年代末、90 年代初收购 Noxell，密丝佛陀，Ellen Betrix 公司，宝洁逐渐在化妆品和香料行业扮演着重要角色。1983 年，宝洁推出了一种优质妇女个人卫生用品 Always，又名 Whisper(护舒宝)，该品牌在 1985 年成为同类产品全球市场的领先品牌。1985 年宝洁购买了 Richardson Vicks 公司，扩展成药保健用品市场，又购买了 Mefumucil、Dramamine 和 Icy Hot 三种品牌，成为最大的非处方类零售成药制造商。1990 年宝洁购买 Shulton's Old Spice 产品系列，扩展男士个人护理用品的新产品线。1999 年，公司前首席营业执行官德克雅各先生被任命为公司董事长、总裁和首席执行官，同年公司收购了 lams 公司，开始进军宠物保健和营养产品领域。随后，宝洁又收购 Recovery 工程公司，并运用该公司在水处理方面的技术，开发了 PUR 品牌水过滤系统。

如今，宝洁公司已成长为全世界最大的日用消费品公司之一，全球雇员近 10 万，在全球 80 多个国家设有工厂及分公司，所经营的 300 多个品牌的产品畅销 160 多个国家和地区，业务范围横跨织物及家居护理、美发美容、婴儿及家庭护理、健康护理、食品及饮料等多种品类。

3. 模型拓展

安索夫后来对矩阵做了修改，扩充了地理区域上的复杂性，如图 1-3 所示。

这种三维模式的矩阵可以被用来定义战略选择和业务的最终范围。图示表明，客户可以选择市场需求、产品和技术、地理范围(即市场区域)等变量中的一种来界定服务市场。

安索夫定义了投资组合战略，其第一要素是公司在每一服务市场上设法获取的竞争优势，第二要素为可获得业务之间的协同作用，最后一个要素则是可获得的战略灵活性程度。

战略灵活性可以通过两种途径保证：第一种途径是在公司外部，通过地理区域、服务需求和技术多元化的动态调整，使任何战略业务单位的突然变化都不会对公司产生严重影响；第二种途径是增大业务间资源和能力的可转移性，从而保证战略调整可以获得充分的支撑。

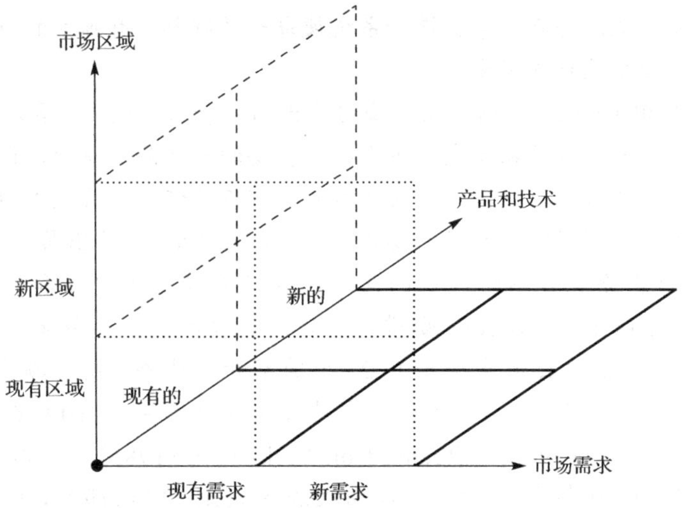

图 1-3　三维安索夫矩阵图

1.3.2　市场机会分析

市场机会分析亦称市场内外分析、营销环境分析，即通过营销理论，分析市场上存在哪些尚未满足或尚未完全满足的显性或隐性的需求，以便企业能根据自己的实际情况，找到内外结合的最佳点，从而组织和配置资源，有效地提供相应的产品或服务，以达成企业营销目的的过程。在选定创业行业、确定创业项目、找到产品和市场之后，创业者可以运用市场机会分析方法，分析创业环境，正确评估创业活动的风险，从而预估对策。

市场机会分析一般包括以下几个方面。

1. 外部分析：战略环境分析、企业经营活动分析

战略环境分析是指对企业所处的内外部竞争环境进行分析，以发现企业的核心竞争力，明确企业的发展方向、发展途径和发展手段。战略环境分析是企业战略管理的基础，主要包括宏观环境分析、行业环境分析和企业内部条件分析。其中宏观环境分析、行业环境分析属于外部环境分析。

企业经营活动分析是企业经营管理工作十分重要的环节。一个企业经营管理水平的高低很大程度上体现在其经营观念、经营方法和经营思路上。企业的经营活动分析则是其经营观念、经营方法和经营思路的一个缩影。

(1)宏观环境分析(PEST)。

① 人口统计分析：人口是构成市场的第一位因素，市场是由有购买欲望同时又具有支付能力的人构成的，人口的多少直接影响市场的潜在能量。因此人口统计分析主要涉及人口规模、人口分布与增长、人口年龄结构、教育程度与多元文化影响、城市化进程、生育高峰时代(1946—1964)、X 一代(1965—1976)、Y 一代(1977—1994)等内容。

② 政治法律环境分析：政治环境主要包括国内政治和国际政治，前者主要是因为党和政府的方针与政策会规定了国民经济的发展方向和速度，从而影响到社会购买力和消费需求的变化；后者主要通过政治权力和政治冲突两种方式影响外在的营销环境，在特殊情况

下，也有可能因为政府机构通过某种措施约束外来企业，或者国际上的重大事件与冲突事件而对外在的营销环境造成影响。当然，这些影响可大可小，是威胁也有可能是机遇。

③ 经济环境分析：主要涉及经济发展状况，即经济周期，经济形势中的通胀、失业、国际收支、利率、汇率以及经济现状中的 GDP、社会零售额、居民存款、主要消费情况、地方财政收入，供求总量与结构等问题。

④ 技术环境分析：技术发展对营销大致有三个影响：第一，产生新行业；第二，大幅度改变甚至摧毁现有行业；第三，刺激不相关的市场与行业。不过，技术在提高了生产与生活的效率性与便利性的同时，也引发了很多环境与社会问题。

⑤ 社会文化环境分析：主要是分析社会的教育水平、价值观念、宗教信仰、伦理道德、消费习惯与习俗等现象，因为这些东西在很大程度上直接影响消费者的消费心理、消费习惯、消费需求、购买行为和消费流行。

(2)行业环境分析。

行业是由生产的产品非常相近，且在竞争过程中相互影响的一组企业构成的。行业环境分析是指对企业经营业务所处行业的行业结构、行业内企业的行为方式、行业平均绩效水平、行业竞争程度和利润潜力等进行分析的过程。行业环境对身处其中的企业影响远大于总体环境影响，进行行业环境分析非常重要。

① 行业分析的主要内容为：分析行业主要经济特征、变革因素、行业总需求情况等内容。

② 行业的分析工具有产品生命周期模型、波特五力分析模型、S-C-P 模型、行业参与者模型等。

(3)竞争及竞争者分析。此分析主要涉及行业/市场定位、竞争性市场营销战略分析。

(4)市场需求及消费者市场分析。

2. 内部分析：企业能力分析

企业能力分析是指对企业的关键性能力进行识别并进行有效性、强度、竞争性等表现上的分析。企业能力分析的目的是帮助企业决策者确定长远以及近期的企业战略；如果企业战略已经落实，再进行企业能力分析的目的就是重新衡量战略的落实可能性，并判断是否需要进行修订，或者用以决策企业是否需要通过能力改进手段进行能力完善。

企业能力分析主要有以下几种分析方法。

(1)企业内部环境分析。

(2)SWOT 矩阵分析。

(3)核心能力分析。

(4)平衡计分卡。

例 1.13

苍溪县中土镇元宝村二组返乡创业大户李元东在创业过程中所经历的适应市场环境、不断探索方向、调整业务范围的过程，正是一次又一次进行市场分析的结果。

2008 年，在西安工作的李元东回到家乡，开始摸索创业。他看到家乡老乡们种的黄豆收成良好数量很多，却销路不畅，就做起了收黄豆的生意，从乡农手中收购黄豆然后运出去卖，没想到仅仅几天就赚了 7000 多元，不仅自己有收获，还帮助百姓解决困难、获得了收入。同年，“5·12”汶川大地震发生。随着灾后重建工作开展，房屋修建和项目工程多了起来。于是李元东凭借自己多年在外承包建筑工程积累的丰富人脉和市场资源优势，从西安召回曾与自己一同打拼的十七八位同乡兄弟，在苍溪、阆中等地承包房屋和项目工程，以此建设家乡。他还大量使用本村本组不宜外出务工的农村剩余劳动力，让他们就近获得工资收入，解决家庭经济困难。2011 年，中国石化元坝气田天然气净化厂在中土大坪落户，这给李元东带来了发展的机遇。因为精湛的土建技术和高效的管理方法，李元东承包了大量建设工程，取得了丰富收入。

2015 年，灾后重建和其他重点工程陆续完工，房地产行业开始萎缩。李元东敏锐地察觉到了外部环境的变化，开始寻找新的业务发展方向。他发现，妻子赵红在家发展小规模水产养殖已有十余年，掌握了丰富的养殖技术和经验方法；农村地势广阔，且元宝村临近东河，水资源丰富，具有发展种养殖业的环境基础；天然气净化厂就在附近，产品有现成的销售市场……多种因素相加，让种养殖业成了李元东的不二选择。2015 年 9 月 1 日，他的红东水产养殖基地顺利开工。

李元东从转卖黄豆、承包房屋和项目工程到水产养殖等项目的转变，充分证明了他对市场的分析能力。他能适应市场环境、不断探索方向、调整业务范围，制定了近期的战略，他通过自己的能力分析不断探索市场，并且整合了自身的资源，将项目落地。

1.3.3 双赢思维

美国商界有句名言：“如果你不能战胜对手，就加入他们中间去。”现代竞争，不再是“你死我活”，而是更高层次的竞争与合作，现代企业追求的不再是“单赢”，而是“双赢”和“多赢”。社会上的资源都是有限的，如果把市场比作一个蛋糕，那么怎么样抢夺市场指的就是怎样分蛋糕，而具有双赢思维的企业家则会想办法拓宽市场，即用有限的材料将市场这块蛋糕做到最大。

例 1.14

有一名叫做哈姆的年轻西班牙人，伴随着移民的热潮，他来到了美国，想要通过自己制作糕点的手艺，在美国闯出一番事业。但是天不遂人愿，哈姆的生意一直没有任何起色。直到 1904 年的夏天，哈姆得知美国要举办世博会，于是便把自己做薄饼的工具搬到了世博会的场地，可是他的薄饼在世博会上依旧毫无反响，反而旁边制作冰激凌的摊位生意红火，转眼间就没了盛放冰激凌的碟子。乐于助人的哈姆见状，就把自己的薄饼卷成锥形，让他盛放冰激凌，卖冰激凌的商贩见哈姆生意不太好，出于善心，便买了哈姆的薄饼，大量的锥形冰激凌便源源不断地送入顾客口中。令哈姆没想到的是，这种锥形冰激凌被评为了此次世界博览会上“最受欢迎的产品”。

从此，这种锥形冰激凌开始迅速传播，广为流行，并逐步演变成今天的蛋卷冰激凌。当年不经意间的合作，成就了一百年来风靡世界的美味食品！

哈姆成功的原因正是在于他乐于帮助别人，与他人合作，而不是一心想着销售自己的薄饼，如何胜过对手，这也就是上面说到的双赢思维。创业者在创业的进程中，正是需要这样的思维与顿悟。双赢思维是基于互敬、寻求互惠的精神，意味着合作。对于个人而言，建立良好的双赢沟通思维，逐渐养成在任何沟通的场合之下，都能自如地进行换位思考，有意识地运用双赢沟通思维进行有效沟通的习惯，就能达到事半功倍的效果。在很多时候，创业者希望得到企业利润最大化，一味地追求赢。在竞争市场中这显然无可厚非，但是不可取的是创业者们在竞争之中忽略了合作，伤害了相关方的利益，这样损人利己的利益又能获得多久呢？企业的发展不应该仅仅只看眼前的利益，而是应该将眼光放得长久一些，在竞争中寻求合作，实现双赢。一个企业想要长期存活就需要以双赢思维为指导，站在企业、合作方甚至顾客的角度去判断，考虑双方的共同利益，实现双赢。

对于企业内部而言，人们越来越强调建立学习型企业，越来越强调团队合作精神，双赢思维成为企业人力资源管理的新理念。竞争不再是企业内部唯一可以用来提高工作效率的方法，寻求合作不仅能提高效率，甚至能缓解员工之间的紧张气氛，而融洽的工作环境也是员工工作认真的原因之一。要做到企业内部人力资源中的双赢要做到以下三点。

(1) 企业内部的双赢，先从双向选择开始。企业在和公司员工进行所持各自标准的权衡一致后，确定出一套“人尽其才，人职匹配”的公司定岗形式。

(2) 人力资源管理模式的开发，以双赢思维为指导标准。在对员工进行培训时，多听取员工的建议，选择出满足企业与员工共同需求的内容会使培训产生良好的效果。

(3) 双赢思维也可运用到对员工职业生涯的规划上。为企业职员制定合适的生涯规划，激励员工成长，达到企业共同促进，双赢双收。

对于企业来说，双赢指的是企业和员工之间实现双方利益均衡，找到他们之间的利益支点。例如在加班和涨薪之间，企业需要员工无偿加班，员工需要企业无偿涨薪，怎样权衡取舍决定了企业员工的工作热情甚至离职率。怎样换位思考，怎样运用双赢思维是一个优秀的领导者必须掌握的技能之一。

例 1.15

全球快消行业巨头宝洁公司所奉行的是“企业一员工”双赢理念，因此其一直以优厚的待遇、完善的员工培养、晋升机制吸引着广大的求职者，激励员工成长，以此激发员工为企业做出更大贡献。在员工培训方面，宝洁公司在招聘新员工时严格把关，又实行内部提拔制，再加上公司持续不断地对各个层级员工的培训，使得整个公司的员工在某些核心的价值观上达成共识。宝洁公司会给所有老板做“如何做一个好老板”的培训，也会给所有下属做“如何掌控你的老板”的培训。宝洁公司的老板和员工都在一个沟通思维和沟通框架下，因此两者关系非常融洽。

宝洁公司有完善的培训体系，也有很多课程，如最火的课程之一——“高效能人士的七个习惯”。其培训特别之处在于讲师全部都不是从外面请来的专职讲师，而是在公司工作十年二十年的各个部门的大佬们。他们并不是简单地讲理论、熬鸡汤，而是举自己亲身所经历的实实在在的例子，以十分接地气的方式分享心得体会。

在宝洁公司培训过的员工，都很认可宝洁的课程。一位员工说道：“同一个课程，一两年后我可能会重复去参加，因为虽然原理结构一样，但由于每一次老师不同，学生群体也不一样，所以讨论分享各自的经历和想法也不一样，每一次都有新的收获。”

在员工职业生涯规划方面，宝洁公司的财务部每年有一天叫作“财务部职业生涯日”，财务部的大佬们都会汇聚一堂，给全体员工讲解：财务部的职业生涯结构是怎么样的，财务部的工作成果是怎样评定的，工资水平取决于哪些因素，怎么去设定职业生涯目标并与老板讨论如何实现，怎么打造个人品牌让自己能够在公司有长久的发展，遇到很糟糕很难搞的老板怎么办，发现自己犯了错误要怎么办，等等。同时，宝洁公司还会请其他部门的大佬来讲讲他们眼中，一个优秀的受人尊敬和离不开的财务经理是什么样的。

值得一提的是，宝洁公司财务部有一套非常完善的“世界级一流财务职业经理人技能大全”，里面列明了作为一个公司财务职业经理人需要具备的各项核心技能，包括生意战略、生意分析、内控、会计、流程优化、审计、资金运作、税务、人才管理、沟通等。每一项核心技能下面又分很多次技能，每一项次技能下面又有很多项具体的描述，对应具体的熟练程度。员工每一年都需要跟老板讨论所有技能的掌握程度，并跟老板根据比对结果来结合公司需求制订具有挑战性的工作计划，以便某项技能可以在完成挑战性工作之后得到升级。同时，有些技能无论如何都不可能在现有岗位上获得提升，员工则可以主动与老板讨论，调配至不同的岗位弥补短板，以便逐渐升级所有技能，成为一个全面的世界一流财务职业经理人，实现事业上的成功。一位员工表示：“每一次我在自查自己的技能级别和跟老板讨论的时候，我心里都觉得特别踏实，也特别感恩于老板给出的反馈。这就像我想要环游世界，我有一张地图，每到一站，老板就告诉我已经到了哪里，还有哪些地方没有去过，然后老板会帮助我分析下一站去哪里最合适，然后送我到那些我没有去过的地方去学习和探索，丰富我的阅历，最终我得以环游世界。”

1.3.4 创新思维

创新思维不等于完全的异想天开或天马行空，创新思维是基于实际的情况，在一定的基础上，以独特的视角、新颖的方式解决问题的思维方式，这种思维方式往往是打破常规的。所谓创业，指的是在前人的基础上不断开拓新路的过程，而好的创意就相当于在开拓新路的时候，选择了一个好的开始。

创意，即创造性的想法及构思，也是一种思维方式，新的想法创造出新的产品和服务，找到新的商机。创意代表着要打破固有的思维，跳出原有的条条框框，构建出新事物新思想，所谓不破不立。

如果把创业比作是挖井，那么选择一个好的创意就是选择挖井的地址这一过程。井挖多深固然要依靠后期的努力以及团队的协作，但是能不能挖到水，还得选择合适的地点，一个团队能不能最后获得利润，就要看它有没有一个好的创意，并将这个创意真正展开。

那么什么是好的创意？

(1)创意的核心是策略，关键是利益。一个成功的好的创意，绝对不是镜中水月，而是能够有具体实践步骤的点子。好的创意是能够进行延伸与拓展的，如各大珠宝品牌的系列产品，好的创意以及好的创业项目应当以策略为核心，懂得如何在后续的发展中不断地保存创业项目的鲜活性，并且应对市场需求快速做出相应的调整。定下策略之后，就应该考虑一个创业项目成立的关键——利益。天下熙熙，皆为利来；天下攘攘，皆为利往。没有足够的资金就不能扩大公司规模的进一步发展，在下一次市场变动时无法做出相应的转变，最终只能惨淡收场，更有甚者，连员工的工资都无法付清。想清楚一个创意应该如何盈利，运用怎样的商业模式，满足策略好且收益高这两个条件的创业项目才能在现在风云变幻的市场里占得一席之地。

(2)独特。抄袭就是一种灾难。企业获取利益的方式有两种，即成本优势以及产品差异化。公司想要选择降低成本主要有掌握新的原材料来源以及降低必要生产时间两种方式，创业公司可以根据自己所拥有的耗材有关的资源以及拥有的独特技术来提高自己的竞争力。除了能够大量降低生产成本提高工作效率的情况以外，大部分创业公司主要会以产品差异化来作为获得利益的主要途径，在这种情况下，创业公司就应该以创意的独特性作为其衡量的标准，并且应当在确定其为一个好的创意之后就争分夺秒地实施，才能抢占到市场先机。

(3)冲击。首先应该明确三个概念：需要、欲望、需求。需要是指人们某种不足或者短缺的感觉，是促使人们产生购买行为的原始动机，如人的生存需要。一件商品仅仅满足人的需要是不足以让消费者心甘情愿地支付价格的。欲望指的是建立在不同的社会经济、文化、个性等基础之上的需要，对于消费者而言，欲望比需求更具有特性。而需求则是以购买力为基础的欲望，小轿车能使人人产生欲望，但是只有具有支付能力的人才能够称之为需求。所以一个好的创意，仅仅满足人们的需要是不够的，还需要在一定程度上给消费者冲击，契合人们的独特性，使人产生强烈的共鸣——“这就是我一直在寻找的东西，不买我一定会后悔”，并且在定价应该多做斟酌。

例 1.16

随着新能源汽车的日益普及，其重要配套设施——充电桩，也逐渐在许多园区实现落地。但是我们不难发现，这一代表了未来趋势的新科技产物，却普遍变成了“花瓶”的角色，只发挥着自己的展示功能。随着时间的推移和国家补贴措施的取消，充电桩保养成本越来越高，更会变成“鸡肋”；若保养不当，甚至就此沦为“垃圾”。

据充电设施行业调研报告，行业内多数企业正积极转变思路，更好的挖掘这一“金矿”。现简单总结剖析如下。

第一，提升用户体验

普通消费者和充电设施之间的距离感，是相关企业面临的最直接难题。对于大多数人来说，新能源车是酷炫而又神秘的，想尝鲜的人不在少数，但是区别于传统燃油车的充电网点少、充电时间长、价格昂贵等问题，制约了大多数人的好奇心。

针对这一情况，业内有实力的企业，开始采取车桩一体化的运营模式。即，在投放充电设施的同时，还投放不同档次的新能源车辆，供消费者低成本的体验。消费者通过 App，可以实时掌握车辆空余、电量、充电时间等信息，从而获得和传统汽车不一样的使用感受，加深对新能源汽车的了解。

某些企业针对园区的商务需求，还推出了更加人性化的服务。举一个成功的例子：在火车站等交通枢纽的出租车等待区，提供附带园区 LOGO 的高端新能源汽车 VIP 服务，专供园区来访客户低价甚至免费使用。在大多数人又热又闷地排队苦苦等待出租车时，客户潇洒地扫描二维码，驾驶高档酷炫的新能源汽车呼啸而去，想必已经给其他客户留下了深刻的第一印象，合作取得了开门红。会谈结束之后，客户若还想去其他地点，或者多逗留几日，还可以驾驶园区专供汽车，最后停至任意网点即可。这样极大地便利了出行，客户忠诚度立刻飙升。

第二，深挖数据宝库

解决了客户体验问题，使用新能源汽车与充电设施的用户逐渐增多，那么如何变现呢？大数据就是个不错的路径。

通过车辆、App和充电设施的联网，设施运营企业和园区可以获取设备自身、入驻企业员工、企业来访客户等各个群体的翔实数据。再聚合不同区域、不同城市的信息，可以勾勒出设备利用率、员工用车习惯、出行路线等多纬度的数字图谱。

通过这些数据，除了可以优化充电设施和车辆本身的服务，更是为设施运营企业和园区提供了一条创收的新渠道。试想一下，双方可以通过某款新能源车的驾乘数据分析，与商家展开合作，针对使用频率最高的客户，定点投放汽车销售、美容、保险、购车贷款等相关广告，直接获得经济收益。并且随着数据的累积，数字图谱会愈发精确，变现也愈发简单。

第三，巧用金融工具

硬件设施的投入，是实现上述客户价值的客观条件。目前困扰很多设施运营企业的难题，就是投资回报期长达6—10年，实现盈利基本靠国家补贴。2018年起，随着补贴的逐步取消，企业必须应对漫长的投入回收期，资金压力巨大。面临严峻形势，业内目前是各显神通，并无统一应对。

某些企业则聚焦至其核心产品——电上，因其本身有很强的金融属性：标准产品、好计量、易分割、现金流。这些特质，为金融产品的创新，提供了天然的坚实基础。简单举例来说，设施企业和持金融牌照的大型产业地产商合作，以园区内充电桩的建设和运营为标的，公开发行金融产品，消费者可按份额进行认购。

假设充电桩年投资回报率为12%，则消费者可以分享其中7%的收益，设施企业获得3%，地产商可分享2%。这样一来，对于设施企业而言，可以短期内回笼建设资金，实现快速复制，抢占市场。对于普通消费者而言，可以获得相对较高的稳定回报。对于产业地产商而言，则是为设施企业做了背书，从而获得一笔稳定收入，实现三方共赢。若再与汽车金融等手段相结合，因为汽车本身的财产属性，会激发出更多的创意火花。

以上套路的“组合拳”，实质上就是互联网思维的拓展延伸吗？

我们不难发现，充电桩这一园区未来必备配套设施，面临着和传统地产思维做产业园区一样的难题，如体验差、黏性低、变现慢等。其实这些问题并不是没有解决途径。互联网思维，正是可以借鉴的方式之一。

总而言之，互联网思维作为一种创新模式和发展趋势，理应为所有行业借鉴、融合、创新，从充电设施到产业地产，均不例外。

（资料来源：知乎）

1.4 创业方法

创业是一场博弈，是一场战争，是一旦开始就不能回头的历史，是行者夙兴夜寐誓要追及的北极星。创业的欲望会让创业者不得安宁，越是伟大的创业想法，越是让创业者心中熊熊烈火燃烧，眼中灼灼光华闪烁。这种时不我待的紧迫感，鞭策着创业者穷尽十二分的精神力投入高强度工作，甚至可能让创业者彻夜难眠。只有在创业思路逐渐明朗成型后，痛苦可能才会稍微减轻一点。

但是，创业者所要承受的困扰、付出的汗水甚至流下的泪水却不会就此结束。一方面，作为创业者，每天一睁眼就面临着房租、水电、工资、货款、现金流等一系列压力，每个夜晚都可能从梦中惊醒，抓起笔记录下一个闪念的想法，每时每刻创业者的大脑都在梳理公司的大小事情；同时，创业者是要给所有人做出交代的那个最终责任的承担者，所有的期望都指向一个人，所有的决策都倚赖一个人，这决定了创业者身上背负的不仅是个人理想抱负的压力，更有来自外界的期望压力，如资源调动的压力、资金流动的压力、合作伙伴的契约、部下员工的承诺等。创业者不可以显示软弱和无助，而且越是艰难时刻，越要冷静、理智、强大。

在此，创业者可以了解以下几点内容，以期功倍而事半。

1. 创业的目标必须明确

很多年轻的创业者可能有 10 个不错的创业想法，但是创业者应该只关注其中一个。创业者不应该像杰克·凯鲁亚克(Jack Kerouac，美国“垮掉的一代”的代表人物)的作品风格一样随意，并且不要轻易将注意力从一个目标转向另一个目标。①这可以理解为专精定律，即中国古典文化体系中的“一学定律”：一者，谓专精也，用心一也，专于一境也。谓之不偏、不散、不杂、独不变也，道之用也。故君子执一而不失，人能一则心纯正，其气专精也；人贵取其一，至精、至专、至纯，大道成矣。

2. 精准选择创业方向

选择创业方向是创业的第一步，也是整个创业活动的根基。关于如何做出选择，笔者认为应该从主观、客观两方面综合考察。

(1)主观分析。

选择最让自己燃情的方向。找到这样一种状态：对某一个项目、某一个创意、某一个产品、某一种技术、某一个行业，要有执着的热情，内心奇痒难耐，仿佛有一团火烧灼出十二万分的激动和战栗；对于某个创业想法，要有清晰的价值判断和坚定的信念选择，有充分的内心动力保证未来的坚定执行和凝聚。

(2)客观分析。

不断学习，了解市场行情，关注创投信息，与有创业经验(无论成功或者失败)的前辈交流取经，应用 SWOT 分析等市场分析方法判断和选择市场，以及遵循以下的“两步走”选择思路。

---

① 创业. 百度百科. https://baike.baidu.com/item/%E5%88%9B%E4%B8%9A/5324?fr=aladdin#3

① 找准行业。深思熟虑涉足哪个行业最为合适，做哪些买卖能获成功，预测事业将以什么样的速度增长。请考虑以下原则：

- 利润与销售紧密相连的行业，如当销售额增长20%时，净福利可以增长50%的行业；
- 对其他行业依赖性小，有较强的独立性的行业；
- 具有不断发展走向繁荣的大趋势、大需求的行业——有连续不断的市场需求的行业，和少有破产、倒闭事件发生的行业(如现在的人工智能、医疗健康等)；
- 自己有可调动的既有资源(如专业技能、关键技术、专利产权、地缘优势、媒体支持、政策红利、人脉资源、资金积累等，任何形式的资源都可以)丰富的行业——既有资源越多，生产资源积累变现的速度就越快，转化盈利就越容易。

② 找对项目。可以考虑以下原则：

- 选择个人有兴趣或擅长的项目；
- 选择市场消耗比较频繁或购买频率比较高的项目；
- 工程类行业，选择能解决痛点问题的或能对人民现有的工作生活方法略有改进的项目；文娱产业类，选择小、精、美的项目；B2B，可以围绕某一种产品展开服务从而形成项目，也可以围绕着某一种应用场景展开服务从而形成项目；如果出于快速融资盈利的考虑，就从模仿别人开始，做可重复消费的、受众面广的、简单易复制的产品或项目。
- 选择投资成本较低的项目；
- 选择风险较小的项目；
- 选择客户认知度较高的项目；
- 选择“空白区”，抓住新兴的蓝海项目——或寻找新的细分市场，或寻找未成熟但有发展空间的市场，或寻找成熟市场的空白点；
- 选择客户群体细分明确可精准营销的项目。

3. 稳扎稳打、坚定奋斗

(1)不能抱有侥幸心理，盲目相信那些一年站稳脚跟两年占据市场三年成功上市的神话故事。必须严肃审视自己所要面临的创业环境，不能过度低估创业形势的严峻性。客观、中立、理性的分析数据、产业链、竞争、成本利润。审视自己的能力、资源和心理准备，反思自己作为创业者的素质是否达标、自己的经营管理能力是否合格、自己是否拥有至少一样资源优势(人脉、资金、技能、团队等)、自己是否已经思虑周全全力以赴。毕竟，像扎克伯格一般在创业之初就收获天使投资和强大人脉资源的幸运儿不是大多数。

(2)一定要保证产品和服务的质量。

① 要有最完善的服务、最丰富的存货、最优秀的信誉，要成为你的竞争对手难以抗拒的强者。这是成功的关键。

② 不要想着走捷径。例如，因为工资低就聘用没有经验的平面设计师，因此为一份工作付双份的资本、时间甚至机会成本，将是更大程度的得不偿失。

③ 技术类公司可以考虑，不是聚焦于如何将产品做得非常强大，而是简洁易用，

采用“低端吃掉高端”的策略，同时在这个过程中围绕产品原型，根据用户反馈不断调整功能。

(3) 必须辛辛苦苦地工作。一般要遵 5+10 规则，即花费五年的时间和比想象多十倍的费用才能达到成功的彼岸。所有的事都要花费比想象至少多一倍的时间和金钱，但往往只能取得期望中的一半的效果。创业之路开始容易，过程很难，收场更难，最常见的不是成功和失败，而是长时间的苦苦挣扎。煎熬是创业的典型状态。如蔡文胜所言：“10 年前，成就一家全国规模的知名公司需要 15 年甚至 20 年的奋斗，后来有了风险投资的介入，七八年时间就可以成就一家互联网知名公司。但对于多数创业者来说，不经历 5 至 8 年、每周 7×12 小时的创业奋斗很难有大成。”①

例 1.17

余建军是一个名副其实的“连续创业者”，创业几十余次，屡败屡战，他的创业精神体现在每时每刻，即使看到路边的一家培训公司，也会马上突发一些创业想法。这个项目有没有机会，怎么干，怎么操作，在策略上、资金上都需要先做什么后做什么，并把这些想法记录下来。在余建军的笔记里面，至少记了好几十个各种不同类型的创业项目。余建军把这种脑海中的操练戏称为“职业病”，不过他认为没什么坏处，反而是他的“脑保健操”。

余建军第一次创业经历是在西安读研究生的时候，当时互联网刚兴起，全国各大高校都吹起一阵创业热潮，余建军也是在这次热潮中将自己的初试创业奉献出去的。当时余建军是被一个投资人主动找到去创业的，但是由于他的设计和当时的社会背景有冲突，虽然理想很美好，但是实施起来困难重重。于是，余建军的第一次创业到一半便草草收尾了。

毕业之后，余建军又和 4 个同学一起去了上海，几个人合伙创业，目标是能赚钱就行，先一起把自己养活。他们同班同学都是程序员，便一拍即合做起了专业的拼接软件，在当时来看，是十分超前却实用的，主要卖给国外的客户。没想到，国外的客户用完之后很喜欢，一时间订单不断，连当时的电影《哈利·波特》都曾用过这个软件。这个项目他们做了 4 年，收入达上千万，十分可观，超额完成了养活团队的目标。

虽然第二次创业是成功的，但是余建军的创业野心大，这种小规模的创业让他感觉不过瘾，他想做一个亿级用户、可以影响整个行业的平台。于是，“城市吧”诞生了！

为完善街景地图，余建军又做了一个城市采集车。不过，车太费钱，每天光油钱和人工费就要 300 多元，而且一个城市采集下来最快都要一个月。于是，余建军找到了谷歌。当时，谷歌还没街景，只有地图和卫星，凭借“可以帮你在全世界各地做街景”就这一句话，余建军打动了谷歌。不过，等余建军开始准备干活时，却发现谷歌原来是“明修栈道，暗度陈仓”，早已经在暗暗布局街景。等余建军反应过来，已经大势已去。再后来，余建军的城市吧被百度收购。为此，余建军非常郁闷，浑浑噩噩过了三、四年。

余建军做得第四个比较大的项目是叫“那里世界”的虚拟世界，2009 年成立，当时还得到了正大集团 2000 万的投资。

---

① 蔡文胜. 创业者没想清楚这几点早晚栽跟头. 搜狐科技_搜狐网. http://www.sohu.com/a/165475670_172437

在两年的筹备下，“那里世界”，一个被余建军寄托乌托邦式理想的虚拟世界正式面向公众。但在合作方的发展下，“那里世界”活生生变成了美女直播，而且尺度越来越大。2011 年下半年，或许已经预测到“那里世界”终将失败，余建军是焦虑的，倒不是焦虑经济状况，他在多年前已经实现了财务自由。他的焦虑是自己已经 35 岁了，“这辈子最精彩的年华，最有旺盛战斗力的时间段，肯定要慢慢地过去了，但是还没有找到一条实现理想的道路。”

“那里世界”失败后，他决定不能马上“all in”到下一个项目，而是要快速试错，不断尝试新项目，但每一次试错，都要走掉几个人，最后，80 多个人的团队，只剩下了七八个人。“只要有我在，(公司)肯定倒不了。”尽管饱受挫折，但是余建军还是不轻言放弃，下一步将准备构建音频平台，于是喜马拉雅 FM 诞生了！

最开始，喜马拉雅被定义为是音频 App，刚入驻的用户几乎都是电台主播，不仅专业相关，还自带种子用户，让平台增长了很多粉丝。选对了方向，再加上不断的调整和努力，喜马拉雅 FM 实现了飞一般的发展。2013 年，喜马拉雅先后上线了苹果和安卓客户端，用户数有了质的飞跃，达到了 1000 万，第二年达到了一亿用户。余建军终于实现了建立一个“服务亿级用户的平台”的愿望！喜马拉雅，已成长为国内最大的移动音频分享平台。

(4)创业者必须亲自做市场调查，不能参照其他企业或政府部门的资料，他们的目标不适合创业者自己的目标。在独立创建公司前可以先到这一相关领域去工作一段时间，会缩短创业者在这一行业独自摸索的时间。

(5)制订一个切实可行的发展计划。正式的书面计划，可为新创立公司树立一个无价的、积极的发展目标，同时帮助创业者将精力进一步集中到公司的发展上。企业发展计划通常包括以下四个部分。

① 目标陈述。包括公司的发展目标，以及达到目标的方式。如想获得资金，还需要多少资金，怎样利用这笔资金，怎样偿还和如何偿付投资者的红利等。

② 公司经营范围描述。说明公司是做什么的，有哪些特色新产品或服务。如果是创业初始，还应详列创业费用和五年计划。包括公司对财务、保险、安全措施、仓库控制等记录的保障体系。

③ 市场宣传计划。应说明公司的潜在客户是哪些人以及赢得这些客户的方法。包括所有直接或间接的竞争对手，以及公司的竞争优势。所有的促销、价格、包装、批发等都应在计划中详述。再就是根据市场宣传计划、研究市场发展趋势，以及如何让公司走在市场的前沿。

④ 资金计划。应说明公司的已有资金以及公司实际需要的资金。刚创办的公司应有一个形式上的现金流动报表，并参照此表和年收入情况，制订一个三年收入计划。可借助对市场及竞争对手的调查，或有关书籍作为参考资料。

(6)做好充分的准备。创业是一项庞大的工程，涉及融资、选项、选址、营销等诸多方面，因此创业者在创业前务必要进行细致的准备。例如：通过各种渠道增强创业领域的基础知识；充分了解创业支持或者鼓励创业的政策，“用足”这些政策，如免税优惠、特定地区注册低税率政策、创业孵化园入驻政策等，减少创业初期的风险和成本；不辞辛苦去了解其他公司的薪金制度，如定额销售制度等；形成自己企业的书面规章，使每个人都处在相同的行为准则下朝着共同的目标前进。

(7)懂得适应市场形势，及时调整，随机应变。单凭一个创意拉到风险投资的可能性并不大。很多创业公司的创意产品会逐渐调整变化，最终成功的产品可能与最初的创意完全不一样，即使大型企业如 Microsoft、IBM 也是如此。真正有意义的不是创意，而是有创意的人，好的创业者可以将一个不怎么样的创意逐渐做好，而好的创意无法成就一个不怎么靠谱的创业者。蔡文胜说过，“创业是带着一群未知的人去一个未知的地方干一件未知的事，再有能力的创业者也无法在出发之前就想清楚所有的事情，即便是已经想清楚，一旦开始做也会发生很多变化，所谓‘枪声一响预案作废’，绝大多数公司成功时的方向和最初设想的产品都大相径庭。创业者需要在前进的过程中根据市场的情况以及消费者的反应，甚至是竞争对手的动态来随机应变。”

4. 聘用能创造价值的员工

初创公司所聘用的员工不仅要符合工作岗位的能力要求，还要能够为公司创造附加值。最关键的创业初期，有能力的创业者是不会在用人方面考虑成本的。要在一开始就建立专业的管理班子，让团队能从“小作坊”变成一个正规的公司。“小作坊”式的管理方式会给企业领导者带来巨大的工作压力，公司的发展也会因此而极为缓慢有限。

方法一：通过人才招聘形成团队

作为创业者，首先应该分析公司的主营业务、收益来源，细心调研发现工作真正需要的人才类型。这一过程既能帮助企业权力下放，又能帮助创业者理清方向，针对性地招聘那些人品和才能都适合公司发展的人才，根据每个人的特点因才施位。创业公司的合伙人最好是三个，人数太少孤掌难鸣，人数太多意见很难统一。技术性创业公司的合伙人必须有一个精通技术，否则很难成功。必须确保合伙人里至少有一个人对用户需求足够了解。

挖掘人才、建立管理团队应该遵循的原则包括：

- 聘请有经验的人员；
- 选择素质较高的人；
- 力图使其拥有的经验和才能适应公司的环境；
- 尽量到过去共过事的朋友中去寻找；
- 管理层的人数要尽可能地少；
- 盯住目标——利润才是最终目的。

这一管理班底搭建的过程十分艰辛。创业者不可避免地要同一群不认识、不了解也难以信任的人相处磨合，这些人会经常更换，直到形成最默契、最高效、最满意的群体。

方法二：通过“顾问”体系形成团队

这一方法主要是帮助创业者在时间、资源有限，或者招聘见效缓慢的情况下，较为快速地形成自己的管理班子。

先从一些职业退休人士或业务关系中有这方面经验者中聘请，他们能够弥补年轻员工经验不足的缺陷。对每个年轻的管理人员都配一个顾问来指导其工作。这样一来，公司的管理班子就很自然地随着业务的增长而成熟起来。一般来说，部门经理要在自己公司内部选拔，而优秀的销售员和市场营销人员则要到竞争对手公司里去聘请。

5. 做好财务规划和退出策略

创业者应当将个人财务和公司财务划分开来管理。在开始创业前，要先保证创业者的个人生活不会出现问题，否则很难取得成功。创业者可以通过贷款解决公司运营资金的需求。创业是为了生活得更好，而生活不是为了更好地创业。

创业者要设定好退出策略，可以选择转让、出售公司或者独立经营。创业者也一定要知道何时该进，何时该退。所谓“打得赢就打，打不赢就跑，跑不掉就卖，卖不掉就关。”金钱未必就能生活幸福，但是出于某些原因，每个人又都希望自己能够通过努力做个有钱的人。创业可能会让创业者整晚失眠，暂时感到非常痛苦，但是一旦公司业务发展有所起色，生活会因此变得更加幸福和成功。

6. 有眼界和格局

发展靠实力，创业靠毅力。如果真正做出了创业的决定，就要做好足够的心理准备。

例如：要努力克服可能出现的素质不够、风险过大、市场多变等风险和困难；要不惧做独行者，在缺少支持和理解的孤独中仍然保持前行的信念，头脑清醒，认清形势，一旦决定，追求到底；要有足够的理念，拒绝浮躁和短视，不过分看重眼前利益，懂得吃小亏放长线的道理；要戒骄戒躁，稳扎稳打，不被一时的成就冲昏头脑，不被短期的利益动摇远志；要能够承受失败，不丧不馁，冷静面对，把失误失败转化为经验教训；要有大局意识和全盘观念，不仅着眼于某一块具体业务，更要擅长着眼于全局的走势，从战略性的高度审视每一个决策可能带来的影响，从而控制从部分到整体的局势、布局从现在到未来的远谋，既能体察入微，又能统管大略。

7. 慎重处理合伙事宜

(1)合伙人会带来无价的帮助。

如果创业者能在共同奋斗的团队成员中找到“伙伴”来合伙创业、经营、管理，这将会是一件值得高兴和感激的事，通常合伙的双方都能为公司的发展带来不同的经营才干、经验或其他相关优势。

合伙是一个集人之长、强强联手的过程，也是一个复杂的双端博弈的过程。创业者要慎重选择合作伙伴，首先要志同道合，其次要互相信任。如果自己需要合伙人的钱来开办或维持企业，或者这个合伙人帮助自己设计了这个企业的构思，或者他有自己需要的技巧，或者自己需要他为自己鸣鼓吹号，那么就请他加入自己的公司。

(2)明确分工和书面协议是维持良好合伙关系的重要保证。

《中国合伙人》里说，“如果你想失去一个兄弟，那就和他合伙吧。”无可否认，利益多则人心浮，职责不明则关系纷乱。生意上的合伙关系很容易破坏多年的友情。要想合伙成功、愉快，和合作伙伴之间的责、权、利一定要分清楚。双方应该事先通过书面协议的方式明确双方各自的权利和义务。如果是两个意见经常相背者合伙，更应该有书面协议书。

典型的协议书应该说明生意的具体目的，说明每个合伙人的有形的资产、财产、设备、专利等和无形的服务、特有技术、关系网等投入，以及每个人在收入上应得的百分比。这样的协议允许合伙人占有的公司股份各不相同，但一定要说明各个合伙人在公司管理中的地位和职务，是否允许合伙人从事公司以外的其他业务等。有一点最重要，那就是合伙双方以什么样的方式结束合伙关系，对此一定要在协议中写明。

例 1.18

新东方创始人之一的俞敏洪在一次关于“合伙人”的采访中曾经表达过成功合伙的要素，讲话原文摘录如下。

“在现实当中，我和徐小平、王强，大学同学合伙在一起是相当成功的，确实在发展当中也有一些冲突。因为做事情不能什么都是你一个人做，一定要有合伙人，但是我总结了几个要素。

第一，所有的事情如果做的时候，最好是你一个人开头先做，哪怕你先做一个月。例如，要做一件事情，如成立一家公司，你先自己做一个月、两个月，做的时间越长越好，这奠定了创立公司的基础。如果一个公司有几个合伙一起也可以，在合伙的时候已经明白这些朋友、这些兄长，或者是很厉害的角色。

对于我来说，如果是我跟这些朋友一起合伙创业的话，最后一定会出问题，原因非常简单，因为在大学的时候，徐小平是我大学文化部长，王强是我大学的班长，他们一直认为从才华、眼光，到他们的能力都远远高于我之上。而后来我为什么变成头儿？其实不像电影中写得那样，我们三个是一起干起来的。现实是我已经自己先干了五年。我是 1991 年从北大出来，干到 1993 年成立新东方，1995 年年底才到国外找到这些朋友，那个时候我知道，如果我要再干下去的话，必须要有一帮能人和我一起干。我也估量了，通过我这五年的努力，在中国创业能力方面比我大学这帮朋友强，但是这些朋友在某些方面，包括他们的英语水平、对于西方的文化了解一定比我强，所以这是良好的结合。

尽管他们回来之后，叫我‘土鳖’。因为他们觉得我身上缺少他们在外国留洋好多年以后的各种气质，但是他们最后不得不服从领导。首先是因为我是这个学校唯一的创始人。其次，他们也发现在现实中间，碰到比如和政府打交道和地方打交道的时候，他们完全无能为力，但我这个“土鳖”爬得非常自如，这是不同能力的结合。”

8. 精准运营、做好管理

一方面，积极帮助别人，为每一位客户提供充分的服务，尽量满足他们的需求，培养黏性客户群体。另一方面，积极建立商业联系，培养合作企业和渠道资源。

慎重处理投融资事宜。正确进行产品的估值，合理划分合伙人和天使投资人等各投资方的股分配额；在确保手里还有钱的时候就启动下一轮融资；合理使用风险投资的资金，用在最需要的地方而不是奢靡浪费。

要找准自己的用武之地，不能脱离实际、好高骛远，而是把主攻方向确定在一个特定范围内。循序渐进比起贸然闯入一个知之甚少的陌生领域来说，是促成公司快速增长的更为可取的方式，欲速则不达，往往会带来鸡飞蛋打、功亏一篑的悲惨后果。

深入了解你的产品，经常听取用户意见，培养搭档和下属拥有一种能感知企业内部资金流入流出状况的直觉能力，与搭档和下属一起精诚合作，并把以往获得的经验与他们分享，商业头脑的获得会使注意力迅速地集中在点上。

明确工作量并迅速推进，做好团队管理，增强整个团队的执行力，保证工作顺利完成。以小时统筹工作量，以天作为奖惩时间点，以周作为反馈周期。不要害怕反复的快速试错，从某种角度看，这也是锻炼团队和找到方向的好机会。

抓住机会完成扩张并建立门槛。找到突破点、取得成效时，迅速总结前期的成功经验，形成流程，快速扩张；在核心技术、业务模式、资本进入、市场进入等方面建立门槛增强自己的竞争力；如果自己不具备在自己细分市场建立门槛的资格，就要同步考虑好发展策略和退出策略。

例 1.19

“我想说我们这区有一个非常棒的京东快递员！他彻底颠覆了我对快递员这个工作的理解。首先，为方便送货联系，他会添加每次去取货的人的微信，一般我们都会加，他自己建了所有客户的微信群，而且是分街区建的。每天晚上固定八点左右，他会把京东当天所有的生活类特价用品链接发到群里，如果有什么需要的，我们不用拍下来，直接告诉他，他直接综合我们的信息组团拍一堆第二天送过来，这一套特别受我们这边的阿姨妈妈们欢迎，因为阿姨妈妈们是那种邮费十块钱都会考虑很久的人，因此我们家就有了 7 块钱 1.5 公斤的洗衣液，30 块钱不到的一整箱咖啡，9.9 元的卫生纸，我妈已经在考虑凑单买虾了。哦，对了，凑单这个问题也直接由他解决，每次送货来，他身上全套的衣服都特别整齐，人也干干净净的，没有多余的废话，让人觉得跟他完全就是一种生物链上的合作关系！喜欢认真工作的人，充满魅力！”——来自客户的微博原文(有改动)

这个故事就是一个很好的精准运营的缩影。

“他会添加每次去取货的人的微信”，这就是在建立流量，互联网经济的唯一决定因素就是流量。

“他自己建了所有客户的微信群，而且是分街区建的”，这就是根据地域分小群进行精细化运营。

“如果有什么需要的，我们不用拍下来，直接告诉他，他直接综合我们的信息组团拍一堆第二天送过来，这一套特别受我们这边的阿姨妈妈们欢迎”，这就是精准把握用户心理并精准地为客户提供相应价值。

“凑单这个问题也直接由他解决”，这就是最关键的一步，转化。

转化至少分三种：

利用京东员工的内部优惠券做盈利点；

利用微信群里的流量，拓展自己的快递业务，提升业务量；

自己做不过来，聘请外包员工，开辟副业，如果将来不做京东了，自己可以成立快递公司。

本章要点回顾

- 互联网创业，指的就是利用互联网思维来完成一种生产力的转变，改革、创新、发展、推动新经济形态不断发生演变的创业项目。

- 依据创业动机、创业模式的不同，可以将创业分为两个大类，即生存型创业和机遇型创业。其中机遇型创业又分为主动型创业、赚钱型创业和创意创新型创业。
- 创业管理主要研究企业的创业行为，研究企业管理层如何连续注入创业精神和创新活力，增强企业的战略管理柔性和竞争优势。创业管理的核心问题是机会导向、动态性等。
- 战略管理是面向未来动态地、连续地完成从决策到实现的过程。
- 安索夫矩阵模型是以产品和市场作为两大基本面向，区别出四种产品/市场组合和相对应的营销策略，是应用最广泛的营销分析工具之一。
- 市场机会分析包括外部分析(战略环境分析、企业经营活动分析)和内部分析(企业能力分析)。

本章思考题

1. 创业的分类及创业管理的特点有哪些？
2. 创业经历了哪些演变过程？
3. 互联网创业的概念是什么？
4. 创业管理的概念及作用是什么？
5. 在创业中，哪些创业思维是值得借鉴的？为什么？请举出两种思维作答。

参考文献

[1] 创业. 百度百科. https://baike.baidu.com/item/%E5%88%9B%E4%B8%9A/5324?fr=aladdin

[2] 左仁淑. 创业学教程：理论与实务. 北京：电子工业出版社，2014.

[3] 创业. 百度百科. https://baike.baidu.com/item/%E5%88%9B%E4%B8%9A/5324

[4] 管理. 百度百科. https://baike.baidu.com/item/%E7%AE%A1%E7%90%86/366755

[5] 张玉利，李新春. 创业管理. 北京：清华大学出版社，2006.

[6] 创业管理(企业管理层创业行为). 百度百科. https://baike.baidu.com/item/%E5%88%9B%E4%B8%9A%E7%AE%A1%E7%90%86/1407694

[7] 安索夫矩阵. 百度百科. https://baike.baidu.com/item/%E5%B8%82%E5%9C%BA%E6%9C%BA%E4%BC%9A%E5%88%86%E6%9E%90

[8] 创业. 百度百科. https://baike.baidu.com/item/%E5%88%9B%E4%B8%9A/5324?fr=aladdin#3

[9] 蔡文胜: 创业者没想清楚这几点早晚栽跟头. 搜狐科技_搜狐网. http://www.sohu.com/a/165475670_172437

第2章

创业机会

导入案例

村支书赤子情，远山助创业脱贫

李君是电子科大的一名优才生，毕业后他通过自己的努力成了成都一家广告公司的副总，一位年薪 18 万的高级白领。令人意想不到的是，他在经历了职场的成功之后，却毅然选择回到故乡苍溪县的一个偏远贫穷的小山村——岫云村。

岫云村距苍溪县县城 53 公里，距镇场 8 公里，全村辖 6 组 264 户 944 人，人均耕地面积仅 0.6 亩。由于区位劣势，在李君还没有回到岫云村之前，村民年人均纯收入远远低于全县平均水平，岫云村也是国家级重点贫困村，全村留守在家的 80 岁以上老人 22 人、10 岁以下儿童 83 人、一二级残疾人 16 人、五保户 7 人、低保户 46 人、癌症和慢性病患者 32 人。全村长年在外务工人员 486 人，留守老人 203 人。

小支书，大情怀

面对村里的情况，他不断思索脱贫的良策，寻找带领村民走向富裕的路途。他说："我不想让村子空下去，不想让乡亲们永远穷下去，因为，我的根在这里，我是岫云人啊。"

最初李君将城里的老板朋友源源不断地带向村里，希望他们找到商机，投资助力，然而这个办法并没有太大的作用；他跑华西村，跑宝山村，费尽口舌，游说求援，终于找到了捐赠资金 50 万，将村里泥泞不堪的道路硬化一新；他继续奔走、继续思谋、继续求助，创新扶贫思路，"远山结亲·以购代捐"，并以此迎来了中国大唐集团四川分公司的定点帮扶，迎来了成都一家家企业的爱心认购。

尽管如此，他依然不满意岫云村的发展状况，李君认为要让乡亲们有尊严地彻底脱贫，不仅靠捐助，不仅靠爱心，还要靠自强自立，靠勤劳智慧，才能体面地走向富裕。

创新电商崭新模式

带着信心，怀着希望，李君开始了崭新的谋划：他探索出"互联网+小农经济"的模式，成立"一品一家"农业发展有限公司，让村里的绿色产品走向城市、走向远方，让城里人和村里人成为亲戚、成为朋友，让空寂的乡村热闹起来，让贫穷的土地富裕起来。

李君动员渴望脱贫的农村家庭，利用田边地角的闲置土地，发动闲不住的留守老人，让他们养鸡、养鸭、养猪，不用饲料、不用添加剂、不用催肥，只为养出让城里人彻底放心的绿色产品。他不是诗人，却给那些自然长大的牲畜们取了一个个美丽诗意的名字，叫它们"时光鸡""岁月鸭""年华猪"。

对于岫云村的创业发展思路，李君是这样阐述的:“鸡鸭猪均改变传统以重量计价的方式，改以生长周期和数量计价，以比当地市场价高出 30%—50%的保护价收购；消费者通过手机端下单，平台根据预售情况组织贫困户分批进行订单式生产，合作农户可以提前一年预售自己的农产品；自建客户评价体系，年终得分高者第二年可以对其提高收购价，同时采取额外现金奖励，相当于二次分红，得到客户好评越多，收益越高；消费者对生态农产品的信心和客观的评价体系，使得贫困户摆脱了农产品价格周期波动和其他市场风险。”

即便是有了公司的层层保险，但村民们对于城里人是否绝对相信质量，这样做能否脱贫这一系列问题表示非常疑惑。

线下体验解疑惑

为了解决这些问题，李君在成都开了三家线下体验餐厅，目前经营良好。另外，为了更好地精准扶贫，李君还借助自建网上购销平台，为每户村民建立生产档案，将农户的家庭情况、生产资源、劳动能力、出产产品等信息采集到手机终端，让每一样产品都可以追溯到生产农户。同时根据家庭收入情况，对合作农户分成特困户、贫困户、一般户 3 类，对特困户和贫困户的产品，进行拍卖和优先预售，确保贫困程度深的合作农户优先获得最大受益。

在李君的带领发展下，岫云村合作社已经被评为‘四川省农民专业合作社示范社’，而且成效不错。2014 年，企业销售 300 余户贫困农户养殖的土猪、土鸡、土鸭等生态农产品，总价值 270 万元，合作农户人均增收 1800 元。2015 年，岫云村模式推广至白驿镇、月山乡、五龙镇等 50 余个行政村，未来力争覆盖 200 个贫困村，吸引 1 万贫困户直接参与，合作农户在 2017 年之内即可在全县提前脱贫。

人民日报以《城里的“亲戚”数不清》对此进行了专题报道；四川日报以《偏僻小山村有了扶贫升级版》《远山结亲扶助山村的梦想》予以两次报道；四川新闻以《扶贫攻坚进行时——远山结亲手拉手脱贫奔小康》予以两次头条报道；四川电视台累计在黄金时段播报次数达 10 余次；新浪、搜狐、华西都市报、成都商报等地方媒体也争相报道，极大吸引了河南、山东等 5 个省份和金堂、阆中等 13 余个县区的关注。

案例评价

李君作为掌握新科技、新方法的“新人类”，为实现带领全体村民走向共同富裕的道路，因地制宜，利用农村家庭闲散的土地，动员留守老人，开创“互联网+小农经济”模式。开创线下、线上相结合的新模式，带动全村经济全面发展。

思考题

1. 李君在选择“互联网+小农经济”作为自己的创业机会时，考虑了哪些影响因素？
2. 结合李君的创业过程，简要谈一下你对“创业者在创业过程中是否应当承担相应的社会责任”这一问题的看法。

本章要点

- 创业机会的概念
- 影响创业机会的因素
- 创业机会的来源
- 识别创业机会的方法
- 评价创业机会的策略
- 八种创新策略

学习目标

- 了解创业机会来源
- 理解创业中的创新点
- 掌握常用的创新策略及其执行方法
- 掌握创业机会的识别方法
- 掌握创业机会的评价方法

2.1 创业机会的识别

2.1.1 创业机会的来源

1. 创业机会的定义及特征

创业机会主要是指具有较强吸引力的、较为持久的、有利于创业的商业机会，创业者据此可以为客户提供有价值的产品或服务，并同时使创业者自身获益。

有的创业者认为自己有很好的想法和点子，对创业充满信心。有想法、有点子固然重要，但是并不是每个大胆的想法和新异的点子都能转化为创业机会的。许多创业者因为仅仅凭想法去创业而失败。那么如何判断一个好的商业机会呢？

《21世纪创业》的作者杰夫里·A·第莫斯教授就提出，好的商业机会有以下四个特征：第一，它很能吸引顾客；第二，它能在你的商业环境中行得通；第三，它必须在机会之窗存在的期间被实施(注：机会之窗是指商业想法推广到市场上去所花的时间，若竞争者已经有了同样的思想，并已把产品推向市场，那么机会之窗也就关闭了)；第四，你必须有资源(人、财、物、信息、时间)和技能才能创立业务。

2. 创业机会的来源

对于创业者来说，拥有一个良好的创业机会，就相当于一艘在大海中航行的船只找到了正确的航线。如果说，船只寻找航线还可以依赖于指南针、灯塔等明确的标志，那么创业者又应该怎样去寻觅合适的创业机会呢？

简单总结起来，创业机会一般来源于以下四个方面[①]。

---

① 资料来源：刘东强，梁素娟. 马到功成：马云向左，马化腾向右[M]. 北京：新世界出版社，2009.

(1)没有得到满足的需求。

创业的根本目的在于满足需求。若存在某一种需求没有得到满足，那么它就是一个潜在的创业机会。由此，寻找创业机会的一种重要途径，就是善于去体会和发现自己或他人在生活中是否存在某一些需求未被满足。

例 2.1

淘宝网是中国阿里巴巴集团旗下的网络购物网站，由马云创立于 2003 年 5 月 10 日，是面向中国和马来西亚等地消费者的 C2C 购物网站(B2C 模式网站——天猫已拆出)，个人或企业均可在淘宝网开设自己的网络店铺，此外淘宝网上还拥有拍卖平台。2011 年 6 月 16 日，网站分拆为淘宝网、天猫、一淘网。

淘宝网的创立就是源自消费者对于网上购物的需求，以及商家在网络上售卖产品的需求。也正是因为它同时满足了消费者以及商家的需求，所以淘宝网才能够得到如此迅速的发展，并通过满足消费者购物时的折扣需求，打造了“双十一”这一现象级的电子商务胜状，也成了当代阿里巴巴最负盛名的成就之一。

(2)市场环境的变化。

创业的机会大都产生于不断变化的市场环境，市场环境一旦发生改变，市场需求、市场结构必然会随之变化。市场的变化主要来自产业结构、人口思想观念、政府政策、人口结构、国际市场形势的变化等诸多方面。变化即意味着机会，尤其在当今市场风云莫测的大环境中，无处不隐藏着各种良机。

例如，单亲家庭快速增加、妇女就业的风潮、老年化社会的现象、教育程度的变化、青少年国际观的扩展等，这些必然提供许多新的市场机会。再如，人们对于饮食需求认知的改变，造就了美食市场、健康食品市场等的新兴行业。

(3)技术和创新变革。

技术和创新变革不仅创造出具有超额价值的新产品、新服务，更好地满足了顾客需求，同时也产生了大量的基于新的科技突破和社会科技进步的创业机会。近年来移动互联网迅猛发展，对传统商业市场造成巨大冲击的同时，基于互联网发展的创业机会也如雨后春笋般出现，创业逐渐成为中国经济发展和促进就业的新增长点。

例 2.2

高德地图是国内一流的免费地图导航产品，也是基于位置的生活服务功能最全面、信息最丰富的手机地图。其针对用户最常用的躲避拥堵功能，将交通拥堵算法和避堵策略进行了全面升级和优化。前者从个性化、场景化、车道级三个维度升级算法，使拥堵计算、拥堵预测、到达时间预测准确率大幅提升。后者则发挥了深度学习能力，更加人性化、实时化地避堵。借助技术上的革新，高德地图 App 成为“移动创业之星年度最佳移动生活类应用”。

(4)市场竞争。

在市场竞争的过程中，如果能够合理分析自己与竞争对手之间的优劣，并针对对方的短处，将自己的优势充分发挥出来。或者采取差异化策略，为顾客提供更满意的产品和服务，更好地满足顾客需求，那么你就找到了竞争环境中的独特创业机会。

例 2.3

在网络直播发展之初，不少人都对其寄予厚望，甚至认为它在市场规模上有可能做到游戏那么大。但诸多迹象表明，网络直播的“后劲”并不像游戏那么足，简单来说，市场不大竞争不小，想吃“肉”并不容易。要想吃“肉”，就必须在竞争过程中凸显自己的优势。例如，陌陌走的是泛娱乐和泛社交路线，直播的价值在于增加用户黏性、提高用户时长、强化社交效率。陌陌自 2015 年 9 月初次尝试直播类产品——陌陌现场后，就持续在产品内引入视频元素，陆续推出了动态视频、直播、时刻、群组视频等基于视频形式的服务。事实证明，陌陌的多元视频内容与社交平台之间的协同效应已经凸显，未来陌陌将继续做大社交体量，并探索其他商业模式，如通过短视频拓展更丰富的消费场景等。

3. 创业机会的分类

创业机会可以分为模仿型机会、识别型机会和创新型机会三类。

(1)模仿型机会，即通过模仿别人的技术并结合自身特点，进行资源优化配置，降低成本形成竞争力。如百度模仿谷歌，但百度更适合中国人。

(2)识别型机会，是指基于市场发展，对顾客的潜在需求进行预测而产生的机会。例如，百合网利用中国的庞大人口和当今找伴侣难的契机，结合科学心理分析，将生活背景、兴趣爱好、性格气质、学历知识水平、世界观价值观接近甚至相同的人搭配在一起，提高配对率。

(3)创新型机会，将新技术应用到不同领域，与其他行业融合，为顾客创造新价值。例如，阿里巴巴将网络和商业买卖融合到一起。而淘宝的免费模式，至少产生了三个方面的创新：第一，在丰富了商品品类的同时，自然形成了竞价搜索模式；第二，为了方便买卖双方交易，淘宝提出支付宝模式，在解决了信用问题的同时带来了新的商业价值；第三，为了尽可能促成交易，淘宝不仅不收买家和卖家的交易费，还创新出 IM 工具阿里旺旺，方便买卖双方进行交流。

4. 中国互联网行业的创业机会特点

目前，我国互联网中小企业在互联网业务创新上基本是照搬美国新兴的互联网模式，原始突破或者颠覆式创新较少，基本上是在用户需求点上进行持续不断的微创新。而大企业则在引领创新这方面表现得动力不足，其往往采取直接将小企业成熟的盈利模式应用到自身业务平台中，以实现风险极低的业务扩张，而非强迫自己实现业务或模式创新。

2.1.2 创业机会的关键影响因素

影响创业机会的因素主要包括两类：一类是可控制因素，包括创业者的先前经验、个人能力、社会关系网络等；另一类是不可控制因素，即外部创业环境，包括市场动态、经济环境等。

1. 可控制因素

(1)先前经验。

大多数创业者的创业能力都是基于先前经验而不断成长的，个人在特定领域的经验越丰富、知识储备越多，就越容易发现和把握该领域内的创业机会。

(2)个人能力。

一般包括信息获取和分析能力、预测能力、风险感知能力、社会关系建立和维护能力、行业或创业领域知识与经验储备能力等。此外，创新思维也是很重要的一项能力。创新思维的能力水平，决定了创业者是否能够在大量的信息中，挖掘出客户的需求并提出具有创意性、新价值的产品或服务。

一般而言，拥有强大个人能力的创业者能够比其他人表现得更加灵敏，也更加具有主动性。

(3)社会关系网络。

创业者的社会关系网络是指创业者与家庭、朋友、同事、商业合作伙伴和竞争对手、政府、金融机构等建立起来的各类社会关系，它们连接在一起构成创业者的社会资本。社会网络成员之间彼此亲密的内部联系可以帮助创业者提高信息获取的质量，从而确保信息资源的价值，以此来获取更有价值的创业机会。

2. 不可控制因素

创业环境包括宏观经济政策与制度、产业结构、人口环境、自然环境、技术环境、市场环境等。创业环境的变化既可能提供大量的创业机会，也可能对创业机会的实施造成困难。

例 2.4

“滴滴出行”App 改变了传统打车方式，建立培养出大移动互联网时代下引领的用户现代化出行方式。“滴滴出行”项目的出现也是创业者清晰地看到当时的创业环境：在中国打车难，这是大众主流的刚性需求；国外有类似的模式，英国打车应用 Hailo 刚刚拿到了融资，方向貌似可行；移动互联网的到来，手机定位距离的属性变得越来越重要。于是滴滴打车的诞生改变了传统打车市场格局，颠覆了路边拦车概念，利用移动互联网特点，将线上与线下相融合，从打车初始阶段到下车使用线上支付车费，画出一个乘客与司机紧密相连的 O2O 完美闭环，最大限度优化乘客打车体验，改变传统出租司机等客方式，让司机师傅根据乘客目的地按意愿“接单”，节约司机与乘客沟通成本，降低空驶率，最大化节省司乘双方的资源与时间。

“滴滴打车”清晰地看清了当时的创业环境，随着中国经济的发展，选择打车出行的人越来越多，但由于中国的交通环境，导致“打车难”的现象出现。滴滴打车抓住了这一机会，在移动互联网逐渐兴起的时候，推出线上打车、线下服务、线上支付这一模式，为司机和乘客双方带来了良好的体验感，在创业环境的变化中有效地抓住了创业机会，获得了成功。

2.1.3 创业机会的识别过程与方法

1. 机会识别的过程

创业过程开始于创业者对创业机会的把握。创业者从成千上万繁杂的创意中选择了心目中的创业机会，随之不断持续开发这一机会，使之成为真正的企业，直至最终收获成功。

这一过程中，机会的潜在预期价值以及创业者的自身能力得到反复的权衡，创业者对创业机会的战略定位也越来越明确，这一过程称为机会的识别过程，这一识别过程是广义的，具体可分成三个阶段。

(1) 机会的搜寻。这一阶段创业者对整个经济系统中可能的创意展开搜索，如果创业者意识到某一创意可能是潜在的商业机会，具有潜在的发展价值，就将进入机会识别的下一阶段。

(2) 机会的识别。相对整体意义上的机会识别过程，这里的机会识别应当是狭义上的识别，即从创意中筛选合适的机会。这一过程包括两个步骤：第一步是通过对整体的市场环境，以及一般的行业分析来判断该机会是否在广泛意义上属于有利的商业机会，称之为机会的标准化识别阶段；第二步是考察对于特定的创业者和投资者来说，这一机会是否有价值，也就是个性化的机会识别阶段。

(3) 机会的评价。这里的机会评价是一个相对正式的步骤，考察的内容主要是各项财务指标、创业团队的构成等，通过机会的评价，创业者决定是否正式组建企业、吸引投资。

2. 机会识别的方法

创业机会的识别有两种方法，即解决问题和观察趋势。在此将这两种方法与中国互联网领域相联系来进行解释。①

(1) 解决问题，满足需求。

马斯洛需求层次理论告诉我们一个重要而有价值的道理，即人类需求是有层次的，同时人的需求是由低级向高级不断发展的。运用这一方法论，有助于我们理解在互联网产业发展过程中，用户需求的不断进化和升级。

互联网的每一次革命，都解决了网民对信息获取的难题。例如，最开始的邮件解决了网民的远程信件传递问题；而用户对信息的渴求，使得满足用户内容需求的门户网站应运而生；用户在实际“触网”之后，又萌发了除“被动”阅读之外的主动性需求，而这就直接导致了网络游戏、即时通信、搜索引擎、电子商务等新型互联网事物的诞生。

由此可见，用户在接触一个新事物的时候，会经历初识、适应、实践以及思考等多个阶段，随着阶段的深入，用户对该事物的认知也逐渐加深，进而爆发出除基本需求之外的进一步的“主动性”需求，而这些需求相比最初的基本需求也更加的专业化、细分化和多元化。

(2) 观察趋势，创造需求。

① 从国内电子商务的发展趋势来识别创业机会。

根据有关调查显示，中国网民在相当长的一段时期内只有 15%—20%的人使用电子商务，这和过去大多数网民对电子商务、网络支付等不熟悉、不信任有关。随着网民的网龄增加和电子商务大环境的改善，无论是使用电子商务的人数还是电子商务的交易额都有了明显的上升趋势。近年来，我国的电子商务领域更是保持着高速成长的态势。

另外，智能手机的普及、移动支付的便捷化也为移动电子商务创造出新机遇，社交电商的兴起也蕴藏了社交网络与电商结合的大量创业机会。

---

① 资料来源：林嵩，姜彦福，张韩. 创业机会识别：概念、过程、影响因素和分析架构[J]. 科学学科与科学技术管理，2005(6): 130-167.

② 从移动网络终端的发展趋势来识别创业机会。

当前，移动网络终端正处于高速普及阶段，无论是运营商、终端商还是内容提供商，都纷纷开始布局移动互联网市场。手机搜索、游戏、阅读、音乐、互动社区、支付、应用程序商店等移动互联网服务百花齐放，展现出了旺盛的发展活力。未来的移动互联网必将创造一个更大的经济市场。

2015 年“中国青年五四奖章”获得者、创业明星郭鑫认为，“创业最大的吸引力不是创造了多少财富、多少金钱，而在于你每天都在做新的事情，更关键的是你每天都活得和别人不一样”。他认为社会上的痛点是，社会有问题，而且很难解决，要么是解决方法有瓶颈，要么是解决方法不够先进，需要革命。[①]

2.2 学会寻找创业机会

2.2.1 寻找创新点的重要性

对于创业而言，何为创新点？一般来说，创业项目的创新点往往包括技术创新、产品结构创新、产品工艺创新、产品性能及使用效果的显著变化、商业模式创新等，概括来说，就是运用一些全新的技术或商业模式开创一些新的商机，而互联网技术的发展就给我们提供了很多这样的机会。

随着中国网民数目的不断增加，网络媒体对人民群众的影响也逐渐加剧。在市场营销领域，伴随着电子商务和第三方支付平台的不断发展，互联网正在潜移默化中不断地改变用户的消费理念和消费方式。因此，越来越大的企业或创业者都开始接触互联网，并进行自己的网络营销实践，想要借助互联网这个拥有数亿人的平台抢占更多的市场份额。正如李开复所说，“中国正在成为世界上最棒的创业乐园，中国的人口红利、传统行业较为薄弱的现状以及仅次于美国的投资圈生态系统都将成为当下国内创业者们获得成功的天时地利”。

近年来，互联网的不断发展让我们看到了互联网市场的勃勃生机和广阔前景，这也吸引了大量的创业者蜂拥而上。创业者都想在互联网市场中占领一席之地，但是并非所有的企业都能在激烈的市场竞争中存活下来，只有少数拥有绝佳的创新精神的企业才能屹立于不败之地，而拥有绝佳的创新精神的首要表现就是，在创业之初就在互联网领域中寻找到了适合自己的创新点。

在任何一个行业之中，新进入的竞争者想要打败该行业的龙头老大往往是很难的，这不仅是因为资金、人才等方面的不足，还因为初创企业对于该行业之中各种现象的把握和反应都不如龙头企业那般准确和迅速。所以，对于初创企业而言，运用创新思维找到一个独特的创新点，另辟蹊径才能避开大企业的锋芒，摆脱被大企业绞杀的命运。

2.2.2 寻求创新的策略

前文已经详细叙述了创新点对于一个创业项目的重要性，那么，对于一个想要创业的

① 张玉利，陈寒松. 创业管理(第 2 版)[M]. 北京：机械工业出版社，2011.

人来说，如何才能寻找到一个好的创业点子呢？接下来，我们就向大家介绍几种寻找创业点子的有效策略。

1. 寻找潜在的商业点子

依照目前的科技、社会、经济等方面的发展状况，我们不妨大胆想象一下在未来商业领域会有怎样的颠覆情况。从阿里巴巴等创业公司的例子，我们不难发现，成功的创业点子总是超前的，未来生活也许会以新的技术来代替陈旧的方式，颠覆我们的消费观念。

2. 解决目前困惑的问题

例 2.5

Colin Barceloux 在上大学时就为高昂的书本费用而苦恼，毕业两年后，他创建了 Bookrenter 公司，以 60 折的价格提供租借课本的服务，并从一个人单干发展到现在拥有 150 万用户、逾 200 名企业员工的规模。

每一个新的创业机会，都来源于生活中的小麻烦。现在棘手的问题，对于有着相同生活轨迹的人来说可能也困扰已久。例如，淘宝解决了人们觉得出门购物价格高又麻烦，滴滴打车则解决了司机和顾客的双向选择问题。对于新的创业者来说，这些生活中的看似不起眼的小麻烦，也许就是新的商机。在他人还未发现解决这些小麻烦的重要性时，率先出手把握住新的机会，在为自己和其他的人解决麻烦的同时实现创业梦想，说不定就能创业成功。

3. 细分市场

在了解了想要进军的行业之后，需要对关注这个问题的人员进行大量的调查研究，其中包括目标市场的消费者以及想要进军该市场的其他创业者。特别需要详细地了解在目前市场中可能会进入这个行业的巨头们对于该项目的看法是什么，他们怎么做的，做了什么，忽略了什么；然后选择他们忽略的空白市场入手，不管这个细分市场有多小，都值得一试。

4. 充分使用技能

创业者在创业时，需要整合大量的资源，其中包括自己拥有的技能和资源。好的创业者会将自己所拥有的技能或资源试着与新领域的需求相结合，以寻找合适的创业领域。将自己的所长作为与别人竞争的基础将会更有优势。

5. 找到一个陈旧没有革新的领域

当找到新点子的时候，需要充分了解目前该领域的市场现状，是否有很多创业者正在做这个项目，如果有，自己是否具备与他们竞争的优势。还要关注在这个领域里，是否还有一些商业大头正在接触，已经做到了什么程度等。如果贸然进入一个新领域发展，也许会因为产品缺乏竞争力或者晚一步进行市场推广，而导致资金等大量投入却得不到回报而背上沉重的负债。

6. 为现有的产品打造一个廉价的版本

除了重新开发新产品，还有一个方法就是为现有的产品打造一个价格更加低廉的版本。这种想法既可以通过降低成本来实现，也可以通过减少差异化来实现。因为大多数顾客在购买商品的时候，往往会追求商品的性价比。所以，对于创业公司来说，用低价格而非低品质来征服消费者以扩大市场份额来寻求更好的发展是一种不错的选择。

7. 与目标顾客进行交流

生产产品是为了能够销往市场，而销往市场就意味着产品需要满足顾客的需求，所以当发现一个新点子并将要为此付诸行动时，与有此需求的顾客进行交流将会带来意料之外的收获。例如，如果立志成立一家与旅游相关的公司，那么就可以加入一些旅游爱好者多的团体，询问他们目前的哪些需求还没有被解决或者还有完善的空间，充分了解他们的需求以及偏好，有助于新产品的研发与推广。

8. 混合、匹配思维

众所周知，现在的互联网平台给创业者带来了更多可能性，“互联网+”的发展也让创业者们重新思考什么叫作混合、匹配思维。例如，互联网+商场=淘宝，互联网+出租车=滴滴，等等。这样的例子有很多，而且不仅仅局限于互联网，当思考将现有的两种行业进行结合的时候，往往会得到很多的创意，这说不定就是成功的开始。

2.2.3 寻求执行力的策略

所谓执行力，指的是贯彻战略意图，完成预定目标的操作能力，是将企业战略、规划转化为效益、成果的关键。

执行力包含三个维度，即完成任务的意愿、能力和程度。而针对对象而言，执行力又有三个层面，分别是：在个人层面，是否能按时按质按量地完成自己的工作；在团队层面，是否能在完成自己工作的基础上，达到团队的目标，保障团队的战斗力；在企业层面，是否能在预定的时间内完成企业的战略目标，保证其及时性及质量。

另外的研究发现，团队的执行力是构建在三个层次上的，即组织管理机制、人力资源和领导力，并且这三者的顺序不能出现颠倒。不难理解，评判一个团队的执行力如何，需要看其是否拥有好的管理机制，这种机制是否能够让人各司其职，充分发挥大家的长处，是否拥有好的人才，是否拥有一个能够掌握主导的领导人。那么，作为创业者——团队的领导者应该如何为人才们创造一个良好的舞台呢？

首先，需要建立相应完善的制度。建立完善的制度意味着建立好了团队的骨骼，让团队成员们能在定制好的框架中寻找到自己合适的位置，成为合适的齿轮，并且能够让这些齿轮能够不偏离自己的位置，即使偏离了，也能很快扭转回来。

其次，需要建立良好的体系。良好的体系能够保证团队或企业内部各环节的协调发展及正常运作，而建立良好的体系需要设立合适的部门并明确部门之间的关系。完成了这一步，就相当于给有了骨骼的企业增加经络与肌肉，能够让整个团队自己运转。

再次，需要有良好的沟通。在团队中，沟通的重要性不言而喻，如何能让执行力完美地得到呈现，如何能让领导的指示被员工们所了解，都来源于良好的沟通。建立良好沟通的过程就相当于给企业注进了血液，能够让所有的齿轮得到润滑，减少冲突发生的可能性。此外，沟通所带来的信息共享使得信息不对称的可能性大大减小，更有助于计划的实施。

最后，需要建设相应的企业文化。企业文化的建设能够让员工产生归属感，提高工作效率。另外，制定企业愿景作为企业文化建设的一部分，对形成企业内部的集体荣誉感有至关重要的作用，因为只有大家有了一样的目标，才有可能心往一处想、力往一处使。建设企业文化就相当于给了企业一个前进的方向和目标，有了方向和目标才能让企业发展得更快、更好、更强。

只有做好以上的各个方面，才能保证在人力资源投入以后，每一个人才都能够充分发挥个人价值，增强团队的执行力。

2.3 创业机会的评价

2.3.1 蒂蒙斯的创业机会评价框架

成功识别创业机会，即对创业机会进行科学、理性、系统的评价，是创业活动成功的起点和基础。蒂蒙斯创业机会评价体系，能够科学深入地评价创业项目的可行性及其价值性，从提出至今已经帮助了很多创业导师和创业者筛选了许多优质的创业机会。

蒂蒙斯的创业机会评价框架，涉及行业和市场、经济因素、收获条件、竞争优势、管理团队、致命缺陷、个人标准、理想与现实的战略差异等八个方面的53项指标。通过定性或量化的方式，创业者可以利用这个体系模型对行业和市场问题、竞争优势、财务指标、管理团队和致命缺陷等做出判断，来评价一个创业项目或创业企业的投资价值和机会。评价框架如表2-1所示。

表 2-1 蒂蒙斯创业机会评价表

评价项目	评价指标
行业和市场	1. 市场容易识别，可以带来持续收入 2. 顾客可以接受产品或服务，愿意为此付费 3. 产品的附加价值高 4. 产品对市场的影响力高 5. 将要开发的产品生命长久 6. 项目所在的行业是新兴行业，竞争不完善 7. 市场规模大，销售潜力达到1千万—10亿元 8. 市场成长率在30%—50%甚至更高 9. 现有厂商的生产能力几乎完全饱和 10. 在5年内能占据市场的领导地位，达到20%以上 11. 拥有低成本的供货商，具有成本优势

续表

评价项目	评价指标
经济因素	1. 达到盈亏平衡点所需要的时间在 1.5～2 年 2. 盈亏平衡点不会逐渐提高 3. 投资回报率在 25%以上 4. 项目对资金的要求不是很大，能够获得融资 5. 销售额的年增长率高于 15% 6. 有良好的现金流量，能占到销售额的 20%～30% 7. 能获得持久的毛利，毛利率要达到 40%以上 8. 能获得持久的税后利润，税后利润率要超过 10% 9. 资产集中程度低 10. 运营资金不多，需求量是逐渐增加的 11. 研究开发工作对资金的要求不高
收获条件	1. 项目带来的附加价值具有较高的战略意义 2. 存在现有的或可预料的退出方式 3. 资本市场环境有利，可以实现资本的流动
竞争优势	1. 固定成本和可变成本低 2. 对成本、价格和销售的控制较高 3. 已经获得或可以获得对专利所有权的保护 4. 竞争对手尚未觉醒，竞争较弱 5. 拥有专利或具有某种独占性 6. 拥有发展良好的网络关系，容易获得合同 7. 拥有杰出的关键人员和管理团队
管理团队	1. 创业者团队是一个优秀管理者的组合 2. 行业和技术经验达到了本行业内的最高水平 3. 管理团队的正直廉洁程度能达到最高水平 4. 管理团队知道自己缺乏哪方面的知识
致命缺陷	1. 不存在任何致命缺陷
个人标准	1. 个人目标与创业活动相符合 2. 创业家可以做到在有限的风险下实现成功 3. 创业家能接受薪水减少等损失 4. 创业家渴望进行创业这种生活方式，而不只是为了赚钱 5. 创业家可以承受适当的风险 6. 创业家在压力下状态依然良好
理想与现实的战略差异	1. 理想与现实情况相吻合 2. 管理团队已经是最好的 3. 在客户服务管理方面有很好的服务理念 4. 所创办的企业顺应时代潮流 5. 所采取的技术具有突破性，不存在许多替代品或竞争对手 6. 具备灵活的适应能力，能快速进行取舍 7. 始终在寻找新的机会 8. 定价与市场领先者几乎持平 9. 能够获得销售渠道，或已经拥有现成的渠道网络 10. 能够允许失败

1. 评价体系说明

(1)该评价体系主要适用于具有行业经验的投资人或资深创业者对创业企业进行整体评价。

(2)该评价体系必须运用创业机会评价的定性与定量方法才能得出创业机会的可行性及不同创业机会间的优劣排序。

(3)由于该评价体系涉及的项目比较多，在实际运用过程中可作为参考选项库，结合使用对象、创业机会所属行业特征及机会自身属性等进行重新分类、梳理简化，提高使用效能。

(4)该评价体系及其项目内容比较专业，在运用时一方面要多了解创业行业、企业管理和资源团队等方面的经验信息，一方面要掌握这 50 多项指标内容的具体含义及评估技术。

2. 创业机会评价的两种简便方法

蒂蒙斯创业机会评价体系只是一套评价标准，在进行创业机会评价实践时，还需要科学的步骤和专业的评价方法才能操作。下面介绍两种常用且易操作的评价方法。

(1)标准矩阵打分法。

标准矩阵打分法，是指将创业机会评价体系的每个指标设定为三个打分标准，如最好 3 分、好 2 分、一般 1 分，形成打分矩阵表。在打分后，求出每个指标的加权平均分。

这种方法简单易懂，易操作。该方法主要用于不同创业机会的对比评价，其量化结果可直接用于机会的优劣排序。只用于一个创业机会的评价时，则可采用多人打分后进行加权平均。其加权平均分越高，说明该创业机会越可能成功。一般来说，高于 100 分的创业机会可进一步规划，低于 100 分的创业机会，则需要考虑淘汰。

(2)贝蒂(Baty)选择因素法。

贝蒂选择因素法可以看作是标准矩阵打分法的简化版。评价者通过对创业机会的认识和把握，按照蒂蒙斯创业机会评价体系的各项标准，看机会是否符合这些指标要求。如果统计符合指标数少于 30 个，说明该创业机会存在很大问题与风险；如果统计结果高于 30 个，则说明该创业机会比较有潜力，值得探索与尝试。

应用该方法时需要注意一点，如果机会存在“致命缺陷”，需要一票否决。致命缺陷通常是指法律法规禁止、需要的关键技术不具备、创业者不具备匹配该创业机会的基本资源等方面的系统风险。该方法比较适合于创业者对创业机会进行自评。

3. 蒂蒙斯创业机会评价体系的局限性

(1)评价主体要求比较高。

蒂蒙斯的创业机会评价指标体系是到目前为止最全面的评价指标体系，其主要是基于风险投资商的风险投资标准建立的，与创业者的标准还存在一定的差异。虽然这些评价标准经常被风险投资家使用，但是创业者可以通过关注这些问题而受益。

运用该评价体系，要求使用者具备敏锐的创业嗅觉、清晰的商业认知、丰富的管理经验和系统的行业信息，要求比较高。如果直接给初次创业者或大学生创业者来做创业机会自评，效果不会太好。即使如此，仍然不影响该评价体系作为创业者选择与评价项目的参考标准。

(2)蒂蒙斯指标体系维度有交叉重复问题。

蒂蒙斯指标体系的各维度划分不尽合理，存在交叉重叠现象，且维度划分标准不够统一。例如，在竞争优势、管理团队、个人标准、理想与现实的战略性差异这四个维度中，都存在“管理团队”的评价项目。再如，行业和市场维度中的第 11 项“拥有低成本的供货商，具有成本优势”，与竞争优势维度中的第 1 项“固定成本和可变成本低”存在包含关系与重叠问题。这会直接影响使用者的评价难度和考量权重，在一定程度上影响了机会评价指标的有效性。

(3)指标体系缺乏主次，定性定量混合，影响效度。

蒂蒙斯指标体系另外一个比较明显的缺点是：指标多而全，但主次不够清晰；其指标内容既有定性评价项目，又有定量评价项目，而且这些项目中有交叉现象。一方面，评价指标太多，使用不够简便；另一方面，在运用其对创业机会进行评价时，实际上难以做到对每个方面的指标进行准确量化并设置科学的权重，实践效果不够理想。

2.3.2 刘常勇的创业机会评价框架

刘常勇的创业机会评价框架包括市场评价、回报评价两个方面的14项指标，具体参见表2-2。与蒂蒙斯创业机会评价框架相比，该框架更加简单，易于操作，并且更加符合中国企业的特点。具体评价方法参照标准矩阵打分法和贝蒂选择因素法。

表2-2 刘常勇创业机会评价表

评价项目	评价指标
市场评价	1. 是否具有市场定位，专注于具体顾客需求，能为顾客带来新的价值 2. 依据波特的五力模型进行创业机会的市场结构评价 3. 分析创业机会所面临的市场规模大小 4. 评价创业机会的市场渗透力 5. 预测可能取得的市场占有率 6. 分析产品成本结构
回报评价	1. 税后利润率至少高于5% 2. 达到盈亏平衡的时间应该不超过2年 3. 投资回报率应高于25% 4. 资本需求量较小 5. 毛利率应该高于40% 6. 能否创造新企业在市场上的战略价值 7. 资本市场的活跃程度 8. 退出和收获回报的难易程度

2.3.3 哈曼的Potentionmeter法评估工具

哈曼(Haman)的Potentionmeter法可以通过让创业者填写针对不同因素的不同情况所预先设定好权值的选项式问卷的方式，快捷地得到特定创业机会的成功潜力指标。对于每个因素来说，不同选项的得分范围为–2～+2分，通过对所有因素得分的加总得到最后的得分。总分越高，说明特定创业机会成功的潜力越大，只有那些最后得分高于15分的创业机会才值得创业者进行下一步策划，低于15分的都应被淘汰。

2.4 创业机会评价中的一些特殊问题

2.4.1 正确看待灰色产业

灰色产业一般是触及法律边缘的产业，不够光明正大，却又一般不违反法律。就目前的法律制度来看，灰色产业往往对社会存在一定的隐患，但是又没有确切的法律依据，无法对其进行约束管理。

互联网产生于20世纪70年代，是20世纪末蓬勃发展起来的新生事物，表现出勃勃生机，极大地推动了信息的传播，促进了生产力的发展。然而，“科技是把双刃剑”的箴言，也在互联网上面体现得淋漓尽致。借助互联网，灰色产业发展出了形形色色的产业，充斥着互联网的各个层面，严重地影响了互联网的正常健康发展。

例如，2009年央视的《经济半小时》专题报道了“网络水军”的灰色产业链。经过不断发展，“网络水军”进一步发展，形成了数量更多、形式更高级的网络公关公司。这些公关公司可以组织成千上万的“水军”进行话题炒作、引导舆论，已成为一个操作流程非常成熟的行业。例如，在网上看到的消息、新闻，特别是论坛里的很多能调动人气的热点帖、热点话题，以及“网络红人”等，有很多都可能是不真实的，只是公关公司策划和操纵出来的所谓的“热点”。

作为创业者，在选择创业项目时，应该避开灰色产业。尽管这些行业能带来不错的收入，但是其存在违法、潜在违法风险或政策不明朗的问题。换言之，灰色产业就是明天可能会覆灭的行业，考虑创业成本以及发展的可持续性，创业者也应该规避灰色产业，主动承担社会责任，确保每个行业的健康发展。

2.4.2 警惕大型互联网公司抢占市场

很多人说中国互联网行业是个险恶的江湖，虽然中国的互联网巨头们没有像古龙在系列小说《七种武器》里描写的青龙会那么“邪恶”，但“人在江湖漂，难免会挨刀”[①]。创业公司在与巨头们相遇时，它们往往也会对创业公司采取或阴柔、或凶狠的打压/进攻手段。当巨头们试验了一段时间产品和市场，觉得时机成熟时就会开始进行大面积推广，这时的推广力度之大、资金投入之巨，往往令创业公司咂舌。

面对大型互联网公司抢占市场，创业公司在创业初期就得提前准备。创业前期应该避开在巨头产品网格的中心进行正面竞争，建议选择在巨头核心业务的周边，或者选择能够破坏对方商业模式的产品。具有破坏性的产品即使被巨头关注，也很难被模仿或者打压，因为这种模仿将对巨头已经形成的商业模式造成破坏。例如，360杀毒软件，采取了免费的模式，即使其他当时规模大得多的杀毒厂商看到也无法跟进，因为这将破坏自己的商业模式。

2.4.3 提防其他公司复制产品

当产品被其他创业公司盯上，或者被巨头公司看上时，它们可能以相同的定位，复制并推出产品。这时应该如何应对挑战呢?

1. 不要怕被抄

一款好的产品有自己的形、神、髓，大部分的抄袭只能抄到第一层，也就是“形”，非常厉害的团队可以抄到“神”，即产品的用户体验和数据分析，而没有人能够抄走产品的“髓”，即这支产品团队的人所拥有并赋予产品的文化、精神内涵。

---

①资料来源：UC何小鹏. 创业公司应对巨头的七种武器—互联网的一些事, 2013-01.

2. 正确判断产品价值和竞争优势

例如，相对IM(即时通信)这样的产品，具体如何判断自己产品黏性的强弱。产品黏性分四个层次，从下往上越来越深入，分别为：是否大众和高频；是否存在有价值的账号和数据；是否形成了人/人、人/机之间的网格和口碑；是否跟实际生活形成强交互，能够从优势转换为壁垒。

3. 不要害怕产品竞争

在网络游戏中，跟大BOSS过招之前是要先练级的，在商业竞争中也是同样的道理。所以，作为创业公司不仅不要逃避竞争，而且要有意识地选择对手，要跟小型、中型甚至大型的对手不断过招，磨炼团队、磨炼产品。经过多次竞争的产品团队，拥有更大的勇气、更强的信心，反而是那种没有经过真正竞争的团队，本来还不错，变大了之后一旦面对压力，内部管理就一下功亏一篑。例如，UC产品团队曾经跟航海家、OPERA、3G等不同的对手都先后交过手，最后遇到真正的互联网巨头时，团队表现出来的状态其实并不紧张。

2.4.4 产品竞争太激烈怎么办

面对国内兴起的创业热潮，同质化现象已非常严重，竞争异常激烈，怎样应对激烈的产品竞争呢?

1. 要提高自己的经济效益

(1)依靠科技进步，采用先进技术，用现代科学技术武装企业，提高企业职工的科学文化水平和劳动技能，使企业的经济增长方式由粗放型向集约型转变。

(2)采用现代管理方法，提高企业经营管理水平，提高劳动生产率，以最少的消耗生产出最多的适应市场需要的产品。

(3)企业的兼并或破产，是优化企业结构、发展社会主义市场经济的有力杠杆。

2. 完善经营者自身的素质

(1)具备较高的思想政治素质，有良好的职业道德，还必须具备良好的业务素质。

(2)充分发挥党组织的政治核心作用，坚持和完善厂长(经理)负责制，全心全意依靠工人阶级。

最后，良好的信誉和企业形象，对企业的生存竞争有着至关重要的作用。

本章要点回顾

- 创业机会主要是指具有较强吸引力的、较为持久的、有利于创业的商业机会。
- 创业的根本目的在于满足需求。
- 影响创业机会的因素包括两类：一类是可控制因素，包括创业者的以往经验、个人能力、社会关系网络等；另一类是不可控制因素，即外部创业环境，包括市场动态、经济环境等。
- 通过一系列的创业机会评价框架分析选择最适宜的创业机会。

本章思考题

1. 有哪些创业机会的来源？
2. 创业机会的分类有哪些？
3. 创业机会的关键影响因素有几个？分别是什么？
4. 机会识别的方法有哪些？
5. 蒂蒙斯创业机会评价体系的局限性有哪些？
6. 怎样寻找创业的点子？
7. 什么是执行力？

参 考 文 献

[1] 刘东强，梁素娟. 马到功成：马云向左，马化腾向右[M]. 北京：新世界出版社，2009.

[2] 谢文. 为什么中国没出 Facebook[M].南京：凤凰出版社，2011.

[3] 林嵩，姜彦福，张韩. 创业机会识别：概念、过程、影响因素和分析架构[J]. 科学学科与科学技术管理，2005(6)：130-167.

[4] 张玉利，陈寒松. 创业管理(第 2 版)[M]. 北京：机械工业出版社，2011.

[5] 新浪科技，“李开复：如何找到创业的最佳切入点”.

[6] 让梦飞翔——苍溪县农民夜校读本.

第3章

互联网创业模式

导入案例

探索亚马逊商业模式成功的原因

在互联网时代，提到“亚马逊”一词，已经没有几个人想起它是世界上最长的河流，相信大多数人会跳转到全球著名电子商务公司“亚马逊”。亚马逊公司（Amazon，简称亚马逊），1995 年由杰夫·贝佐斯创立于美国华盛顿州的西雅图，现在已经成长为美国最大的一家网络电子商务公司，亚马逊是互联网上最早开始经营电子商务的公司之一。亚马逊一开始只在网络上销售书籍，现在扩及了范围相当广的其他产品，已成为全球商品品种最多的网上零售商和全球第二大互联网公司。

据它卖出第一本书已经过去了 20 多年，这对于 3—5 年就改朝换代的互联网产业，实属“高寿”。不仅如此，亚马逊业务范围仍能持续扩展，创新能力仍在不断激发，可谓是个奇迹。在过去的 20 多年里，亚马逊完全重新定义了商业世界，成了一家年销售收入 900 亿美元、市值达 3100 多亿美元的商业帝国。到底是什么让亚马逊取得如此巨大的成功？

原因一：一切以顾客为中心

亚马逊一直坚持以客户为核心，奉顾客为上帝，致力于为顾客提供最简捷的方式，让他们得到最好的体验。亚马逊设计了以顾客为中心的选书系统：亚马逊网站可以帮助读者在几秒钟内从大量的图书库中找到自己感兴趣的图书，帮助客户在最短的时间内找到最合适的书。为了更好地了解顾客的喜好，亚马逊还建立了顾客电子邮箱数据库：公司可以通过跟踪读者的选择，记录下他们关注的图书，有相关新书出版时，就可以立刻通知他们，帮助客户及时获得信息的同时还增加了客户对于亚马逊的黏性。最重要的是亚马逊为了顾客购书的良好体验感，从 2000 年早期开始，就雇用了数以百计的全职顾客服务代表、建立了全球最大的顾客服务部，以处理大量的顾客电话和电子邮件；处理顾客抱怨投递太慢，帮助顾客修改订单，询问订购情况，甚至是问一些网络订购的问题。

正是这些看似不起眼的服务工作，使得亚马逊网站在历次零售网站顾客满意度评比中名列第一。另外，亚马逊通过研究顾客购书习惯，独创了“浏览部分图书内容”（“Look Inside the Book”）服务项目，从而吸引了大量读者上网阅读。

原因二，薄利多销的价格策略

亚马逊坚持薄利多销的模式力求规模经济，通过高效管理订单、仓储与库存来削减成本，以贴补提供优惠价格所招致的利润负担。由于网上售书省去了许多发行的中间环节，成本大大降低，所以亚马逊至今保持着高折扣。亚马逊在公司经营情况依然严峻的情况下，不仅继续保持“天天低价”策略，更是在零售业首推了“满99美元免费送货”，之后不断降低免配送费的门槛，进而于2005年5月推出自己的会员体系“Amazon Prime”，并通过与第三方合作继续拓宽产品线领域。通过这些措施，亚马逊彻底打开了市场需求，自此亚马逊一直保持高速增长，直到今天依然如此。

原因三，业务多元化发展，不仅仅是销售图书

多元化零售：从2002年开始，亚马逊开始推出办公用品商店和服装商店。如今，在亚马逊上销售的服装和鞋类超过500个品牌，这得益于它积极推行“商家项目”，即与各种商家合作，不断开拓产品与服务的空间。目前，亚马逊已经不限于销售图书，它销售的商品包括：服装、服饰、电子产品、计算机、软件、厨房用品、家居器皿、DVD、录像带、照相机和相片、办公用品、儿童用品、玩具、旅游服务和户外用品等。

多元化功能：企业和个人可以通过亚马逊的网站，销售新的或者二手货，以及自己的收藏品。亚马逊收取固定的费用、销售佣金，或者对特别商品按件收费。2003年9月，亚马逊联合L.A. Clippers Elton Brand和体育用品商推出了体育用品商店，经销3000多种畅销品牌，覆盖了50多种体育项目，同时，支持各地的青少年体育俱乐部开展活动。

多元化业务：亚马逊为玩具商（Toys “R” Us）和电器经销商（Circus City）搭建交易平台，提供平台开发服务，同时它接手了美国第二大图书销售商（Borders）的网站运营，巩固了自己在网络图书销售市场上的地位。

此外，亚马逊还开办了6个全球网址，分别设在美国、加拿大、英国、德国、法国和日本。这样，通过当地语言网站，可以更好地为不同语种的消费者服务。

原因四，不断革新技术，保证客户体验感

亚马逊认为，对于互联网商业的经营，最重要的事情就是技术，只有掌握了先进的技术，才能保证经营成本比其他竞争对手低，从而，网上的商品才可能有竞争性价格优势。然而，技术的保持最重要的是创新，这主要体现于亚马逊的服务功能随着科技进步而不断发展。

网络购书相较于在实体书店购书最大的劣势是，读者无法翻阅图书，只能通过书名和简介等有限信息来做出是否购买的决定。亚马逊为了弥补这一缺陷，于2001年起，研发了图书在线试读功能，同时投入资金开始对图书进行扫描，取得出版商相应授权。并且开发了书内检索功能，这不仅使读者可以更便捷地找寻到自己可能喜爱的图书，还可以试读几页再决定是否购买。通过这些措施，使得读者不在“闭着眼睛”在线买书，进一步从地面实体书店争夺更多的读者到网上。这一功能随着技术的不断深入，也从最初的“在线试读”发展为“在线体验”：第一，读者可以从原有的固定样章阅读扩展到随机抽取的连续不超过4页的内容；第二，如果图书为有声图书，读者也可实现在线内容的试听。

此外，自亚马逊收购了 GoodReads(与国内的豆瓣网类似)后，读者在美国登录 Kindle 电子阅读器上的在线书店时，还可以看到该书在 GoodReads 上的评论。若读者已经是 GoodReads 的注册用户，则可以看到自己的阅读好友中有谁在阅读这本书，以及读后感。使用专业社交媒体手段，进一步增加客户黏度，以及对阅读的深入挖掘，是亚马逊为读者带来的又一全新体验。

亚马逊借此创新服务以适应用户需求的变化。高新技术还为亚马逊的发展开拓了道路。强有力的数据库管理和交互式多媒体技术，使得亚马逊的网络技术不断创新，如提高链接速度、美化网页页面、容纳顾客意见、保护顾客隐私等，所以关注并合理利用新技术是亚马逊成功的保证。

案例评价

亚马逊作为世界上最早开始经营电子商务的公司之一，从一开始只经营互联网上的书籍销售业务，到现在扩及了范围相当广的其他产品，已成为全球商品品种最多的网上零售商和全球第二大互联网企业。面对全球互联网商业的激烈竞争，亚马逊经历了三次定位转变，从“地球上最大的书店”“最大的综合网络零售商”，到成为“最以客户为中心的企业”，不断重塑内在核心力，与时俱新。针对顾客多元化、个性化的产品需求，亚马逊将人工智能运用到公司的商业模式，完善了以销售策略、产品服务、虚拟货币、退货政策、布局域名为特征的商业思维，成功完成电商巨头的转型。

思考题

1. 参考本章案例，任选一个互联网企业，对其商业模式的特征进行分析(可以选择失败的公司)。
2. 结合本章案例，谈一谈构建商业模式过程中的注意事项。
3. 结合目前国内外的互联网企业，简要总结互联网商业模式的特征。

本章要点

- 互联网商业模式
- 商业模式的构建
- 互联网商业模式的特征
- 互联网效应
- 商业价值
- 创业的模式误区
- 盈利模式

学习目标

- 了解互联网商业模式的基本类型及特征
- 理解互联网商业模式的影响要素
- 熟悉互联网商业模式的战略设计
- 掌握商业模式的构建

3.1 互联网商业模式

3.1.1 互联网商业模式的概念理解

互联网商业模式是指以互联网为媒介，为实现客户价值最大化，把能使企业运行的内外各要素整合起来，形成具有高创新、高价值、高盈利、高风险的全新商业运作和组织构架模式，包括传统的移动互联网商业模式和新型互联网商业模式。它是企业创造价值、实现价值的核心商业逻辑，是企业的内在本质。

对其概念的理解应注意“5W+2H”，即：一个组织以互联网为载体，在何时(When)、何地(Where)、为何(Why)、如何(How)和多大程度地(How much)为谁(Who)提供怎样的(What)产品和服务以实现企业盈利。

3.1.2 互联网商业模式的特征

移动互联网迅猛发展，正成为众多企业争夺的战场，纵观成功的移动互联网公司商业模式的创新实践，其商业模式一般具有以下四大特征。

1. 创新性

互联网企业要始终在激烈的市场竞争中站稳脚跟，就必须结合互联网创新思维，建立独特的商业模式，使竞争对手难以模仿，形成自己的核心竞争力。创新性要求我们不能照搬照抄现有成功企业的商业模式，而要始终坚持创新的理念。

创新可以侧重以下几个方面。

(1)关注客户需求，为客户提供独特的价值。马云曾说过，“如果银行不改变，那我们就改变银行”，于是余额宝就诞生了，之后各种“宝”如雨后春笋般出现。互联网金融极大地满足了人们的需求，为实现全民理财提供了便利。

(2)增强企业核心竞争力，注重知识产权的创造、运用、保护与管理。iPhone 因其卓越的硬件设施、近乎完美的用户体验，为苹果公司吸引并维持着一个忠诚度相当高的顾客群体。苹果公司的技术水平远远领先于其他品牌的智能手机企业，这也使得苹果公司牢牢占据着智能手机市场龙头的地位。

(3)建立跨界思维并付诸实践。腾讯是一个怎样的企业？是一个通信工具开发企业？还是一个多媒体企业？又或者是游戏开发企业？都是，但也都不全是。移动互联网时代，很难用一个“属性”去界定一个企业，行业与行业之间、企业与企业之间的边界越来越模糊不清。

“互联网+”已成为前瞻性企业的竞争制胜利器，是互联网思维的进一步实践成果，为改革、创新、发展提供了广阔的网络平台。通俗地说，“互联网+”就是“互联网+各个传统行业”，但这并不是简单的两者相加，而是利用信息通信技术以及互联网平台，让互联网与传统行业进行深度融合，创造新的发展生态。它代表一种新的社会形态，即充分发挥互联网在社会资源配置中的优化和集成作用，将互联网的创新成果深度融合于经济、社会各领域之中，提升全社会的创新力和生产力，形成更广泛的以互联网为基础设施和实现工具的经济发展新形态。

2. 独特价值性

成功的企业始终坚持“以顾客为中心”的理念，为其提供独特价值。有时这个独特价值可能是新的思想、新的模式，而更多的时候，它往往是能为客户提供更优质的体验或更方便的服务，客户往往能用更低的价格获得更高的价值，远超客户期望的价值体验能够使其成为企业的忠实客户。“滴滴打车”推出之后，消费者因为其方便、省钱的特点而选择使用。之后，滴滴公司陆续推出专车、拼车、顺风车等服务，不仅抓住了不同层级消费者的需求，也使得公司业务覆盖面更广。

3. 务实性

成功的互联网商业模式不能只是一味地追求创新，更需要脚踏实地、实事求是。互联网浪潮的冲击使得创业机会大大增加，然而也有很多公司成立不久便夭折了，原因之一就是创业者往往只关注“仰望星空”，而没有注重“脚踏实地”。务实性要求企业对消费者的消费行为、消费者关注的利益和价值、市场竞争状况等有正确的把握，并且企业的商业模式创新要与企业所拥有的资源能力相匹配，这样提炼出的商业模式才不仅具有创新性，更具有务实性和可行性。

4. 风险性

任何企业与互联网挂钩，即意味着高收益和高风险并存。2016 年互联网行业风险分析报告指出，互联网行业在运行中遇到不少风险问题。例如：互联网行业发展迅速，相关行业规范尚未建立完善，国家很可能在互联网行业中采取更加严厉的监督措施和行业准入门槛；各类诈骗事件呈上升趋势，为加强互联网安全性，企业的经营成本将进一步增加；互联网技术更新较快，企业不得不增加技术投入，但回收周期较短，可能导致资金紧张、经营压力大等问题。因此，创业需要创业者有全面的、强大的素质与能力来应对创业过程中来自各方面的风险。

3.1.3 四种商业模式

1. 工具型商业模式

随着互联网的发展，信息交流越来越便捷，志同道合的人也更容易聚在一起形成社群。在这种情况下，互联网将散落在各地的星星点点的分散需求聚拢在一个平台上，产生了新的共同需求，并形成了规模，体现了重聚的价值。

如今互联网正在催熟新的商业模式，即“工具+社群+电商/微商”的混合模式，如微信。在最开始，微信只是一种社交工具，先是通过其工具属性、社交属性、价值内容的核心功能过滤到海量的目标用户，然后加上朋友圈点赞与评论等社区功能，继而添加了微信支付、精选商品、电影票、手机话费充值等商业功能。微信的发展过程正是这种混合模式的实际体现。

互联网电商有一句话，“流量、成交、转化率”。微信具有天然的社交网络服务（Social Networking Services，SNS）和社交属性，因此可以通过与客户之间的关系维护，大幅度提高产品的转化率。微信借助手机通讯录将用户捆绑在一起，由于手机通讯录里面都是比较亲密的熟人、朋友，在微信用户的带动下，很多原本不知道该业务的人也开始成为微信用户。这种“病毒营销”的模式快速扩大了微信的用户群。不仅如此，微信还面向名人、政府、媒体、企业等机构推出的合作推广业务的公众平台，在帮助这些机构减少宣传成本、提高品牌知名度的同时也实现了微信自身的推广，进一步扩大了微信用户的规模。后来相继推出的个人公众号，更是掀起了自媒体时代的潮流。

工具如同一道锐利的刀锋，它能够满足用户的痛点需求，用作流量的入口，但它无法有效沉淀粉丝用户。社群是关系属性，用来沉淀流量；商业是交易属性，用来变现流量价值。三者看上去是三个不同的方向，但其内在融合的逻辑是一致的，而只有这三者的有机结合，才能够真正让适合企业的商业模式产生巨额的盈利。

2. 长尾型商业模式

长尾型商业模式是在长尾理论的基础上建立的。长尾理论是网络时代兴起的一种新理论，由于成本和效率的因素，当商品储存、流通、展示的场地和渠道足够宽广，商品生产成本急剧下降以至于个人都可以进行生产，并且商品的销售成本急剧降低时，几乎任何以前看似需求极低的产品，只要有卖，就会有人买。这些需求和销量不高的产品所占据的共同市场份额，可以和主流产品的市场份额相当，甚至更大。

例 3.1

1995 年，美国人杰夫•贝佐斯创办了一家网络书店，跻身为网络上率先开始经营电子商务的公司之一。这家网络书店运营火爆，在开张后短短的一周内，就收到了价值 12 000 美元的订单。两年后的 1997 年 5 月 15 日，这家网络书店的股票成功上市，股票代码 AMZN。这就是如今享誉全球的亚马逊。

能取得如此巨大的成功，贝佐斯靠的就是零库存战略。在刚开业的时候，亚马逊将由供货商开列的 150 万册书籍的名录全部放在了网上。每当有顾客下单时，亚马逊便立即向供货商发出订购消息，再将收到的书转发给顾客。在这样的战略下，亚马逊的库房里常常保持着仅有几十本等待转发的书籍的极低库存量。

1997 年，亚马逊上市融资后，便开始有策略、一步一步地扩展自己的经营领域。从最初的音像出版物，到玩具、软件、游戏等小商品和信息产品，再到服装、运动产品、钟表、珠宝首饰等多档次的消费品。2000 年，亚马逊向第三方的企业和商户开放了销售平台，欢迎第三方入驻。2007 年后，亚马逊开始发展自有品牌的消费电子产品，推出了“Kindle”电子书阅读器等广受好评的新产品。从“地球上最大的书店”到“地球上最大的超级卖场”，贝佐斯的发展眼光正带领着亚马逊不断腾飞，“世界上最大的以顾客为中心的企业，人们可以从这里找到和发现他们希望在线购买的任何商品”这一企业愿景，也正在不断成为现实。

在以上的案例中，巨大的长尾给亚马逊带来了超额的利润，并一举打破了传统商业模式 20%的重度消费者购买 80%产品的营销理论，而让 80%的轻度消费者成了利润来源的主力军。

长尾型商业模式主要是媒体行业从面向大量用户销售少数拳头产品，到销售庞大数量的利基产品的转变。虽然每种利基产品相对而言只产生小额销售量，但利基产品销售总额可以与传统面向大量用户销售少数拳头产品的销售模式媲美。通过 C2B 实现大规模个性化定制，核心是“多款少量”。所以，长尾模式需要低库存成本和强大的平台，并使得利基产品对于兴趣买家来说容易获得。

3. 平台型商业模式

平台型商业模式的核心是打造足够大的平台，使产品更加多元化和多样化，更加重视用户体验和产品生态衍生的闭环设计。

企业可以通过建立平台的形式扩大企业的规模，这主要有两个原因：第一，这个平台是开放的，可以整合全球的各种资源；第二，这个平台可以让所有的用户参与进来，实现企业和用户之间的零距离。

在互联网时代，用户的需求变化越来越快，越来越难以捉摸，单靠企业自身所拥有的资源、人才和能力很难快速满足用户的个性化需求，这就要求打开企业的边界，建立一个更大的商业生态网络来满足用户的个性化需求。而平台商业模式可以用最快的速度汇聚大量资源，充分满足用户多元化和个性化需求，所以平台模式的精髓，就在于打造一个多方共赢互利的生态圈。

1688 批发网，即阿里巴巴旗下大型企业采购的 B2B 平台。其最初也是从纯粹的商业模式出发，与大量的风险资本和商业合作伙伴相关联，进而构成如此庞大的网上贸易市场。此外，阿里巴巴还在充分调研企业需求的基础上，将企业汇聚的信息整合分类，形成该网站独具特色的栏目，使企业用户获得最有效的信息和服务。同时，阿里巴巴还以免费会员制吸引了大量企业登录平台，成为注册用户，从而汇聚商流、活跃市场，会员在浏览信息的同时也带来了源源不断的信息流和无限商机。

4. 免费型商业模式

“互联网+”时代是一个“信息过剩”的时代，也是一个“注意力稀缺”的时代，怎样在“无限的信息中”获取“有限的注意力”，成为“互联网+”时代的核心命题。

“注意力稀缺”导致众多创业者开始想尽办法去争夺注意力资源，而互联网产品最重要的就是流量，有了流量才能够以此为基础构建自己的商业模式，所以说互联网经济就是以吸引大众注意力为基础，然后去创造价值，最后转化成盈利。

很多互联网企业都是以免费、优质的产品吸引到很多普通用户，然后通过发布新产品或升级服务的方式寻找到付费用户，并在此基础上构建商业模式。如 360 安全卫士、QQ 等。互联网颠覆传统企业的常用做法就是在传统企业用来赚钱的领域免费，从而彻底把传统企业的客户群带走，继而转化成流量，然后再利用延伸价值链或增值服务来实现盈利。

例 3.2

2009 年，奇虎 360 杀毒在杀毒软件行业率先推行永久免费下载，也因此极大地获取了市场份额。根据统计数据，2016 年度，360 安全卫士以 91.76%的市场份额占据行业榜首，而 360 杀毒则以 73.91%的市场份额排名第二。“卫士+杀毒”组合已经成为当下国内 PC

的主流安全配置，大量的用户群同时带来了巨大的经济效益。随后，360相关平台级产品（包括360安全浏览器、360软件管家、360手机卫士等）也陆续发布，平台还通过销售广告位来获取在线营销服务利润；通过依靠搜索引擎转介服务获得流量收入也是360业务的一个组成部分：通过与360合作，企业可以以付费方式将浏览器导航主页默认搜索引擎改为该企业的搜索引擎；同时，360还提供互联网增值服务（网页游戏）与远程技术支持（人工杀毒、人工管家等）。

信息时代的精神领袖克里斯·安德森在《免费：商业的未来》中归纳了基于核心服务完全免费的商业模式，即直接交叉补贴、第三方市场、免费加收费、纯免费。如果有一种商业模式既可以统摄未来的市场，也可以挤垮当前的市场，那就是免费的模式。

3.2 互联网商业模式的构建

3.2.1 互联网商业模式的构建过程

移动互联网时代，市场千变万化，互联网企业想要在市场中拥有自己的一席之地，首先要具备合理、独特、有效的商业模式。可见，商业模式的构建是互联网企业的重中之重，其过程可归纳为六个关键步骤。

1. 战略定位

清晰的战略定位是构建商业模式的基础，也是企业发展的源泉。互联网的快速发展为创业者提供了大量的创业机会，在这样的大环境下，企业更应该在纷繁缭乱中明确自己的战略定位。企业对客户的界定、对产品的提供、对市场的定位是战略定位的核心部分。

(1)客户界定。

客户是商品或服务的接受者，客户界定即对目标消费人群的确定。优秀的商业模式一定有其特定的客户群体。客户界定是战略定位的基础，为以后企业研究客户的需求、提供其满意的产品并进行推广、技术创新等方面提供了明确的方向。

例3.3

聚美优品是目前中国最受欢迎的化妆品团购平台，公司以女性需求为主导来锁定具体的团购项目。目标用户为年轻时尚的女性群体，专业为女性美丽提供服务品团购，成立至今已拥有5000万注册用户。

聚美优品自成立之初就对企业的目标客户进行了明确的界定，并据此制定了详细的用户开发策略、客户服务模式、产品策略等。公司以女性需求为主导，在客户开发方面一直致力于多渠道开发顾客，奖励会员推广和现金返现推广都非常符合女性心理；在客户服务方面，聚美优品也尽可能做到有亲和力，保持良好的企业形象；在产品设计方面，聚美网站以及 App 设计均以玫红色为主打色调，深受女性消费者的喜爱；在商业模式方面，从最开始的每日一团到如今的每日多团，不仅给了消费者更多的选择，也吸引了更多的女性。

(2)产品提供。

所有交易能够达成，一定是企业提供的产品与用户的需求相契合。然而在商业快速发展的今天，产品种类虽然越来越丰富多样，却也越来越趋于同质化。因此，企业要想留住客户，就必须提供更好的产品以满足用户的需求，即产品要具有难以模仿性和难以替代性。这需要企业不断改进技术和创新，为用户提供物理和心理的双重满足。

例 3.4

苹果公司的产品系列从 iPod、iMac、iPhone 到 iPad 不断地推陈出新，引领潮流。更重要的是，在微软 Windows 操作系统和 Intel 处理器独霸市场的时候，苹果依然坚持推出了自己独立开发的系统和处理器。步入移动互联网时代，电子设备移动端的重要性正在慢慢提升，并将逐步超越甚至替代 PC 端，因此苹果公司对产品追求完美的坚持也为自己赢得了未来广阔的增长空间。

(3)市场定位。

市场定位立足于客户界定和产品定位，更着眼于市场发展。市场定位依赖于客户、竞争者以及市场大环境三方面。这要求企业能够洞察客户的真实需求，对竞争对手有充分的了解、认识和分析，对市场环境有足够把握。清晰且正确的市场定位能够让企业在充分饱和或相对饱和的市场中获取竞争优势。

例 3.5

Snapchat 是一款由斯坦福大学的两位学生开发的“阅后即焚”照片分享应用。利用该应用程序，用户可以拍照、录制视频、添加文字和图画，并将它们发送给应用上的好友列表。该应用最主要的功能是所有照片都有一个 1 到 10 秒的生命期，用户拍了照片发送给好友后，这些照片会根据用户所预先设定的时间按时自动销毁。而且，如果接收方在此期间试图进行截图的话，用户也将得到通知。Snapchat 满足了人们，尤其是年轻人乐于分享的欲望，但同时又减少了内容被永久性记录所产生的压力和紧张。Snapchat 对客户需求的准确捕捉，使需求得到满足，因而获得了市场的广泛认可。该公司已于 2017 年 3 月 3 日在纽交所上市。

2. 关键资源能力的构建

关键资源能力是指企业按照其商业模式运转所需要的相对重要的资源和能力。资源是指公司所控制的、能够使公司设计和构建的战略得以实施，从而提高公司效果和效率的特性，包括全部的资产、能力、竞争力、组织程序、企业特性、信息、知识等。能力是企业协作和利用其他资源能力的内部特性，由一系列活动构成。关键资源能力的构建是企业能将这些资源和能力进行系统的整合及合理的调度。它是一个企业发展的支撑点，有利于企业获得持续性竞争优势。

企业关键资源能力的构建应注重以下四个要素。

(1)资产，资产包括企业的金融资产、实物资产、无形资产等。资产是企业能够由构想变为实体的基础。

(2)人，即企业的创业团队、领导人、专业技术人才等，它是企业的核心。

(3)能力，包括研发能力、技术能力、品牌设计能力、创新能力、组织能力、管理能力等。好的能力是一个企业的优势所在。

(4)关系网，即在市场中与企业产生关联的人和各种有形或无形的事物等，包括利益相关者及其资源、渠道、信息等。完整的关系网使企业能够良性循环发展。

关键资源能力构建是商业模式构建的有效基础和强力支撑。

例 3.6

小米公司近几年迅速地崛起得益于其强大的宣传能力及营销能力。早期的小米公司对产品研发的投入占比很小。第一代小米就是通过对产品的性价比进行大力宣传，并倡导选择高性价比产品的消费习惯，然后结合饥饿营销的方式赢得了较好的市场反应。在此之后的第二、第三甚至第四代机均如法炮制，使得小米迅速占领市场，并成为智能手机市场上一流的大公司。在获得巨大的成功之后，小米开始投入大量的资源进入产品的技术研发，以寻求公司长期发展的支撑力。目前，小米已经拥有了自主研发的手机芯片。

3. 盈利模式设计

确定了战略定位，聚合了关键资源能力，但作为一个企业，如何从中获得利润呢？盈利模式就是要解决企业自身如何获得利润的问题。盈利模式的设计是商业模式顺利推行和快速见效的重要组成部分，更是企业快速发展，持续获得利润的重要保障。盈利模式该如何设计呢？其构建主要分为以下三种方法。

(1)显性与隐性构建法。

显性盈利模式是指消费者可见的供应模式，以及利益相关者之间容易搭建起来的交易结构。隐性盈利模式是指消费者未直接接触，需要调查分析和了解的模式。两种模式如表 3-1 所示。

表 3-1 显性盈利模式和隐性盈利模式

公司	显性盈利模式	隐性盈利模式
麦当劳	直接售卖产品盈利； 收取加盟费盈利	大批量采购降低成本获得价格优势从而增加盈利
苹果公司	卖手机、平板电脑等产品盈利	与应用程序 App 分成； 与移动运营商分成

(2)成本和收入构建法。

我们可以设定成本支付和收入来源两个维度，横坐标表示收入来源，分别来自直接顾客、直接顾客和第三方顾客，以及第三方顾客；纵坐标表示成本来源，即成本由谁支付，可以分为来自企业、企业和第三方伙伴、第三方伙伴，以及零可变成本。这样就产生了 12 个区域，即 12 种盈利模式，如表 3-2 所示。

表 3-2 盈利模式分区

收入来源 成本支付	直接顾客	直接顾客和第三方顾客	第三方顾客
企业	盈利模式 1	盈利模式 2	盈利模式 3
企业和第三方伙伴	盈利模式 4	盈利模式 5	盈利模式 6
第三方伙伴	盈利模式 7	盈利模式 8	盈利模式 9
零可变成本	盈利模式 10	盈利模式 11	盈利模式 12

(3)基于产品模式的构建法。

基于产品模式的构建法，即用一个非盈利甚至免费的产品去吸引客户，并在这个过程中逐步培养客户的使用习惯，在使用习惯养成后，设计一系列的后续盈利产品，让消费者继续使用，形成一条完整的消费链条，并通过不断的升级和转换，最终形成一套连续的盈利模式。尤其在互联网行业，这种方法普遍适用。

国内目前的互联网行业，由于在很长的一段时间里，其针对个人的服务通常都是免费的，如视频、音乐、书籍、软件等资源，使得大多数国内消费者尚未养成支付的习惯。因此，如果企业将利润仅仅寄托于直接销售产品或服务，企业将很难生存下去。

例 3.7

腾讯公司作为国内互联网的企业巨头，它做的是即时通信工具，由于提供给用户使用的网络聊天软件 QQ 是免费的，因此获得大量年轻用户群。这些可以提供长期利润增长的顾客群，使得它很容易在新推出的各项业务中取得成功，如网络游戏、博客、门户网站等。许多 QQ 用户愿意为它的互联网增值服务掏钱，如虚拟的衣服、道具、宠物、皮肤等，这些产品的边际成本几乎为零。而这项收入，在 2006 年就达到 18 亿元，占公司总收入的 65%。也就是说，腾讯主要是靠“售卖体验”来盈利。还有 Google，它本是做搜索的，但它的搜索服务等功能是免费的，其 99%的收入来自第三方投放的广告(即出售使用者的注意力)。

4. 业务统筹安排

(1)确定业务边界。

很少存在只有一种业务的企业，大多数企业的业务都是多样化的。一般来说，企业的业务有核心业务和边缘业务，有短期业务和长期业务，有盈利业务和亏损业务。大量业务的划分使得企业的业务边界日渐模糊，不利于企业的有效运行。业务统筹安排就是让企业在“盈利模式设计”的引领下，清晰界定公司业务边界，确定各种业务的类型、特点、时间安排、层次推进等，以此确保盈利模式设计的实现，也是企业规避风险的一种方式。

一般而言，在企业发展的初始阶段，资源较少，没有稳定的用户群体，因此应当将资源集中于自己最具优势的业务，以求赢得市场。随着逐步发展壮大，企业拥有的资源越来越多，就可以开始将资源慢慢分散，以降低单一行业的经营风险。

例 3.8

饿了么刚刚进入外卖行业的时候，美团和百度这两家大企业也开始进入了这个领域。这两大企业在互联网行业成名已久，对刚刚入门的饿了么来说，面临的巨大压力可想而知。然而，这两个大企业虽然掌握许多的资源，但是他们经营的业务也非常繁多，他们不可能集中太多的资源在一个新的而且竞争激烈的领域。饿了么正是瞅准了这一点，集中自己的全部资源于外卖行业，与两大公司展开了激烈的市场竞争，并最终以其庞大的线上订单量获得了资本市场的认可，稳固了自己的市场份额。

(2)确定业务结构。

确定业务结构要求公司应界定好核心业务和边缘业务，界定好近期业务和远期业务，对业务开展的类型、层次和要点进行合理布局，以便更好地推进业务。优秀的互联网企业能够对其业务结构进行优化界定和统筹安排，以实现企业的长远发展。

5. 财务结构设计

(1)投融资安排。

财务结构设计是商业模式设计的重要层面，其涉及企业投资的来源、对融资的必要安排，同时也会影响企业经营理念、发展速度和运行策略等。这一部分在本书第9章重点介绍。

(2)现金流管理。

现金流量是企业的"动脉"，任何一个企业要想做大做强都离不开现金流量的支撑。互联网企业做大的很多，很快结束的也很多，人们只看到阿里巴巴光鲜的一面，但也应该知道失败的企业非常多，所谓"剩者"为王。

现金流管理贯穿企业的生存与发展全过程，其主要内容包括：经营活动现金流管理；应收账款、应付账款、存货周转；商业信用管理等。

现金流管理要求经营决策者在"增长、收益、现金流"之间平衡把握协调发展。同时，现金流管理也不能孤立进行，它应与企业的现金管理方式、公司组织结构、营销模式、资源配置策略，特别是会计基础体系的建立、供应链财务管理等密切联系、和谐发展。

例 3.9

"刷单"是互联网电商企业通常采用的一种所谓"快速增大销售额"的做法，也是一种有力的竞争手段，但经常使用会饮鸩止渴。许多电商企业在发展初期，增长速度很快，但基本都在大幅亏损，经营活动现金流量的净额长期为负值，大量应付账款或长短期借款，甚至高利贷堆积，同时存在大量积压库存或商返货品。

6. 商业价值实现

(1)创造核心竞争力。

不同的互联网企业，其核心竞争力也有所不同。例如：在网络搜索领域，搜索引擎强有力的搜索能力(技术)是企业核心竞争力，确保用户能够准确、快捷、全面地搜索到所需要的信息，尤其是纵深领域的垂直搜索；在即时通信和社区网站领域，企业的核心竞争力是用户黏性，网络外部效应产生的用户规模壁垒；综合门户的核心竞争力是其内容的新颖性、准确性和及时性；网络游戏则是侧重于游戏给用户带来的体验，推出新产品的速度和质量。互联网企业要想在激烈的市场中生存并实现其商业价值，必须创造核心竞争力使之与众不同。

(2)商业价值放大。

商业模式设计应考虑企业商业价值的放大作用，企业可以通过资本运营方法提升企业资产价值，可以通过引入投资增强自有资本，可以通过有序投资实现利润增长，可以通过上市等进行转型……种种运作均能够放大企业商业价值。而企业商业价值的放大能够推进企业的跨越式发展。

例 3.10

2014年12月，小米公司在最新一轮的筹资活动中，筹集到10亿美元。由科技投资基金 All-stars Investment 领投，这也预示着小米的市值估价将达到450亿元。

3.2.2 商业模式的演进和改造

互联网已经成为整个社会的底层架构和标配，其带来的第三次工业革命颠覆了各行各业，企业商业模式的演进和改造依赖于互联网发展产生的几种效应。

1. 网络效应

互联网就是上网，也叫触网。淘宝就是把义乌小商品市场搬到互联网上；京东产生了B2C模式，把中关村买电脑的商场搬到网上。触网以后，就产生了互联网第一个效应——网络效应。

网络效应是指企业的价值随着它用户数的增长，呈现出几何级数增长。如果在营销的过程中能够导入网络效应，企业的产品销售就能快速爆发。以滴滴公司为例，滴滴曾经率先推出了“红包优惠券”，具体做法是：用户打到车以后给他30张优惠券，如果他发到朋友圈，就有30个朋友能够一起分享到优惠，他们打车的时候可以使用；朋友使用以后，还能拿到优惠券，再进行发布，其他用户（包括第一个用户）依然可以领取，再使用，再发布……滴滴所做的就是利用互联网的网络效应，将一张优惠券发给30个人，这30个人再发给另外30个人……30的*N*次方，很快就在几天内传给上亿的人数。

2. 互动粉丝效应

当网络效应可以发展更多用户的时候，就会产生互动粉丝效应。当企业的用户数累计的时候，在企业的用户中间一定能找到合适的粉丝群。以小米为例，小米的销售大多归功于它将近7000万的粉丝群体，当粉丝无形之中成为销售人员的时候，销售成本大幅度下降，这就是互联网的粉丝效应。这就是小米用四年时间做成了一家估值450亿美元公司的原因。

3. 用户规模效应

用户规模效应是指企业利用一个侵略性的价格（极端就是免费、补贴），找到一个具有普遍性需求的细分市场，大量获取基础用户，待基础用户数量突破临界点后，网络效应显现，此时通过对高价值用户收费或寻找第三方买单的方式获取收入。例如，360用免费策略把杀毒软件的客户抢过来，然后给他们装360安全浏览器，然后做搜索抢百度的生意；网络游戏对普通用户免费，对少数有钱的“人民币玩家”出售道具来收费。

4. O2O 网络效应

当网络上形成上述几种商业模式以后，许多企业会选择线上的东西进入线下。京东与15余座城市的上万家便利店合作，布局京东小店O2O，由京东提供数据支持，便利店作为其末端实现落地。例如，京东与獐子岛集团拓展生鲜O2O，为獐子岛开放端口，獐子岛提供高效的生鲜供应链体系。另外，京东还与服装、鞋帽、箱包、家居家装等品牌专卖连锁店达成优势整合，借此扩充产品线、渠道全面下沉，各连锁门店借助京东精准营销最终实现“零库存”。

5. 生态效应

企业生态效应是指当企业在单一领域内获得以上效应，以此（即同样的用户群及其数据）

作为支撑，逐渐涉足多领域，进行多点模式作战。阿里巴巴布置它的生态效应，从支付、从银行，后面还有保险，都会开始介入，最后阿里巴巴就不再是一个简单的电商公司了，而是一个以用户群和大数据为中心的同心圆公司。

3.2.3 商业模式的误区

互联网时代的大环境，为形形色色的企业商业模式创新提供了层出不穷的机遇与条件。随着这方面实践的增加，人们对商业模式构建、创新的知识经验也在不断积累。与此同时，不可避免地出现了一些误区。如果对此不加注意，以下几种误区就可能对企业的商业构建产生十分不利的影响。

1. "互联网+"就是传统业务电子商务化

在很多人看来，"互联网+"就是原有业务加上一个电商平台。其实不然，"互联网+"之所以对商业模式创新带来革命性冲击，就在于它对商业模式的每一个板块的重塑，尤其是顾客对解决问题方案板块的重塑，带来了无穷的机会和层出不穷的新条件。所谓极度体验，就是指在互联网的技术支持下，人们创造性地组合线上与线下资源(即 O2O)，创造出前所未有的新型工作情景，带来前所未有的顾客体验。因此，"互联网+"不是原有业务和电商平台的简单相加，而是以创造崭新体验为目标，以重塑顾客工作情景为中心而展开的商业模式创新构建。

2. 照搬外国模式

众所周知，中国互联网在过去几十年走了一条 C2C(Copy to China)的路，几乎所有知名互联网应用都可以在美国找到它的影子，许多创业者利用美国和中国之间的趋势时间差，把硅谷一些热门的初创公司的商业模式移植到中国，而这些走"C2C"模式的企业，却很容易遭遇到水土不服的尴尬。

"今夜酒店特价"初期学习的是美国红极一时的 Hotel Tonight 公司。Hotel Tonight 在美国的每个城市只做 3 家酒店，这种精品酒店模式可确保每个酒店都能获得大量的订单，从而加强话语权。今夜酒店特价发展初期，同样采用了每个城市只做少数几家精选酒店的方法，但实际效果却不如预期，公司也于 2014 年被京东收购。究其原因，今夜酒店特价的模式是照搬外国模式而忽略了中美酒店市场的巨大差异和其他不同(如国情、行情等)。

3. 先圈用户不考虑商业化

不少互联网初创者经常释放这样的观点：现在只为了抢占市场，先圈住客户，然后再考虑商业模式。即现阶段不考虑收入，不考虑商业化，不考虑成长问题，先笼络一定的客户再说。在市场既有规模较小的情况下，不少创业者在前期通过烧钱来培育市场，然而一些看似通过烧钱烧出来的用户，和企业黏合度并不大，并且此举还造成了市场的恶性竞争。互联网企业不能只盯着用户数量，任何一个好的商业模式归根结底是要制造成长。

4. 对竞争形势把握不准

对于变化速度以分钟计算的互联网行业，对创业者最大的威胁便是竞争，许多优秀的项目都因为竞争而被行业中的“第一名”带走了。在中国的互联网行业中，因为有 BAT (Baidu 百度、Alibaba 阿里巴巴、Tencent 腾讯) 三巨头的存在，初创者的竞争环境非常残酷。类似 BAT 这样的大公司资本雄厚，拥有极强的技术力量、社会资源、人才团队，因此对于初创者而言，在构建商业模式时，务必要考虑到这些潜在竞争对手的挤压，合理分析和判断竞争环境及形式，千万不要抱有幻想。

如何避免踏入这一误区？企业定位时可以选择将市场细分，然后在细分市场中大展拳脚。例如：汽车之家就在汽车这样一个信息高度不对称的行业中，实现了社群垄断；知识问答类的“知乎”，让用户在任何奇葩问题产生时第一时间想到它。

5. 商业模式创新可以取代产品创新

这两年由于互联网的存在，商业模式创新几乎成了一种时尚，对很多企业而言，商业模式创新好像是一剂魔力无边的万用灵药，可以让一个企业起死回生。

这也是一种错误的观点。其实商业模式创新只是一种企业创造价值的方法，而价值的最终载体还是产品和服务。目前很多企业陷入困境并非是因为它们的商业模式有缺陷，而是因为它们的产品和服务有缺陷。产品和服务有缺陷，商业模式再优秀、再新颖也无济于事。所以，一个企业要想真正获得持久的竞争力，首先还是要大力研发，打造出优秀的产品，同时进行过程和服务创新，把当前提供的用户价值中的明显缺陷全部消除，然后再考虑商业模式创新。

以 IBM 为例，IBM 的成功不仅仅是商业模式创新，更重要的是它不断研发，不断推出具有竞争力的强大产品和服务。IBM 每年投入 60 亿美元进行研发，在申请技术专利上占全美国排名第一。

3.3 互联网商业模式与其他管理要素

3.3.1 商业模式与盈利模式

商业模式不同于盈利模式，前者追求市盈率，即企业价值回报，而后者注重利润率，即产品价值回报。以当当网的成功为例，在 2008 年之前，当当网近十年未实现盈利，待上市之后，其市值达到 30 亿元，可见其创始人并不是靠盈利模式赚钱，而是依靠股权价值。两者的关系更确切的表述是商业模式内含盈利模式，一个企业的价值包括股权价值、专利价值、品牌价值等，盈利模式只是其中的一部分。

3.3.2 商业模式与价值链

商业模式的本质是价值链。价值链是在一个特定行业、企业或业务领域内产生价值的各项关键活动的有序组合，通过这些关键活动的开展，才能够使企业业务领域得以有效运营，不断循环，周而复始。

价值链环节可以分为内、外两大部分。价值链“外在”环节直接和消费者需求相对应，是商业模式的核心部分。其内容主要包括对产品和服务的定义，对终端形态和售卖方式的界定，对交易方式的界定。价值链“内在”环节则是企业在内部和合作伙伴之间所形成的关系，主要包括内部各部门之间的组织形式或协作方式、外部合作伙伴之间的合作方式、地域价值渠道的选择。

商业模式创新的关键在于价值链的创新，而“互联网+”对价值链各个环节的改造和颠覆，创造了无穷无尽的创新方式。价值链运行的全过程中，通过对原料采购、设计生产、分销渠道、营销广告、销售消费、售后服务等环节进行环环相扣的差异化，最终整个价值链的差异化就形成了企业真正意义上的差异化经营，只有这样才能形成独特的商业模式，并真正构筑起企业的核心竞争力。

另外，价值链中每一环节的创新都具有“乘数效应”，企业在不同的商业环境和竞争格局下，塑造的价值链的每一环节都应与其前后若干环节相对应，每一环节又存在多种选择，这就是商业模式复杂的原因。因此我们可以理解，为何有的企业靠打价格战赢了，而有的企业却两败俱伤。互联网企业必须遵守价值链的规律才能享受其带来的“乘数效应”。

3.3.3 商业模式与战略规划

战略规划是指企业依据外部环境和自身条件状况及其变化来制定和实施战略，并根据对实施过程和结果的反馈和评价来调整、制定新战略的过程。商业模式和战略规划都要涉及诸多重要选择(如价值链等)，而且这些选择一旦做出并实施，就具有较强的稳定性和持续性。

商业模式与战略规划的区别在于：战略规划的内涵大于商业模式。从事前角度看，战略是对商业模式的选择，一个企业创立之初可能会设计多个备选的商业模式，战略规划会通过对不同的备选商业模式进行评估，最后决定采用其中的一种。从这个意义上讲，商业模式可以视作企业的战略工具，为企业做出适当的战略决策提供有益的支持。一旦企业的战略规划有变，其商业模式一般也会相应调整。从事后角度看，商业模式反映的是企业已经付诸实践的战略规划。战略规划也会根据商业模式的实施情况决定是否对其进行调整或者创新，以便商业模式更好地实现战略规划的目标和适应市场发展。

本章要点回顾

- 互联网商业模式是企业创造价值、实现价值的核心商业逻辑，是企业的内在本质。
- 工具型、长尾型、平台型、免费型是创业的主要商业模式。
- 互联网商业模式的构建主要包括战略定位、关键资源能力的构建、盈利模式设计、业务统筹安排、财务结构设计、商业价值实现等环节。
- 商业模式不同于盈利模式，商业模式追求市盈率，即企业价值回报，而盈利模式注重利润率，即产品价值回报。
- 长尾型商业模式主要通过 C2B 实现大规模个性化定制，核心是“多款少量”，需要低库存成本和强大的平台基础。
- 互联网经济是以吸引大众注意力为基础，去创造价值，然后转化成盈利。
- 互联网企业不能只盯着用户流量，任何一个好的商业模式本质上都是要能够盈利并持续增长的。

本章思考题

1. 互联网商业模式的基本类型有哪些?
2. 你认为创业中应该避免哪些误区?
3. 创业的盈利模式有哪些?
4. 如何做出合理的商业规划?

第4章

创业团队

导入案例

从 DNA 到糖尿病，从学历到履历，一个专注血糖健康的数字平台的诞生

1995 年，冯燕飞从北京大学生命科学系毕业后去了美国，加入位于纽约长岛的冷泉港实验室，在那里从事神经科学相关研究，师从该实验室负责人、诺贝尔奖获得者、DNA 双螺旋结构图的发现者之一——詹姆斯·杜威·沃森。

冯燕飞曾任职雅培制药、亿腾医药等知名企业，担任全球市场经理、副总裁等职务。任职亿腾医药期间，她负责公司战略投资产品引进及投资者关系，同时一直致力于将欧美前沿医疗技术介绍并引入国内。任职雅培制药期间，冯燕飞加入了雅培管理储备人才计划(MDP)，主要专注于生物大分子药物及疾病领域的研究。

在经过多个岗位、公司的磨砺之后，2012 年，移动互联网的飞速发展，给冯燕飞和她的创业伙伴提供了机会。他们认识到，依靠传统的医疗体制和机构，并不能完全有效地解决患者的痛苦，中国的医疗健康市场依然存在巨大的市场空白。2013 年 2 月，她的创业团队在国内率先推出了专注血糖健康的数字平台——博医帮。2014 年 11 月，博医帮正式更名为微糖。

奋斗终生的事业

对于冯燕飞而言，如何度过这一生，这一辈子究竟要为这个世界留下什么，换句话说，什么事情是她可以奋斗终生的？她在创业之前花了很长时间进行思考。

冯燕飞谈到，这份事业的意义是创办在某一领域内最大、最强的企业，赚到很多钱呢，还是应该面向普通大众，能够为所有的人都带来福祉？微糖的创立无疑指向了后者。冯燕飞从自身专长出发，创办了微糖。为糖尿病患者提供更为贴心的服务和帮助，可以治愈疾病，帮助他人减少痛苦，为下一代的健康成长做一点点贡献，她希望自己能够为血糖健康管理带来全新的观念和技术。

机会与挑战

对于传统的医疗领域而言，更多的患者只能选择医院就诊来解决健康问题，庞大的患者群体与有限的医生及医疗资源严重不匹配，尤其在血糖健康领域。目前国内糖尿病患者人群达到 1.1 亿左右，而内分泌大夫大概只有 1 万人，这中间有巨大的差距。但是随着移动互联网的发展与普及，医疗资源的分配迎来了新的机遇。

冯燕飞的创业过程并不是一开始就预设好了正确的方向，而是在每个过程中经过不断摸索和试探，一点一点地确定了企业发展的目标。在中国这个新兴市场上，各种新的商业模式、基于移动端的应用不断出现，这就要求冯燕飞和她的团队要抓准用户的使用习惯，提供适合他们的产品，并为他们定制配套的服务。

从开始的医护专用平板电脑(主要针对医生端)，到2013年正式推出的博医帮App，实现了国内首创的血糖健康数字平台管理，而这就是微糖的前身。

在博医帮时代，更注重在医生端功能的投入，与三甲医院进行合作。但随后发现糖尿病领域的医生在实际工作过程中产生的需求是模糊的，无法形成标准化的产品，后来不得不放弃这个方向。

全新的商业模式，不同的盈利观念

“蓝凤凰”——中国首个动态血糖数据分析系统，通过硬件设备监测的血糖数据，形成“微糖动态报告”，为糖友提供稳糖建议。

“天雁”——中国首个智能辅助决策系统，该系统以数据为基础、算法为核心，建立血糖数据生态闭环，输出优质医疗服务。

微糖正在做的是打造一支专业的糖尿病医生服务团队，对平台签约的医生进行培训，并制定了一套完整、标准的涵盖服务全程的体系，设置服务品控，以确保每一位糖友都能享受到最为完善的健康管理服务。

另外，微糖发现针对患者本身的宣传教育方面已经出现了瓶颈，中国的糖尿病病人广泛存在着讳疾忌医的情况，他们本身不愿沟通、宣传。针对这一受众的独特性，微糖针对患者的家属教育做了一些工作。让亲友参与到糖尿病管理中，对于患者有更好的效果。

商业模式上，微糖依靠为患者提供产品和专业服务。与传统的医疗企业不同，微糖为患者提供工具+服务，其商业逻辑是：患者越健康，利润就越高——因为微糖的服务对象血糖越健康，意味着他们所使用的耗材越少，为其服务的效率也越高。

在血糖健康领域，从产业的角度看，已经超过了千亿级规模，其中不乏众多国际巨头参与。从血糖监测、医疗服务、药品，到胰岛素的注射工具以及各种保健食品等，这个产业链上所有的参与者可能都是他们的竞争对手或者说是合作伙伴。

而这个传统的产业链中忽略了一个环节：就是利用系统和算法为用户提供更精准的服务。在这方面，微糖的服务是基于移动互联网的新形态服务。在移动互联网时代，用户吃什么、用多少药，都可以用系统和算法完成，用户只需要来到微糖就可以解决。这是微糖与传统产业链中各板块的区别，也是未来其优势所在。

案例评价

微糖致力于成为世界领先的数字医疗服务集团，现阶段专注于为大众提供血糖健康服务。微糖在互联网信息管理平台的基础上，依托于可穿戴医疗设备，扎根微糖线下服务中心，自主研发了一系列开创性的血糖健康解决方案。这一项目从无到有、从有到精的发展过程，离不开其创始人冯燕飞的冷静分析、理智判断、审慎选择、踏实工作、坚定努力。

思考题

1. 从冯燕飞的创业历程中分析她经历了哪些阶段？每个阶段有什么阻碍？她是如何克服的？

2. 微糖商业模式的选择和市场营销战略是怎样的？你认为有什么好和不好的地方？

3. 你认为，冯燕飞身上的哪些特质促成了她创业项目的成功？通过冯燕飞和她的创业案例，你可以总结出哪些创业者的特质？

4. 你认为，冯燕飞的创业团队在她的创业过程中起到了怎样的作用？怎样的团队是优质的创业团队？怎样的管理方式是“好的”创业团队管理方式？

本章要点

- 创业者的客观和主观特征
- 创业者的能力素质测评
- 创业团队的概念
- 创业团队的分工
- 核心成员所有权分配机制
- 组建创业团队的原则
- 创业团队组建流程
- 创业团队的发展阶段
- 创业团队组建过程的误区

学习目标

- 了解创业者的主要特征
- 了解创业团队的基本构成、组织形式、组建流程
- 了解创业团队的发展阶段
- 理解核心成员所有权分配机制
- 熟悉创业团队组建的原则、方法和需要规避的误区
- 掌握创业者人格特质测评工具的原理及其使用方法

4.1 创 业 者

4.1.1 创业者的主观特征

在创业的过程中，创业活动与创业者是密不可分的，创业者自身所具备的素质特征以及其拥有的社会特征将直接影响创业活动和创业绩效。因此，在这一章节里，我们将针对创业者探讨以下三个层次的问题。

第一，什么样的人可以成为创业者？什么样的人能够创业成功，并成为一代企业家？

第二，创业者应该具备什么样的能力，才能够在最大程度上有助于企业的发展？

第三，如何培养创业者？如何培养其相应的能力？

1. 案例分析

要回答这三个问题，我们就要把关注的重点放在创业过程本身。接下来，让我们一起来看一个案例，案例中的主角张斌向我们展现了一个完整的创业过程。

例 4.1

出生于 1972 年的张斌是苍溪县石马镇桥梁村人，1971 年出生的妻子沈菊华是巴中玉井乡人。两人育有三个可爱的女儿。在过去的很多年里，两人共同经历了务农、打工、创业的艰辛历程，而张斌现在已经成为远近闻名的创业大户。

由于家境贫困，幼时的张斌读书很迟，成绩也不太好，19 岁才终于从初中毕业。毕业后在家务农的张斌很快在父母的主持下建立了家庭，扛起了生活的重担。为了应对捉襟见肘的生活，1992 年，20 岁的张斌独自外出打工，进入北京的一家砖厂工作。每月几百元的工资，除去住宿和生活费，张斌悉数寄回了家以补贴家用。但张斌的薪水比起全家的开销还是杯水车薪，贫穷的命运并未改变。

在砖厂工作两年后，张斌回家开始学做木匠。在父母亲和他的观念里，学会一门手艺就能有持续性的收入，日积月累下来，家境也能逐渐有所好转。但是，时代的发展与技术的进步，让这种老一辈的乡村观念受到了巨大的冲击，市场需求已然发生了翻天覆地的变化。随着农村外出务工人员越来越多和村里经济条件的逐步改善，老式家具不再受到农村人的追捧，从城里商场购买的现代时髦的家具成了新宠；房屋也逐渐变成了砖混结构的楼房，木工的工作机会越来越少。张斌依靠木匠工作改善生活的想法宣告失败，他只能再次外出，带着自己的手艺在大都市寻找新的机会。1998 年，张斌来到了成都八一工厂，他的好手艺为他带来了收入，也为他后续的创业打下了经济基础。

在八一工厂工作 6 年后，也就是 2004 年，张斌觉得创业的机会已经成熟。回家以后，他在妻子的家乡巴中玉井乡和自己的家乡苍溪石马镇开了摩托车修理店，同时为妻子开设了一家销售摩托的门市部，收入非常可观。2008 年，汶川地震的灾后重建工作为土建行业带来了商机，张斌抓住机遇，购置设备承揽了许多土建工程。创业之路眼看一帆风顺，然而，随着灾后重建结束和房地产行业的逐渐萎缩，他的生意再次冷淡下来。

俗话说：穷则思变。已经尝到甜头的张斌没有气馁，再次开始寻找新的商机。这一次，村子里荒芜多年的土地吸引了他的注意。考虑到石马镇一直以来良好的猕猴桃种植基础，张斌决定利用村子里的荒地，规模化发展猕猴桃产业。2014 年 12 月，张斌以每亩每年 300 元的标准流转了桥梁村五组茶园包的 300 亩土地，开始种植猕猴桃。除了一年 10 多万元的流转费，张斌还请来挖掘机开垦土地，2 个多月的工期里，累计用工人数达到了 1000 多人次。等到第一批栽植的 3 万多株猕猴桃苗三年后开始挂果的时候，张斌已经投资了 100 多万元，也享受了一部分政府创业贴息贷款。张斌介绍，目前当地培育的猕猴桃苗效益显著。当地的猕猴桃苗质量好，省内外客商时常远道而来，只为买最好的苗。

在张斌的带动下，当地上百名百姓开始大力发展猕猴桃产业。2016 年 1 月，张斌注册成立了苍溪县绿园天宝猕猴桃专业合作社，40 多家入社社员多以土地入股，全组 60%的家庭参加猕猴桃的发展。石马镇的猕猴桃产业种植历史悠久，销售渠道广阔。同时，张斌也紧跟时代潮流，通过阿里巴巴、百度等大力发展线上销售，利用互联网速度快、效能高的特点，完成了大量的猕猴桃销售工作。

张斌的创业故事，其实是无数创业者的缩影。正是这些不屈不挠、勇敢坚定的创业者，为社会的风貌描绘了光辉灿烂的一笔。分析他们各自的创业故事和个人特点，我们不难发现，创业者身上难免有一些共性，如心有猛虎，细嗅蔷薇；机智敏锐，果决能断；不惧困难，踏实刻苦；沉着冷静，坚定不移……如果能提取这些创业者的共有特征，或许我们在本章开篇提出的三层问题便逐步有了答案。

柳传志[①]说，创业者应该具有四类特质，有这四类特质才能逐步走向成功：第一，目标高远，意志坚定；第二，心胸开阔，情商要高；第三，把企业利益放第一位；第四，学习能力强，爱学习而且会学习。

而蔡文胜[②]则提出，创业者必须具备的四个要素是：第一，事业心，要把企业当作命根子；第二，眼光和境界，要比别人想得多、比别人看得远，具备一种比别人更高的境界和眼光；第三，心理素质，要做到百折不挠、处变不惊；第四，要有学习能力，以学习为生活方式，有及时复盘的习惯。除此之外，作为一个领军人物，舍小我为大家的胸怀也非常重要。[③]

综上所述，能够成长为企业家的创业者，其核心特质可归纳为以下几点：

(1)不甘平庸，心中自有宽广的梦想和证明实力的意气，不满足于“小富即安”；

(2)紧跟先进，在企业则紧跟老板时刻能抓住机遇，在江湖则紧跟先辈多听多学；

(3)多付出、多承担，有大胸怀和大格局，不计较一时得失，懂得吃小亏顾大局；

(4)善于学习，能够动员自己的一切力量和优势获取资源、学习经验；

(5)体力和精力极其充沛，能够承担创业路上高强度的工作，保证精力和体力；

(6)在利己和利他之间寻求平衡，在看到机遇的同时，不忘承担社会责任，回报社会。

2. 研究归纳

在学界一致认为，创业者的主观特征包括人口统计特征(家庭、年龄、学历等特征)和个人能力素质特征两类，而学者研究发现，后者对创业行为影响相较于前者要重要得多，因此在此重点介绍创业者应具备的个人能力素质特征。

对于创业者而言，有 20 项能力素质至关重要，其中 15 项为必要的能力要素(在图 4-1 中用星号标注)，其他 5 项为补充能力要素，即能够加大创业者创业成功概率的要素。按照胜任素质理论模型，我们将 20 项能力素质分为成就特征、服务与助人特征、管理特征、影响特征、认知特征和个人特征六类，如图 4-1 所示。

每项要素具体释义说明如下。

(1)个人特征。

① 诚实正直：诚实守信，并坚持实事求是、以诚待人，行为表现出高度的职业道德。

② 自信心：相信自己能够完成计划中的任务，能够通过分析自己的行为来看不足，并在工作中予以弥补。

③ 纪律性：坚持自己的做事原则，严于律己，且表现出较强的自控能力。

④ 毅力：明确自己的目标，并为之坚持不懈，即使遇到各种困难也不退缩。

⑤ 适应能力：能够适应各种环境的变化，具备应付各种新情况的能力，且能够创造性地提出问题的解决方案。

---

① 柳传志：现任联想集团有限公司董事局名誉主席，联想集团高级顾问。

② 蔡文胜：现任北京联网时代科技有限公司董事长，兼任 4399 游戏、暴风影音、网际快车、优化大师、Zcom 电子杂志、CNZZ 数据统计、中国站长站、易名中国、美图秀秀等诸多公司董事。

③ 蔡文胜：创业者没想清楚这几点早晚栽跟头. 搜狐科技_搜狐网, http://www.sohu.com/a/165475670_172437.

(2)认知特征。

① 专业知识及学习能力：熟练掌握并运用自己的专业知识，且不断主动地更新知识。

② 经验与技能：在业内具有卓越的声望和极具权威的专业技术或技能。

③ 创新与变革能力：能够预测五年甚至十年后的形势并创造机会或避开问题，并总是能够创造性地解决各种问题。

④ 信息收集能力：通过比较独特的途径及时获取有用的信息或资料，并善于发现机会、抓住机会。

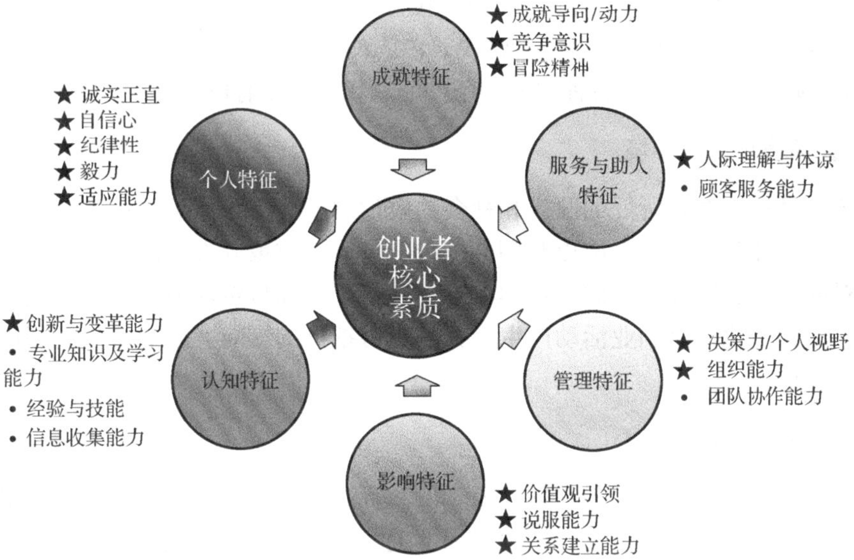

图 4-1　成功创业者核心素质模型图

(3)影响特征。

① 价值观引领：通常以价值观来引导和影响团队，其行为方式也集中体现组织所倡导的价值观。

② 说服能力：能够通过劝服别人，让他人明白自己的观点，并使对方对自己的观点感兴趣。

③ 关系建立能力：保持经常的社会性接触。在工作之外经常与同事或顾客发展友好的个人关系，甚至家庭接触，扩大关系网。

(4)管理特征。

① 决策力/个人视野：具有广阔的视野，能够在复杂的、不确定的或者极度危险的情况下及时做出决策，决策的结果从更深远或更长期的角度看有利于企业的成功。

② 组织能力：有能力安排好自己的工作和生活，且使工作任务与信息条理化、逻辑清晰。

③ 团队协作能力：对于团队中的冲突和问题，能够采取有效的解决方法。

(5)服务与助人特征。

① 人际理解与体谅：了解别人的言行、态度背后的原因，善于倾听并帮助别人。

② 顾客服务能力：能够与顾客发展稳定的相互信任的关系。

(6)成就特征。

① 成就导向/动力：有努力工作实现个人目标的愿望，并且表现得积极主动。

② 竞争意识：愿意参与竞争，主动接受挑战，并努力成为胜利者。

③ 冒险精神：敢于冒险，又有勇气面对风险与失败。

4.1.2 创业者的外力驱动

人们为什么要选择创业？除了自身对创业的渴望与激情，才干与能力、外力的推动也有很大的关系。驱动创业者选择创业的外力即创业者所处的客观环境，是创业者开展创业活动的范围和领域，是创业者所处的境遇和情况。它是对创业者创业思想的形成和创业活动的开展能够产生影响和发生作用的各种因素和条件的总和，主要有以下几种表现形式。

1. 社会环境与自然环境

社会环境是指创业者所处的国家和社会的政治制度、经济制度、法律制度、思想文化、风俗时尚以及党和政府在特定历史时期的路线、方针、政策等方面的条件。自然环境是指创业者面对的地理、资源、气候等自然状况。社会环境和自然环境作为开展创业活动的宏观背景，它们的变化能对创业活动产生巨大的不可抵抗的影响。创业者只能利用它们，但却无法改变它们。

2. 内部环境与外部环境

内部环境是创业组织内部各种创业要素的总称，如人员、资金、设施、技术、产品、生产、管理、运营等方面的情况。处理好内部关系、优化内部环境，是创业活动生存的根基。外部环境则是创业组织外部的各种创业条件的总称，包括社会的、自然的、政治的、经济的、合作的、竞争的、远处的、近处的形势和情况，对创业组织的发展具有广泛的影响力，是创业组织发展的保证。

3. 融资环境与投资环境

融资环境是指创业者为了扩大创业实力需要聚集资金的社会条件。投资环境特指创业者资金投向的项目特点、行业及地区概况。融资与投资是创业活动不可分割的两个方面，同样都受特定地区人们的经济收入、消费观念、风险意识、国家政策等环境因素的影响。

4. 合作环境与竞争环境

创业的合作环境是指创业者对外扩张、寻求发展、建立协作伙伴关系的环境氛围，通常指相关行业、供应商、经销商、广告商技术所有者、风险投资公司及新闻媒体等单位的情况。竞争环境是指创业者所处的行业状况，包括行业的经营思想、产品质量、技术力量、管理水平、营销政策等。合作环境与竞争环境是创业组织生存与发展极为重要的外部条件，任何创业者都无法脱离这个环境而存在。

5. 生产环境与消费环境

生产环境是指创业者的资金转化为产品的过程中所需要的各种因素，包括劳动力、生产设施、原材料、技术服务、动力供应、交通运输等状况。消费环境是指创业者的商品转化为货币的过程所需要的各种条件，包括特定地区人们的富裕程度、消费观念、消费水平、市场和竞争对手等方面的状况。

例 4.2

2008 年，Google 率先提出“云计算”的概念，短时间内其核心理念在全球范围内迅速传播并发展起来。美国国家标准与技术研究院(NIST)定义：云计算是一种按使用量付费的模式，这种模式提供可用的、便捷的、按需的网络访问，进入可配置的计算资源共享池(资源包括网络、服务器、存储、应用软件、服务)，这些资源能够被快速提供，只需投入很少的管理工作，或与服务供应商进行很少的交互。

2010 年云计算在国内形成趋势并逐渐发展成熟，各大 IT 互联网商业巨头以及大大小小的创业者抓住了这一机遇。由于智能手机在学生群体中的大规模普及与运用，“超级课程表”创始人余佳文于 2011 年下半年和伙伴们抓住学生群体的需求和移动时代的机遇，开发了一款名为“超级课程表”的软件，其主要功能是帮助同学们将教务处的课程表存到手机里。借此，学生们可轻松查询全校热门课程，蹭自己喜欢的课，还能通过此软件认识在同一教室上课的同学。“超级课程表”很快风靡全国。

然而由于用户数量的大规模增长，相关服务要求种类越来越多，服务器开始扛不住了。由于缺乏资金，余佳文选择了阿里云。他表示，云计算为他们提供了弹性服务：每年开学季时访问量巨大，超级课程表每小时可新增 1000 个以上用户，总量可达到百万级，开学过后则迅速回落。这种潮汐式访问服务器的场景正好可以最大化地利用 IT 资源，用多少买多少，节省创业的成本。

4.1.3 创业者能力测评方法

创业之前，许多人会产生怀疑：自己是否适合创业？是否具备成功创业者的能力和素质？还需要有哪些方面的改进和增强？本节将介绍几种创业者能力测评方法，帮助创业者自我评估。

1. 基于创业者核心素质模型的创业者素质测评

基于创业者核心素质模型，我们选取其中 15 个关键要素作为创业者能力素质测评指标项，以便创业者对自己的能力素质进行自我测评。测试者可以进行两次自我测评，第一次测评，可以检测自己与成功创业者还有多大的差距；第二次测评通常在自己第一次测评后经历一定的创业实践之后再进行，如创业半年后再测评一次，从而检测自己是否有进步。

测试者根据自身的实际情况，针对表 4-1 中的每一项说明进行评分，1～5 分分别表示：完全不符合、基本不符合、一般、基本符合、完全符合。然后对测评结果进行总结与改进，如表 4-2 所示。

开始测评：

表 4-1 基于创业者核心素质模型的创业者素质测评表

1. 成就导向/动力：有努力工作实现个人目标的渴望，并表现得积极主动	(　)分
2. 竞争意识：愿意参与竞争，主动接受挑战，并努力成为胜利者	(　)分
3. 冒险精神：敢于冒险，又有勇气面对风险与失败	(　)分

续表

4. 人际理解与体谅：了解别人言行、态度背后的原因，善于倾听并帮助别人	（ ）分
5. 决策力/个人视野：具有广阔的视野，能够在复杂的、不确定的或者极度危险的情况下及时做出决策，决策的结果从更深远或更长期的角度看有利于企业的成功	（ ）分
6. 组织能力：有能力安排好自己的工作与生活，且使工作任务与信息条理化	（ ）分
7. 价值观引领：通常以价值观来引导和影响团队，其行为方式也集中体现组织所倡导的价值观	（ ）分
8. 说服能力：能够通过劝服别人，让他人明白自己的观点，并使对方对自己的观点感兴趣	（ ）分
9. 关系建立能力：保持经常的社会性接触。在工作之外经常与同事或顾客发展友好的个人关系，甚至家庭接触，扩大关系网	（ ）分
10. 创新与变革能力：能够预测五年甚至十年后的形势并创造机会或避开问题，并总是能够创造性地解决各种问题	（ ）分
11. 诚实正直：诚实守信、实事求是、以诚待人，行为表现出高度的职业道德	（ ）分
12. 自信心：相信自己能够完成计划中的任务，能够通过分析自己的行为来审视自身的不足，并在工作中予以弥补	（ ）分
13. 纪律性：坚持自己的做事原则，严于律己，且表现出较强的自控能力	（ ）分
14. 毅力：明确自己的目标，并为之坚持不懈，即使遇到各种困难也不退缩	（ ）分
15. 适应能力：能够适应各种环境的变化，具备应付各种新情况的能力，且能够创造性地提出问题的解决方案	（ ）分

表 4-2 创业者素质测评总结与改进方案

第一次测评结果总分：		
第二次测评结果总分：		
测评总结与改进方案：	我已经具备的素质：	我还不具备的素质：
	1.	1.
	2.	2.
	3.	3.
	4.	4.
我提高能力素质的方案：		

2. 基于 RISKING 素质模型的创业者素质测评

(1)关于成功创业者的 RISKING 素质模型。

RISKING 是指创业者所必需的七大要素，即资源(Resources)、想法(Ideas)、技能(Skills)、知识(Knowledge)、才智(Intelligence)、关系网络(Network)、目标(Goal)。首字母构成“RISKING”一词，刚好是风险的意思，体现创业的风险性特征(见图 4-2)。具体释义说明如下。

① 资源(R)：主要指创业所必需的人力资源、物力资源、财力资源、项目资源等。

② 想法(I)：主要指具有市场价值的创业想法，能在一定时期产生利润。应具有一定的创新性、可行性和持续开发与拓展性。

③ 技能(S)：主要指创业者所需的专业技能、管理技能和行动能力等，如果个人不完全具备，但团队之间能形成技能互补，也是不错的技能组合。

④ 知识(K)：主要指创业者所必需的行业知识、专业知识以及创业相关知识，如商业、法律、财务等知识。良好的知识结构对创业者的视野开阔、才智发挥具有很高的价值。

⑤ 才智(I)：主要指创业者的智商和情商，具体表现为观察世界、分析问题、思考问题和解决问题的能力。

⑥ 关系网络(N)：创业者需要良好的人际亲和力和关系网络，包括合作者、服务对象、新闻媒体甚至竞争对手。善用资源者，通常都能够较强地调动资源。

⑦ 目标(G)：明确的创业方向和目标、精准的市场定位。

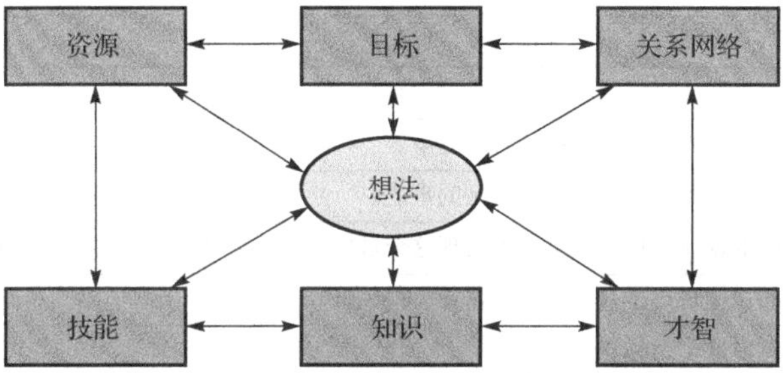

图 4-2　RISKING 素质模型框架图

(2)基于 RISKING 素质模型的创业者素质测评。

测评表 4-3 基于 RISKING 模型的七要素设计而成。

测试过程中，测试者根据自身的实际情况，针对以下每一项说明进行选择填空。在每一题目后的(　)中填入 A、B、C、D、E(其中，A.很不符合；B.不太符合；C.不确定；D.比较符合；E.非常符合)。

开始测试：

表 4-3　基于 RISKING 素质模型的创业者素质测评表

资源	1. 我能够挖掘理想的合伙人或经理人，雇佣理想的专业人员和员工(　)
	2. 我有雄厚的资金和稳定的财务系统，至少可以保证企业第一年的正常运营(　)
	3. 我通过合理的途径以自己能够接受的成本募集资金，以获得充沛的资金流(　)
	4. 我可以获得对自己有利的物资来源，如原材料等，能够很好地控制(　)
想法	5. 具有丰富的想象力，并能把这些想法准确而生动地表达出来(　)
	6. 我的想法通常比别人有价值，更具有创造性(　)
	7. 我的想法通常并不是天马行空、泛泛而谈，而是切实可行的(　)
知识与技能	8. 对即将涉及的领域，我有很好的专业背景和技术(　)
	9. 我了解该行业目前的市场运作和竞争水平，并熟悉相关的法律政策条文，做好了充分准备(　)
	10. 我具备管理经验，并擅长组织活动(　)
	11. 我眼光长远，更加看重持续发展而不是短期盈利(　)
才智	12. 每天早晨我都是怀着积极的态度醒来，感觉今天又是崭新的一天(　)
	13. 我知道如何控制自己的生活、性情和脾气，并做到自律(　)
	14. 当我开始创业时，我的家人能够理解我的不自由状态并支持和鼓励我(　)
	15. 当我失望时，我能够冷静地处理问题而不是逃避、放弃，并能以积极的状态重新投入工作中(　)
	16. 我留心观察周围的事物，注意细节性问题，把握身边的契机，并善于把不利局面转化为机会(　)
	17. 我更倾向于主动地去把握和解决问题，而不是被迫陷入被动(　)
	18. 我不是一个风险规避者(　)

续表

关系网络	19. 我喜欢合作胜于凭一己之力完成工作（ ）
	20. 别人认为我是一个值得信赖的人，并且充满活力、积极向上（ ）
	21. 我善于和陌生人打交道，而不是仅限于熟人圈内（ ）
	22. 我具有影响他人的能力，并使人信服（ ）
	23. 我善于向媒体公众推销自己的公司，吸引别人的注意力（ ）
	24. 我能够和上下游企业保持紧密的合作关系，相互扶持、共同发展（ ）
	25. 我能够同利益相关团体(如民间及政府机构、金融机构)形成良好的关系（ ）
	26. 我同行业内的竞争者更容易实现竞合而非竞争（ ）
目标	27. 与为别人工作相比，我更渴望有一份自己的事业（ ）
	28. 我有一个很明确的创业目标，并可以为实现这个目标而奋斗，即使需要付出一定的代价（ ）
	29. 我有勇气和耐心去实现这个目标，即使需要承担风险（ ）
	30. 我有信心最终完成这个目标（ ）

(3)测评结果统计与说明。

测试完毕后，按照所选答案分别统计出 A、B、C、D、E 五类选项的数目，其中选项最多的那类就是创业者所属的类型。各类型的特征及创业建议如下。

A——你不适合创业或根本就没想过创业。你倾向于规避风险，喜欢安定的生活，并且不善利用自己的网络去开拓事业。你的生活圈子只局限于所熟悉的那个圈子，因此更适合做一个普通的上班族。

B——你有创业的意识但是不愿意创业，在风险与安稳之间你更倾向于后者。

C——你具备一定的创业素质，但是由于缺乏信心致使你未能认清自己的这种能力。或许这也可以说，外界的影响力经常会左右你的选择。

D——你适合创业且比较符合创业的要求，你所需要的是一种守业的能力，以保证公司的长期发展和完善。同时，你仍然需要不断地完善自己，使别人更加信赖你，增强你的个人魅力。

E——你非常适合创业和守业。如果你能全身心地投入一项激动人心的创业事业中，效果会更好，收益也会更多。但是，并非所有人都适合做企业家，即使恰好具备这些素质，你仍然不能忽略他人的帮助、团队的力量，并应不断开阔自己的视野，坚持学习，持续提升自己的能力和素质。

例 4.3

1963 年 9 月 13 日星期五，刚刚失去丈夫的玫琳凯·艾施在美国得克萨斯州达拉斯市的一个约 46 平方米的店面里以自己的名字命名了一家新公司，开始了化妆品的销售。这是一家只有 2 名职员和 9 名美容顾问的小店，直销的化妆品来自玫琳凯从自己的美容师手中买下的一种美容配方。

公司开张伊始，玫琳凯·艾施就提出了与众不同、特立独行的理念。她致力于为广大妇女提供前所未有的经济独立，以及个人发展和个人成就的机会。“你要别人怎样对待你，你也要怎样对待别人”是她的黄金法则，“信念第一、家庭第二、事业第三”的生活优先次序也是她一直大力提倡的；同时，她还用“你能做到”的精神来激励其他女性加入自己的事业。玫琳凯的理念让她的事业腾飞了，她所提倡的法则也迅速传遍了全世界。

除了人生哲学，玫琳凯还对传统的化妆品销售方式进行了改革。她培养自己的美容顾问为消费者提供面对面的专业美容和皮肤保养指导。美容顾问帮助顾客免费试用产品，顾客了解适合自己肤质的品种后再决定是否购买。这样的客户关系管理模式使顾客不仅能够获取皮肤和彩妆方面的知识，更能够与顾问建立友谊，享受细心、周到、完美的服务。

相比那些传承百年的大型公司，在短短 42 年间，玫琳凯•艾施将一家 46 平方米的小店发展成了一家业务遍布世界 34 个国家及地区、年营业额达数十亿美元的大型化妆品跨国企业集团，并在全球拥有一支超过百万人的美容顾问队伍和逾千万名忠实顾客。这一切，靠的是她自己坚定的决心、努力地工作以及无私的奉献精神。更重要的是，无数的妇女在玫琳凯•艾施的激励下成为小型企业经营者。管理也具有核心竞争力。在玫琳凯自创的管理风格下，她以不断的精神鼓励及物质报酬来提升妇女的自尊和自信，将她个人的梦想变成了美国商业史中最成功的故事之一。

4.1.4 创业者的社会责任与创业伦理

创业并不是一时兴起，其过程也不会一帆风顺、水到渠成，对于创业过程中出现的问题和面临的挑战，创业者要有承担责任的勇气，这是对自我以及企业的责任。除此之外，创业者还应在创业的过程中积极承担社会责任、遵守伦理道德，这也是成功的创业者必须具备的基本素质要求之一。

企业社会责任(Corporate Social Responsibility，CSR)是指企业在创造利润、对股东和员工承担法律责任的同时，还要承担对消费者、社区和环境的责任。企业所承担的社会责任，要求企业必须超越把利润作为唯一目标的传统理念，强调在生产过程中对人的价值的关注，强调对环境、消费者、社会的贡献，具体可以描述为以下几点。

第一，企业应该承担并履行好自身的最基本责任——经济责任。最直接地说就是盈利，尽可能扩大销售、降低成本、正确决策，保证利益相关者的合法权益，不仅对利益相关者的资金安全和收益负责，也有责任向他们提供真实、可靠的经营和投资方面的信息。例如，诺基亚打造的“星网绿色产业链”，将公司各部门及供应商集聚在开发区一公里范围内，不但降低了交通工具的二氧化碳排放量，减少了原材料包装物的使用，更降低了会议差旅、原材料及零配件的运输成本。

第二，创业者及其企业应该遵纪守法，扮演好社会公民的角色，自觉遵守所有的法律、法规，包括环境保护法、消费者权益法和劳动保护法等。带头诚信经营、合法经营，维护市场秩序，保障消费者以及人民群众的利益，并带动创业团队所有成员、企业所在的社区等共同遵纪守法，共建法治社会。例如，内蒙古伊利集团探索出一套践行社会责任的完善系统——“健康中国责任体系”，就成为食品行业可供参考的责任标准。

第三，伦理责任。这是社会对企业的期望。具体表现在以下几个方面。

(1)对员工的责任：企业必须考虑雇员的地位、待遇和满足感。在全球化背景下，劳动者的权利问题得到了世界各国政府及各社会团体的普遍重视。20 世纪 90 年代，美国著名的牛仔裤制造商 Levi-Strauss 在类似监狱一般的工作条件下使用年轻女工的事实被曝光后，为了挽救其形象，推出了第一份公司社会责任守则。随后一些跨国公司为了应对激烈的全球化竞争，也纷纷效仿。

(2) 对资源环境和可持续发展的责任：工业文明在给人类社会带来前所未有的繁荣的同时，也给我们赖以生存的自然环境造成了灾难性的影响。企业应当承担起建立可持续发展的全球经济这个重任，进而利用这个历史性转型实现自身的发展。蒙牛集团将“绿色”融入生产经营的每一个环节，2011 年在国内首创包装“有偿回收”，成功激活了“有偿生态”模式，激发了公众参与环保的热情。北京双娃乳业有限公司引进良种苜蓿，改进牧草品质，对呼伦贝尔 10 万亩草原进行改造建设，对保护东北、华北地区的生态环境起到积极作用。

第四，企业的慈善责任。教育、医疗卫生、社会保障等事业的发展直接关系人民的最直接利益，更关系到和谐社会的构建和维护。美国亿万富翁沃伦·巴菲特将自己 85%的资产捐出做慈善事业，李嘉诚也将自己 1/3 的资产捐出做慈善事业。在 2008 年年初的冰雪灾害和 5·12 汶川大地震中，伊利集团冲到了企业救灾的最前沿，从千里空运物资抗击冰雪灾害到第一时间成立国内企业首个救援抢险专队，启动伊利社会责任应急预案，在 2 小时之内紧急调配第一批物资支援灾区，以及在其后承诺将持续关注地震灾区所有孤儿，为他们无偿提供 18 周岁之前的乳制品。大强度的救灾行动、迅速的反应考验了伊利的应急机制和动员能力。灾后安抚、重建工作展现了伊利对公益的深刻理解，对责任的不懈坚持。创业者和企业，作为国家、社会的一分子，积极承担慈善责任，不仅有助于增加企业和个人声誉，树立企业品牌，为企业带来无形的道德资本，扩大企业的经济利益，更是一种富有人性、同情心的体现，在社会中传达了一种关怀、仁爱的理念。

4.2 创业团队

4.2.1 创业团队的概念理解

1. 创业团队的定义及要素

创业团队是指在创业初期（包括企业成立前和成立早期），由一群才能互补、责任共担、愿为共同的创业目标而奋斗的人所组成的特殊群体。

创业团队需具备五个重要的团队要素，即目标（Purpose）、人（People）、定位（Place）、权限（Power）、计划（Plan），简称 5P。

(1) 目标（Purpose）。

创业团队应该有一个既定的共同目标，为团队成员导航，引导创业企业未来的方向。目标是将人们的努力凝聚起来的重要因素，在创业企业的管理中以创业企业的远景、战略的形式体现。从本质上来说，创业团队的根本目标都在于创造新价值。

(2) 人（People）。

任何计划的实施最终还是要落实到人。人作为知识的载体，所拥有的知识对创业团队的贡献程度将决定企业在市场中的命运。人构成创业团队的最核心力量。

(3) 定位（Place）。

创业团队的定位，即团队通过何种方式同现有的组织结构相结合，从而创造出新的组织形式。它包括创业团队在企业所处位置，由谁选择和决定团队成员，创业团队最终应对谁负责，以及团队采取什么方式激励下属等。

(4)权限(Power)。

创业团队的权限，即团队成员的角色分配，具体是指要明确个人在新创企业中担任的职务、拥有的权力和承担的责任。现代企业中实行民主管理方式较为普遍。

(5)计划(Plan)。

创业团队的计划，即制订成员在不同阶段分别要做哪些工作以及怎样做的指导计划。只有在计划的操作下创业团队才会一步步贴近目标，最终实现目标。

2.创业团队的类型及各自的优缺点

从不同的角度、层次和结构，可以将创业团队划分为不同类型。依据创业团队的组成者来划分，可以分为星状创业团队、网状创业团队和从网状创业团队中演化而来的虚拟星状创业团队。三者的概念及优缺点如表4-4所示。

表4-4　三种类型的创业团队及各自优缺点

类型	概念	优点	缺点
星状创业团队	团队中有一个核心人物，充当领队角色。一般在形成前核心人物已经有了创业想法。其他团队成员大多扮演支持者角色	①组织结构紧密，向心力强 ②决策程序简单，效率较高 ③稳定性较好	①容易形成权力过分集中的局面，决策失误的风险加大 ②当成员与主导人物冲突严重时，往往选择离开
网状创业团队	由志趣相投的伙伴组成，共同认可某一创业想法，共同进行创业	①成员地位较平等，有利于沟通和交流 ②成员关系较密切，有利于达成共识 ③成员不会轻易离开	①团队无明显核心，结构较为松散 ②决策效率相对较低 ③冲突严重时容易导致整个团队涣散 ④容易形成多头领导的局面
虚拟星状创业团队	有一个核心成员，但是该核心成员地位的确定是团队成员协商的结果	①核心成员具有一定的威信 ②既不过度集权，又不过于分散	①核心人物的行为必须充分考虑其他成员的意见，不像星状创业团队的核心主导人物那样有权威

3. 创业团队的价值

一般来说，一个好的创业团队能够创造并实现以下价值。

(1)团队能提高机会识别、开发和利用能力。

(2)团队能提高新企业运作能力，发挥协同效应。

(3)团队能为加强组织发展和管理工作提供独特的社会角度。

(4)团队有利于营造更轻松、愉快的心理环境。

4. 成功创业团队的特征

一般而言，成功的创业团队具有以下十大基本特征。

(1)具有凝聚力。

(2)团队利益第一。

(3)坚守基本经营原则。

(4)对企业的长期承诺。

(5)成员愿意牺牲短期利益来换取长期的成功果实。

(6)全心致力于创造新企业的价值。

(7)合理的股权分配。

(8)公平弹性的利益分配机制。

(9)经营成果的合理分享。

(10)专业能力的完美搭配。

4.2.2 创业团队的分工

团队组建时，需要根据团队类型及结构物色成员，实行分工协作。在团队中每个成员都扮演着不同的角色：有的人是团队的领导，有的人负责技术，有的人擅长协调团队内外关系。一个协作团队只有在具备了范围适当、作用平衡的团队角色时，才能充分发挥高效的协作优势。

按照贝尔宾团队理论①，一支结构合理的团队应该有九种角色，即智多星(Plant，PL)、外交家(Resource Investigator，RI)、审议员(Monitor Evaluator，ME)、协调者(Co-ordinator，CO)、鞭策者(Shaper，SH)、凝聚者(Teamworker，TW)、执行者(Implementer，IMP)、完成者(Completer Finisher，CF)和专业师(Specialist，SP)，这九种角色分别负责行动导向(执行团队任务)、人际导向(协调内外部关系)和谋略导向(提供创意和专业技术支持)三类任务。团队成员必须清楚其他人所扮演的角色和任务，了解如何相互弥补不足，发挥优势。成功的团队协作可以提高生产力，鼓舞士气，激励创新。九种角色具体如表4-5所示。

表4-5 贝尔宾团队角色理论分类

类型	角色	优势	劣势
行动导向(执行团队任务)	完成者(CF)	坚持不懈、注重细节。保证团队的严谨和担当	不喜欢委派他人，而是更偏好自己来完成所有的任务
	执行者(IMP)	实用主义者，有强烈的自我控制力及纪律意识。执行力强，办事高效稳健	或许会因缺乏主动而显得一板一眼
	鞭策者(SH)	有进取心，性格外向，拥有强大驱动力。喜欢领导并激励他人采取行动，为团队带来动力和韧性	对人际不敏感，好争辩，可能缺少对人际交往的理解
人际导向(协调内外部关系)	协调者(CO)	成熟、自信、值得信赖。能够凝聚团队的力量向共同的目标努力。他们拥有远见卓识，并且能够获得团队成员的认同和尊重，典型的人际导向性团队领袖	
	外交家(RI)	热情、行动力强、外向。善于和人打交道、谈判，并且善于挖掘新的机遇、发展人际关系、获取外部资源	没有他人的持续激励，他们的热情会很快消退
	凝聚者(TW)	性格温和、善于倾听、观察力强。能够防止摩擦，促使团队融洽，为团队带来高效合作和凝聚力	在面对危机时，往往优柔寡断

① 贝尔宾团队理论：剑桥产业培训研究部前主任贝尔宾博士和他的同事们经过多年在澳洲和英国的研究与实践，提出了著名的贝尔宾团队角色理论，即一支结构合理的团队应该由八种角色组成，后来修订为九种角色。

续表

类型	角色	优势	劣势
谋略导向(提供创意和专业技术支持)	智多星(PL)	独立、聪明、充满想象力。创造力强，充当创新者和发明者的角色。他们为团队的发展和完善出谋划策	可能不善于与那些气场不同的人交流
	专业师(SP)	专注、专业、偏内向、自我鞭策、甘于奉献。为团队提供专业知识和技能	很少有人能够一心一意地钻研业务，或有成为一流专家的才能
	审议员(ME)	态度严谨、谨慎理智，具有批判性思维。具有战略眼光及卓越见识，在重大决策上善于在考虑周全之后做出明智的决定	

一般而言，创业初期的团队中不会几种角色都全部具备，但经过合理的分配与协调，一个成员可以身兼多种角色，不同成员之间也可以角色轮换。待企业发展成熟，一个结构合理、运行高效的团队也就形成了。

4.2.3 创业团队的组建和发展

1. 组建创业团队的原则

(1) 目标明确合理原则。目标的明确性，能使团队成员清楚地认识到共同的奋斗方向是什么；目标的合理性，表明目标是切实可行的，这样才能真正达到激励的目的。

(2) 互补原则。建立优势互补的团队是创业成功的关键。“主内”与“主外”的不同人才、技术与市场两方面的人才等都不可或缺，而每个人都是各有所长和所短的，只有当团队成员相互间在知识、技能、经验等方面实现互补时，才有可能通过相互协作发挥出“1+1>2”的协同效应，还能增强团队成员的交流与合作，增进团队感情。

(3) 精简高效原则。创业初期企业处于逐渐发展阶段，资金、环境等资源有限，这要求创业团队人员应在保证企业能高效运作的前提下尽量精简。

(4) 动态开放原则。创业过程充满了不确定性，这体现在团队中可能因为能力、观念、想法等多种原因不断有人离开，同时也有人要求加入。因此，在组建创业团队时，应注意保持团队的动态性和开放性，使真正完美匹配的人员能被吸纳到创业团队中来。

2. 创业团队组建流程

创业团队的组建是一个相当复杂的过程，不同类型的创业项目所需的团队不一样，创建步骤也不完全相同。一般来讲，创业团队的组建程序如图 4-3 所示。

企业团队组建主要有以下几个工作。

(1) 明确创业目标。创业团队的总目标就是要通过完成创业阶段的技术、市场、规划、组织、管理等各项工作实现企业从无到有、从起步到成熟。总目标确定之后，为了推动团队最终实现创业目标，再将总目标加以分解，设定若干可行的、阶段性的子目标。

(2) 制订商业计划。在确定了一个个阶段性子目标以及总目标之后，紧接着就需要制订周密的商业计划来实现这些目标。商业计划是在对创业目标进行细分的基础上，以团队为整体来考虑的计划，商业计划确定了在不同的创业阶段需要完成的阶段性任务，通过逐步实现这些阶段性目标来最终实现创业目标。

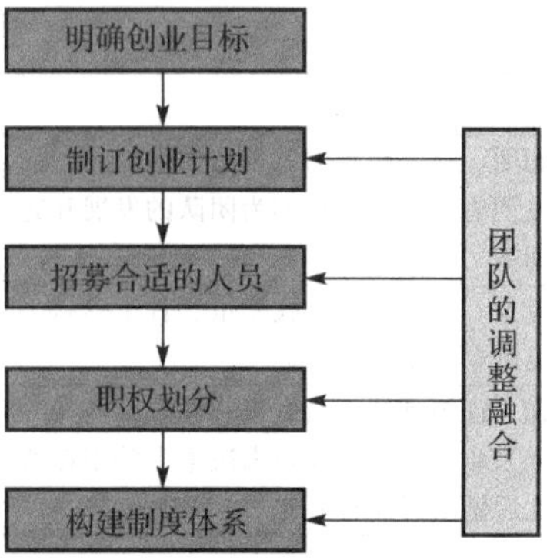

图 4-3　创业团队组建程序图

(3) 招募合适的人员。招募合适的人员也是创业团队组建最关键的一步。关于创业团队成员的招募，主要应考虑两个方面。第一，考虑互补性，即考虑其能否与其他成员在能力或技术上形成互补。这种互补性形成既有助于强化团队成员间彼此的合作，又能保证整个团队的战斗力，更好地发挥团队的作用。一般而言，创业团队至少需要管理、技术和营销三个方面的人才。只有这三个方面的人才形成良好的沟通协作关系后，创业团队才可能实现稳定高效。第二，考虑规模适度，适度的团队规模是保证团队高效运转的重要条件。具体规模应根据战略目标和重点确定。团队成员太少则无法实现团队的功能和优势，而过多又可能会产生交流的障碍，降低效率。人员规模适中有利于股权的分配、内部统一集中管理及高效率地执行任务。

(4) 职权划分。为了保证团队成员执行商业计划、顺利开展各项工作，必须预先在团队内部进行职权的划分。创业团队的职权划分就是根据执行商业计划的需要，具体确定每个团队成员所要担负的职责以及相应所享有的权限。团队成员间职权的划分必须明确，既要避免职权的重叠和交叉，也要避免无人承担造成工作上的疏漏。此外，由于还处于创业过程中，面临的创业环境又是动态复杂的，会不断出现新的问题，团队成员可能不断出现更换，因此创业团队成员的职权也应根据需要不断进行调整。

(5) 构建制度体系。创业团队制度体系体现了创业团队对成员的控制和激励能力，主要包括了团队的各种约束制度和各种激励制度。一方面，创业团队通过各种约束制度（主要包括纪律条例、组织条例、财务条例、保密条例等）指导其成员避免做出不利于团队发展的行为，实现对成员的行为进行有效的约束，保证团队的稳定秩序；另一方面，创业团队要实现高效运作需要有效的激励机制（主要包括利益分配方案、奖惩制度、考核标准、激励措施等），才能使团队成员看到随着创业目标的实现，其自身利益将会得到怎样的改变，从而达到充分调动成员的积极性、最大限度发挥团队成员作用的目的。要实现有效的激励，首先就必须把成员的收益模式界定清楚，尤其是关于股权、奖惩等与团队成员利益密切相关的事宜。需要注意的是，创业团队的制度体系应以规范化的书面形式确定下来，以免带来不必要的混乱。

(6) 团队的调整融合。完美组合的创业团队并非创业一开始就能建立起来，很多时候是在企业创立一定时间以后随着企业的发展逐步形成的。随着团队的运作，团队组建时在人员匹配、制度设计、职权划分等方面的不合理之处会逐渐暴露出来，这时就需要对团队进行调整融合。由于问题的暴露需要一个过程，因此团队调整融合也应是一个动态持续的过程。如图 4-3 所示，在完成了前面的工作步骤之后，团队调整融合工作专门针对运行中出现的问题不断地对前面的步骤进行调整，直至满足实践需要为止。在进行团队调整融合的过程中，最为重要的是要保证团队成员间经常进行有效的沟通与协调，强化团队精神，提升团队士气。

3. 创业团队的发展阶段

创业团队的发展大致要经历形成期、波动期、稳定期、成熟期四个阶段。

(1)形成期。

在这一阶段，创业团队的特点是成员间的个性大于共性，具有不同动机和需求，对组织的目标也拥有各自的认识，非正式组织和非正式关系尚未建立，团队的规范不明确，成员间的矛盾多、分歧大、内耗严重。

因此，这一阶段的主要任务是：明确创业目标，制订商业计划，确定总目标和阶段性子目标，并获得成员认可；选择合适的组织结构，保证组织正常运营；进行角色分工和搭配，通过分工实现成员间的互补性，使不同的角色在组织中发挥应有的作用，鼓励合作以提高组织绩效；制定组织的制度体系，通过约束体制的建立规范成员行为，维护组织利益，通过激励奖惩体制的确立调动员工的积极性，将团队目标与个人目标结合，维护团队成员利益。

(2)波动期。

创业团队初步形成后，成员开始熟悉并逐步适应团队工作方式，明确各自的存在价值。同时，团队隐藏的问题开始暴露，矛盾会层出不穷，这些矛盾主要来源于成员与成员之间、团队成员与环境体制之间及职权划分等各方面。

因此，在这一阶段，要让矛盾和分歧充分暴露的同时，将各种冲突公开化，并对创业团队进行必要的调整。团队的调整融合是一个动态循环的过程，团队经过不断调试直到矛盾解决，有利于团队尽快步入下一个阶段。值得注意的是，在这一阶段，需要保证团队成员之间的沟通和交流，确保沟通渠道通畅，加强协调与合作，保证团队的可持续性。

(3)稳定期。

在这一阶段，团队管理进入规范阶段，团队成员的任务和角色更明晰，有明确的组织目标，共同的愿景；成员对团队的认同感加深，成员间建立了非正式的合作关系，并开始尊重各自的差异，重视互相之间的这种依赖关系，合作成为团队成员间的基本规范。这个阶段的工作便是继续协调成员之间的竞争关系和矛盾，建立起和谐的合作模式。

(4)成熟期。

成熟期又称为高效运作阶段，是团队的收获期，团队成员开始忠实于团队，执行自己相应的角色，减少了对领导的依赖性，能高效地完成工作。团队成员相互鼓励、相互信任，积极提供建议，并做出迅速反馈。

需要注意的是：团队建设的每个阶段都是有机联系的整体，要塑造一个有竞争力的团队，必须充分地设计、规划好每一个阶段，只有在整个过程中抓好每一个环节的工作，才有可能建立起一个好的团队。

例 4.4

在企业的发展过程中，合伙人一直是一个十分重要的问题。知名企业家史玉柱曾经意味深长地说："合伙人制是一个民主试验。"30 年来，中国民营企业"合伙人"之间发生了太多的故事，从小农经济状态下的兄弟结义、夫妻同心，到有所成就之后的利益分配、股份上市。合伙人有过成功的故事，但也有的是利益纠葛带来的团队的分崩离析。

知名中式快餐"真功夫"的一系列团队反目事件，就是由合伙之初股权不明晰的问题所造成的。2014 年春节刚过，"真功夫"创始人蔡达标一纸诉状，将潘宇海、潘敏峰、今日资本方华及真功夫餐饮管理有限公司，一并告上了法庭。蔡达标以"做出此决议的临时董事会程序不正当，且存在各被告恶意串通的情节，严重损害了原告蔡达标和公司的整体利益"为理由，请求撤销任命潘宇海为真功夫董事长之决议。真功夫内部的矛盾由来已久。2013 年 12 月 12 日，蔡达标因经济犯罪案被广州市天河区人民法院认定职务侵占和挪用资金两项罪名成立，判处其有期徒刑 14 年，没收个人财产 100 万元；而将蔡达标告上法庭的，正是他曾经的合伙人——前妻潘敏峰与前小舅子、真功夫副董事长潘宇海。

与"真功夫"相似的故事，在 30 年的民营企业合伙人历史中实在数不胜数。曾经创造创业板最快上市神话的乾照光电，其创始股东于 2013 年年底终止"一致行动协议"，这家上市公司也一度处于无实际控制人的危险状态。而仅在 3 年前，乾照光电团队还一起在交易所庄严而又喜悦地敲响了企业上市的钟声。

对于合伙人之间的分崩离析，北京企业研究所所长贺阳表示丝毫不觉奇怪。他说，对于一些企业而言，最关键的问题或许不是经营策略，而是当企业发展到某一阶段，合伙人因各种矛盾导致散伙时，以哪种方式散伙。

家喻户晓的新东方教育，即电影《中国合伙人》的原型，就有一段长长的团队分合变迁史。

最早的新东方学校，尽管名师汇聚，但缺少统一的管理制度。老师们各自为政，互相挤对攻击，托福班、GRE、雅思、GMAT，都被不同的阵营所控制。多开班就能多分钱，这样的大包干做法让抢课程、抢学生的现象在新东方屡见不鲜，犹如地方诸侯割据，场面十分混乱。

在这样的激励制度下，虽然生产力得以极大地被刺激，造就了若干二三十岁的青年百万富翁，但新东方的混乱状况逐渐到了无法控制的程度。包括俞敏洪在内的新东方早期管理层开始陆续将亲戚引入公司，公司内部也出现了所谓"四大家族"的家族化趋势。这种现状，让从西方留学归来、对规则极其看重的王强无法容忍。

之后的故事，新浪财经网的"中国合伙人的七年之痒：徐小平'闹革命'被赶出办公室"一文是这样描述的："2000 年，俞敏洪制定出一套统一战略，慢慢把权力重心从'地方诸侯'手上收回'中央'，对学校进行股份制改造。但各方利益难以平衡，俞敏洪安抚了这个又得罪了那个，最后核心团队辞职的辞职、栽赃的栽赃、跳槽的跳槽、另起炉灶的另起炉灶，争权夺利到了白热化程度。有一次，俞敏洪得知徐小平竟然带领内部教师进行'革命'，反对他的新政，心中愤怒不解，直接让人把徐小平的办公室占了。类似的冲突持续了四五年，最终以王强、徐小平淡出新东方收场。"①

① 中国合伙人的七年之痒：徐小平"闹革命"被赶出办公室|中国合伙人|徐小平|新东方_新浪财经_新浪网 http://finance.sina.com.cn/leadership/careerstory/20140218/104918249114.shtml.

4. 组建和发展创业团队应注意的问题

(1)团队功能要求。

创业团队有自身的任务和目标，则应具备与任务和目标相关的功能。首先，团队的主要功能应完备，即团队成员职责及特长应能涵盖企业执行的基本方面，包括营销与销售、企业内部管理、技术和产品等。其次，各主要功能应协调，避免长板特长短板特短的情况，任何一方面功能缺失或弱化，都会不同程度地影响企业的发展，严重的可能直接导致创业失败。

(2)性格和年龄要求。

为保证团队的整体协调，团队各成员的性格应能互补，年龄也应当互补。

性格有两种分类方法：一类分为激进、中庸、保守三类；另一类分为力量型、和平型、完美型和活泼型四类。激进者有冲劲、想法多，但持久力稍弱，沟通中易急躁；保守者则更关注风险问题，耐久力强，但不易兴奋，对机会不敏感；中庸者则要扮演两者间的平衡器，调动保守者的激情和参与度，提醒激进者关注风险。团队里力量型者有助于公司冲锋，和平型者有助于团队气氛，完美型者有助于团队严谨和推进计划，活泼型者有助于气氛轻松、推广公司形象。

年龄和阅历、经验、行为方式、信任度以及社会资源都有重要的关系。一般而言，年轻者更有冲劲、更具创新性，年长者更稳重、做起事来不折不扣；年轻者容易盲目，年长者容易保守；年长者较年轻者更容易给客户或合作者以信赖感；年长者的社会资源、客户关系资源也相对年轻者较多。

(3)资源要求。

所谓的资源主要指客户资源、资金资源，以及政府、行业、新闻等方面的资源。资源方面是创业时必须考虑的非常重大的问题，资源要求多多益善，互补原则在这里不适用，但长短板原则依旧适用。

(4)分配和退出机制的设置。

所有权的分配在创业团队中尤其重要，另外在组建团队时也应考虑好成员的退出机制。这样既可以保障团队成员更安心、更积极地为企业工作，又可以更好地保障所创立企业的长治久安，不至于因有关成员退出而元气大伤。国内很多企业的创始人在创业期能共患难，但成功后分利不均，导致不能同甘而分崩离析，甚至反目成仇。还有很多企业因创业成员离开而蒙受巨大损失等，可能或多或少都与分配和退出机制不完善有关。

4.2.4 创业团队相关问题

创业团队在组建过程中存在很多误区，避免这些误区可以更有效地建设成功的创业团队。下面列举几大误区供大家参考。

1. 创业团队内部应该避免竞争

团队内部存在竞争并不意味着会降低团队的效率，事实上，在团队内部建立竞争机制，有利于激发员工的工作积极性。通过建立竞争机制，实现奖优罚劣，团队成员的创造性和主动性才会得到充分发挥，团队才可以保持长期活力和持久的动力；有利于进一步优化团队结构，可以在团队内部形成积极氛围，促进团队成员不断学习并提高自我；

可以实现团队内部人力资源的优化配置，实现团队结构的最优配置，激发出团队的最大潜能。

2. 团队成员背景互相接近最好

组建团队的时候，一味地根据喜好和认同感吸纳团队成员，这样的做法是不明智的。团队核心成员的背景太一致，容易形成“核心圈子”，圈子之外的人，能力再强、位置再高也会觉得自己是外围。更重要的是，太封闭的团队，其生命力和适应性是有限的。前文提到，团队成员在性格、能力等各方面应该是互补的，这样的创业团队具备的功能才更全面。

3. 一开始就要组建一个豪华团队

创业初期，企业资金有限，组建团队时如果一开始就求全求好，不仅资金方面会遇到困难，还会遇到以下问题：团队成员背景过好，容易增加不必要的内耗，如互相不服气、权力之争等；另外，团队太完善，设置了很多不必要的岗位，没有和企业的发展脚步相一致，也会产生不必要的损耗。

4. 创业团队的非正式关系胜于管理体制

团队中存在非正式的组织和非正式的关系，适度的非正式关系在团队中起着润滑剂的作用，它可以调节成员之间的关系，促进合作、信任的团队环境的形成。但是，如果过分地强调团队的非正式关系，追求团队的亲和力，而忽视团队的规则和管理体制，会导致管理制度的不完善，或制度执行不力，最终影响团队成员的执行力，影响体制的贯彻执行和团队绩效的提高。因此，制定合理的制度在创业团队的建设中是必要的。

4.2.5 核心成员的所有权分配机制

所有权分配是对创业利益分配方式的约定，是维系创业团队凝聚力的基础。所有权分配机制的设置要求在公平和激励之间做出良好的权衡。首先，分配要体现出公平性，符合贡献决定权力的标准；其次，对创业成员要有一定的激励作用，让成员感到所分得的股权比例超出自己的预期，从而更有动力为公司服务。

所有权分配机制的设置应遵循以下三点原则。

(1) 重视契约精神。

(2) 遵循贡献决定权力原则。例如，在考虑所有权分配的比例时，不能只依据出资额决定，还要考虑技术等的商业价值。

(3) 控制权与决策权统一原则。

例 4.5

以腾讯公司创立为例。公司最初的形态是由马化腾与同学张志东“合资”注册的深圳腾讯计算机系统有限公司。之后，公司又吸纳了曾李青、许晨晔、陈一丹三位股东。这五位最初的公司元老，在腾讯成为如今的帝国时，还有 4 位依然在公司一线。在企业成长尤其是高速发展的过程中，维持创始人团队的稳定合作尤其不容易。腾讯的长期稳定，工程师出身的马化腾从一开始对于合作框架的理性设计功不可没。从公司最初的股份构成上来看，5 位创始人一共凑了 50 万元，其中马化腾出资 23.75 万元，拥有 47.5%的股份；张志东出资 10 万元，拥有 20%的股份；曾李青出资 6.25 万元，占 12.5%的股份；其他两人各出 5 万元，各占 10%的股份。虽然最初的主要资金都出自马化腾，他却自愿把所占的股份降到一半以下。马化腾认为，股权结构上，其他人的总和比自己多一点点，就不会形成一种垄断、独裁的局面。同时，他自己又一定要出主要的资金，防止公司出现没有主心骨和主要领导人的局面。如果各家平分股份，真正遇到问题时，就会有很大的麻烦。

4.2.6 原始股与期权的异同以及分配机制

1. 原始股与期权的异同

原始股是公司上市之前发行的股票。

期权又称为选择权，是一种衍生性金融工具，是指买方向卖方支付期权费(指权利金)后拥有的在未来一段时间内(指美式期权)或未来某一特定日期(指欧式期权)以事先规定好的价格(指履约价格)向卖方购买或出售一定数量的特定标的物的权利，但不承担必须买进或卖出的义务(即期权买方拥有选择是否行使买入或卖出的权利，而期权卖方都必须无条件地服从买方的选择并履行成交时的允诺)。

二者的异同点如表 4-6 所示。

表 4-6 原始股与期权的异同点比较

名称	潜力值/灵活度	风险值	获利空间
原始股	潜力值：★★★★★ ①股份价格没有体现二级市场流通性所赋予其的增值，定价基础很“原始” ②原始股认购的价格一般都比较低，一旦上市一般可涨至几倍甚至几十倍	风险值：★★★★ ①五大风险同时存在：a.投资决策风险；b.企业经营风险；c.资本市场风险；d.法律风险；e.执行风险 ②有下行风险，持续降价的情况下，执行者会不断承担损失	获利空间：★★★★ ①未上市的公司盈利如果分红，股权持有者可享受相应比例的分红 ②公司上市之后，股票可以公开卖出 ③股权不仅给予了持有者未来的价值，还把过去创造的价值也给了
期权	灵活度：★★★★★ ①各个因素都可设计(如何分期、行权价格、对转让的限制) ②对任何人都可以多次给 ③可以董事会/股东会名义授权预留一定数目期权，管理层在该范围内决定分给谁	风险值：★★★ ①对于期权所有者，若公司不发展，股权长期不变，手中的股权会变得一文不值 ②没有下行风险，股票跌到期权的行权价格，也就是事先与公司商定好的价格以下，期权的价格就成零，不会再降了 ③经营者的股票收益难以在短期内兑现，促使其更多关注长远发展，解决经营者的短期行为	获利空间：★★★ ①公司潜在价值越大，期权的潜在价值就大 ②被激励对象往往不重视短期小利，而重视公司爆发增长后的巨大增值，主要用于如下特点企业：a.爆发增长性较强；b.有上市预期；c.增值空间比较大

2. 分配机制

一般公司股权分配原则(同时也是法律规定)是按投资数额与公司总股本的比例分配股权，对于公司的发起人可以通过协商配予 10%的股权(干股)加以平衡。

在期权的分配机制上，市场上有一种通过系数管理的方法。经纬中国创始管理合伙人邵亦波曾说过：公司初创时，一个副总可能要 2%～5%的期权；A 轮融资之后，副总变成 1%～2%；B 轮融资后，副总是 0.5%～1%；C 轮或者接近 IPO 的时候，副总就是 0.2%～0.5%。公司除创始人之外的核心高管（CTO、CFO 等），一般是 VP 的 2～3 倍，总监级别的一般是副总的 1/3 到 1/2，以此类推。这种实践一方面可在企业不同时期制定不同的分配额度，同时，在高管内部，将不同层级高管之间的分配差异，通过系数设定。事实上，系数的设定只是技术层面的一种实现手法，并不仅仅针对期权的管理，也不是在任何一家公司都呈现一定的比例。更重要的是，要明确公司整体的薪酬策略是什么，全面薪酬的结构与整体分配机制是什么，再进一步定位长期激励的管理角色与支付模式，计算与分配手法也是水到渠成的事情。

4.3 创业团队中的技术人员

4.3.1 拥有自己的技术开发团队尤为重要

互联网背景下的创业团队更加强调技术创新。技术创新能够为企业成长带来重要的动力。

随着外部竞争环境的动态变化，研发团队已成为互联网企业技术创新普遍使用的组织单元。对于互联网人才结构的调查发现，互联网企业中的员工主要由以研发人员为代表的专业技术人才组成，这类技术人员在企业中的比例高达 50%，是企业发展当之无愧的主心骨，是企业创造价值的关键。由于行业快速发展的特性，企业中的研发团队面临与时间竞争、知识日新月异的外部环境以及任务依赖和资源约束的内部情境，愈来愈难以完成日益复杂的任务，尤其在竞争极度激烈的互联网行业，技术创新成为保持企业竞争力的重要手段。在我国互联网企业加速海外扩张和全球化的背景下，技术上的创新更成为与国际优秀企业竞争的唯一手段，如何从团队内外部获取资源，并提升自身的技术能力以及应对外部环境变化的能力已成为研发团队管理面临的重大挑战。因此，在创业中，创建自己的技术团队显得尤为重要。①

4.3.2 如何寻找合适的技术人员

1. 专业性

专业技术人员是组织中核心人才的组成部分，通常在某方面经过专业知识的学习与培训，具有非常好的个人素质，同时具备该专业的技术能力以及自主创新能力。对于创业团队的技术人员选择，专业能力自然放在第一位。

2. 异质性

对于创业团队来说，异质性是其非常重要的特征。在快速变动的环境下，异质的团队能够拥有更多的观点，能够更快速地对问题做出反应，创新解决方案，从而相应地提高团队绩效。

---

① 奉小斌. “研发团队跨界行为对创新绩效的影响———任务复杂性的调节作用”. 研究与发展管理. 第 24 卷（第 3 期）.57-65. 2012 年 6 月.

3. 多样性

表层的多样性指的是团队成员在表面上的、容易经由观察得到的一些特征的差异性，如性别、种族、年龄等人口统计学特征。而深层次的多样性则更多指的是团队成员在某些潜在的、难以直接观察到的一些特征上的差异，包括性格、态度、价值观等。

信息加工理论认为，组织中的人员多样性能够为其带来不同的贡献。首先，多样性能够保证组织覆盖到更多的信息领域；其次，不同的视角和信息网络结合在一起，能够显著提升组织解决问题的能力。当组织中的差异性是来自更深层次的不同的文化视角和认知差异时，能够为组织带来更为多样的信息来源与处理方式，进而能够更有效地提升组织能力。

劳动力多样性是导致组织文化多样性的一个重要原因，而多元化的人员结构可以帮助组织提升其绩效水平。一方面，来自不同文化背景或具有不同价值观的组织成员能够更准确、更广泛地获取到不同地域消费者的真实需求；另一方面，具有价值多元的团队或企业能够有更多的信息来源和加工方式，拥有更多不同的观点、意见以及经验，这显著有利于提高组织的创新能力。

在互联网变革和全球化竞争的背景下，价值多元化的项目团队拥有更快的响应速度和更灵活的任务方式，能够更好地应对外部环境的变化，拥有这些项目团队的多元化组织能够吸收不同思想与文化背景的人的知识与技能，将其作为关键资本，这种资本能够显著增强企业的适应性、对于外部环境的灵活性和竞争力。许多的实证研究也都表明，具有多元文化和价值观的项目团队确实能够带来更多样的问题解决方案,从而提高团队的项目绩效。

4.3.3 如何协调技术部门与产品部门的矛盾

一个创业团队中，技术部门与产品部门的工作人员会因为专业知识、市场、用户体验等产生很多分歧和矛盾，这些都是正常现象，矛盾的出现恰恰反映的是双方的立场和观点，而更好地协调矛盾则是重点。

1. 打铁还需技术硬

产品部门跟技术部门沟通最多的当属需求、原型、文档和开发过程中的跟踪，所以在这些方面，产品部门需要首先把自己的本职工作做好。

(1)需求明确，必须要做。

找技术部门沟通开发计划的需求，一定要需求明确，而且要有非做不可的理由。这些需求通常包括因业务拓展需要新增的功能、原有功能的调整、用户操作体验优化和产品视觉体验方面的优化。

如果产品部门没想清楚就找技术部门沟通，在沟通的过程中漏洞百出，对方随便问几个问题都答不出来或说不清楚，会给技术部门留下能力不行的印象，后面即使有合情合理的需求也很难推动下去。

(2)逻辑清晰，思维缜密。

技术人员的普遍特点是性格单纯、逻辑性强、容易较真，所以产品设计的原型、编写的文档必须逻辑清晰、思维缜密，各种有可能出现的情况都要考虑清楚。

程序就是 0 和 1 的组合，技术开发的时候必须要考虑详细，那么产品设计的原型和文档也必须要考虑详细，尽量不要出现让技术开发边猜边做的情况。对于开发有疑问的地方，要做好解释和完善，并及时更新文档。

(3)技术不明，主动请教。

产品设计的过程中不要天马行空，如果不确定技术是否能实现，可以向开发人员咨询，产品设计中与技术人员的沟通、咨询、请教，体现的是一种对技术开发人员的尊重，可以避免很多不必要的摩擦。

(4)日积月累，综合提升。

产品运作中产品经理是一组的核心。产品经理是一个需要整合多个领域知识和技能的职业，除了原型设计、文档编写、开发跟踪、产品规划等基础技能，还需要优秀的沟通能力、审美能力、逻辑思维能力、项目管理能力，懂运营、懂技术、懂心理学，具备广泛的知识面、扎实的行业经验和敏感的行业趋势神经，带领团队探索产品商业模式。产品经理需要掌握的技能很多，又不可以速成，要通过自身的努力和毅力，日复一日、年复一年地不断积累和提升。只有综合能力强了，才能在应对各个部门的沟通时如履平地。沟通包括内容沟通和技巧沟通，技巧属于剑宗，内容属于气宗。懂沟通技巧的人，即使说的内容没有任何营养，但是别人爱听。而博学多才的人，如一些老教授，即使性格怪僻，很难沟通，但是他的话也很容易让人信服。在我们综合实力和个人魅力还达不到一定层次时，我们可以通过一些沟通技巧来提升沟通效果。

2. 产品人员与技术人员的沟通技巧

(1)注意说话用词。

产品人员避免说让技术人员反感的话，同时避免时刻向技术人员询问进度。

产品人员只需要在开发、测试过程中对遇到的问题及时给予解答和帮助，按规范流程走即可。

另外，时刻向技术人员询问进度是非常不好、不尊重人的做法。从心理学上来看，技术人员会认为他们不被信任、尊重。正确的做法是可以隔三岔五(视迭代周期而定)当面“交流一下”，关心一下需求方面是否有需要讨论和解释的。如果真的需要频繁关注进度，可以用QQ、微信等沟通渠道，对于认真负责的技术开发人员，不要打断他的思路，等他有时间看到你的消息时，会回你的；而对于懒散应付的开发人员，既可以起到提醒作用，也可以让其有时间组织一下词语，两全其美。

(2)建立共同语言。

了解一些技术方面的东西，可以让产品人员和技术人员沟通的时候更顺畅。

产品人员私下主动向开发人员请教，时间长了，知识积累也会上升；经常逛一逛CSDN了解一些前沿的技术名词，在看头条的时候也关注一些技术文章。作为产品，不需要懂深层次的技术，但是懂一些表面上的东西可以跟开发人员更好沟通。特别是开发人员用到的技术，懂一些相关的技术名词和作用，彼此会有一定的共同语言。

(3)换位思考，互相理解。

产品人员有做产品的难处，开发人员有做开发的难处。产品经理作为产品的负责人，要面对来自老板、市场、客服、运营、用户等多方面反馈的需求和问题，还要处理各种沟通问题甚至职场战争，难免会手忙脚乱。

开发人员虽然工作性质单纯，但是工作量比较大。所以产品人员在分析需求、梳理逻辑和设计原型时，首先，要在能实现核心功能的前提下，让流程和设计更简单化；其次，对于技术不容易实现的功能，如果产品人员能给出可执行的替代方案，要与开发人员沟通好，从产品的角度避开技术壁障。

另外，与开发人员多沟通交流，可以增强彼此之间的理解，拉近彼此之间的关系。

(4)欲抑先扬。

需求是复杂的，可能还涉及多个部门协同工作，相关的“涉案”人员都有对需求的话语权，但是他们都不专业，都是从各自的角度提出一些问题和想法。总结一下各个部门对待需求的特点：开发部门了解“功能”，但不了解用户需求和前端市场的推广情况，容易“以管窥豹”，提出一堆从逻辑推演上自认为合理的看法；而其他部门可能有渠道收集到用户的诉求，但不知道怎么将用户的诉求转化为可以为用户解决问题的产品。

所以，在反驳对方“看似合理”或者完全不着调的看法时，如何既能驳倒对方，又不让对方觉得难堪呢？方法就是欲抑先扬或欲擒故纵。先着重说出赞同对方看法的优点，会让对方觉得你在尊重他、认同他，把自己放在与对方同样的立场，而不是对立面，让对方放松警惕。然后以实际的用户需求、使用场景和前端反馈委婉地指出对方观点的不足，既能引发对方对不足方面的思考，也能引导对方听得进去你说的话。

(5)共享努力成果。

技术开发人员对用户、市场、公司的产品布局和商业模式比起产品人员的熟悉度有差距，有时仅凭自己的感官感受直接对产品功能开发做出有用还是没用的判断，而且还会影响开发人员对待这个事情的态度和积极性。有些功能和平台，是出于公司战略布局需求必须要做的，即使功能没多少人用，也是有意义的。所以，作为产品人员，要经常与技术人员共享产品成果。例如，功能上线后，获得用户好评，取得了很好的数据反馈，这时候，找相关的技术开发人员分享，并明确表态这是大家共同努力的结果，只要用心做，用户就会认可我们，用户体验好，彼此辛苦点是很值得的。这样一来，既能激发开发人员的成就感，也可以顺势安排后续的优化工作，而且不会让开发人员产生抵触感。[1]

4.4 创业公司的人员招聘与管理

4.4.1 初创团队如何招募第一批员工

1. 招募途径

部门管理层根据业务和目前的人员情况来确定招募需求计划，招募需求计划包括岗位要求、招聘人数、到岗时间等内容。确定完招聘计划后，开始职位信息发布环节。信息发布主要围绕着目前的几个招聘渠道，包括外部的招聘网站、校园招聘、猎头等，内部的全员邮件及内部推荐。

2. 招募员工要点

在寻找合适的员工时，一般有以下几个特质需要留意。

---

① 经验谈：如何处理好产品与开发的关系 - CSDN 博客 https://blog.csdn.net/wangyuchun_799/article/details/71747283.

(1)有动力——对于早期阶段的初创企业来说，这一点尤为重要。

(2)灵活性——不是那种“这不是我的工作，我不会去做”类型的人。

(3)良好的逻辑思维能力——你需要一位能够思考该去做些什么样的工作、能够增加价值的人。

此外，招聘人才要重视三点，即真诚、注意细节、善始善终。相比较花很多时间做不同事情的人，公司往往更喜欢深入一个领域的专注型人才。同时他应该具有远大的抱负，不满足于眼前的成就并关注细节。

3. 招募要点

(1)不要对首批员工给出过多的承诺，特别是在责任方面。

(2)为首批员工所承担的风险而提供奖励(提供给他们股权，而不是更高的职位)。

(3)确保首批员工获得足够的成长空间。[①]

4.4.2 早期员工如何融入核心团队

把能人引进来后，如何和最初的团队达到融合？这是很多企业在发展过程中都会遇到的问题。

要突破这个瓶颈，需要在激励制度的设计上下功夫，就是要准备一个大的股权池，无论老员工还是后来者，都能从企业价值的持续增长中获益，这样才能保证一个良性循环。企业要有一种良好的激励机制，使得在每一个阶段，都能够有一批人，接过接力棒，继续往下跑。如果没有良好的激励机制，新老团队的磨合就会出问题。很早进入公司的人会把自己看成是最早一批的“元老”，担心新人会取代自己的地位，可能会对他们产生一种强烈的排斥情绪。而新人会觉得，自己能力更强，为什么元老们能够心安理得地享受股权，自己只能挣那份年薪？如果这两种想法一直不解决，会在公司形成一个个独立的小团体，让两拨人渐行渐远。

所以，企业要建立一种价值观。首先，认可早期员工的价值，告诉他们，可以拿到最早期的股票期权，条件是最优惠的。但是一定要认可后面进来的人，不能把他们当成对手。其次，后面进来的新人，公司也给他们分享股票期权，他们的努力工作一样获得相应的回报。

首先，一定要把公司的股权预留出很大空间。其次，创始人要勇于牺牲，不能独占股份。须知“人聚财聚，人散财散”。最后，要给未来留机会，有长远意识，保持一定股份激励。一个企业对人才，永远是饥渴的，永远是需求的。建立一个合理的股权蓄水池，才能不断有“源头活水”注入进来，有新的力量来带动革新，这是企业发展壮大的一个关键。[②]

4.4.3 融资后如何把握招聘节奏

很多创业公司在拿到融资之后会进入几个招人的误区。

第一，盲目地招人、盲目地扩充规模，团队迅速从十几个人扩展到上百人、几百人。

---

① 创业如何招聘第一批员工？搜狐科技_搜狐网 http://www.sohu.com/a/218389831_781679.

② 周鸿祎：我是如何找合伙人，如何激励人才的？搜狐财经_搜狐网 http://www.sohu.com/a/224392887_100003666.

本来业务扩张了，人员是应该相应地增加，但真的需要这么多吗？要知道人多并不是什么好事，人多了管理成本自然就高了，人多容易分派系、争利益。如果管理不善，整个公司就会陷入内耗之中。因此，创业公司一定要严格地控制好人员，不是非常必需的岗位能不设置就不设置；不是非常优秀、跟团队文化不契合的人能不进来就不进来，一支小而精悍的团队战斗力会比大而无章的杂牌军强得多。

第二，盲目招很贵的人才。人才结构需要平衡，一个团队的构成并不都是最优秀的人才。很多创业公司拿到钱之后，不管三七二十一先招了一堆背景显赫的精英，但是精英是很难管理的，尤其是精英扎堆以后就更难管理了，谁也不服谁，谁都想干最“重要”的事情，那些基础的工作反而没人愿意干了，但一个公司日常的工作就那些，除了天才，更需要的是能扎扎实实干活的人，学习能力强、积极性强的普通人更容易成长为公司的坚实骨干力量。比较合理的做法是一个优秀的精英带动两三个积极的人才。[①]

4.4.4　创业公司是否应该进行校园招聘？如何做

互联网人才需求倾向于年轻化、综合化，校园招聘是互联网企业获取人才的重要渠道之一，创业公司需要校园新兴力量的加入。而为了打赢校园招聘这场人才争夺战，企业需要做好以下几点。

（1）把握好招聘时期，做好准备，提前进行校园招聘，避开招聘高峰。

(2)提高现场招聘人员的素质和水平，提前做好招聘人员的培训和现场监管。

(3)加强后期的跟进工作，提高对人才的重视程度。

(4)用变化的眼光看待人才问题，注重人才的发展潜力。

4.5　创业团队的有效管理

4.5.1　保持高效沟通

团队沟通是指两名或两名以上的能够共同承担领导职能的成员为了完成预先设定的共同目标，在特定的环境中所进行的相互交流、相互促进的过程。团队成员间和谐的关系有利于团队任务的完成，而他们之间的沟通则有利于关系的建立和维持。沟通是实践各项管理职能的主要方式、方法、手段和途径。沟通不仅存在于横向的管理活动的全部过程，更存在于纵向的管理活动的各个层次。当团队的运行或管理出现了问题，部门之间、领导者之间、成员之间必须通过良好的有效沟通，才能找准症结，通过分析、讨论、确定方案，并及时将问题解决。沟通是创造和提升团队精神和企业文化，实现共同目标的主要途径和工具。

显然，沟通是维持团队良好状态，保证团队正常运行的关键过程与行为。

在沟通过程中，人们会经常被置于两难的境地：一方面想通过这一过程满足需求，而另一方面又害怕与人沟通。在一个团队中，不同的人对不同的事物有不同的理解，再加上复杂的关系，就使得沟通愈发复杂。如果一个人不同意你的看法，那其他人呢？在维护和

---

①优秀的创始人创业一定要把握好节奏——GameLook.com.cn　http://www.gamelook.com.cn/2016/07/259153.

完成任务的过程中就存在这样一个问题：如何更好地进行沟通，以完成团队的任务和目标？我们知道，团队沟通的目的在于每个成员能分摊领导职能，追求目标。在这一过程中，我们必须使用各种沟通技巧，如语言的、非语言的、倾听以及各种提问等。任务、信息和团队目标越复杂，沟通技巧对团队的成功就越重要。团队有效沟通的方法都有哪些呢？

1. 让倾听者对沟通产生反馈行为，进行语言沟通

沟通的最大障碍在于员工误解或者对管理者的意图理解得不准确。在工作过程中，我们可能常常遇到这种现象：管理者对下属布置工作时往往说得口干舌燥、滔滔不绝，而结果呢？出现了沟通漏斗问题，即心中想的是 100%，嘴里说出来变成 80%，对方听到 60%，听懂 40%，接纳 20%。事实上，这种沟通问题通过有效的方法是完全可以避免的。如果管理者在与下属沟通问题时，在沟通结束后，特意加上一句话："你明白我的意思吗?"要求下级对上级布置的任务进行复述，在下属复述的过程中，上级要及时指出下级理解错误的地方以及真正意思，通过这样的双向交流，可以加强下级对上级的意思的正确理解，纠正认识上的偏差。

2. 沟通要有多变性

团队中的员工由于其年龄、性别、受教育程度、专业，以及工作分工的不同，人员之间便存在对同一句话、一份文件或其他东西理解上的千差万别，所谓"仁者见仁，智者见智"，不同阅历的人想问题的角度、出发点及他所站的立场也不同。所以说，沟通要变得有效，需讲求语言的方式，"到什么山上唱什么山歌""入乡随俗"或许让你感到有些难以适从，但是，你必须学会调整状态，适宜地改变交流方式，多样性的语言有助于团队成员间不同的人进行对话，以及深入交流，以达到沟通的目的。

3. 要学会积极倾听，做忠实的听众

沟通是一个双向的行为，沟通双方一个要善于表达，一个要善于倾听，通过双方沟通、倾听、反馈，再沟通、倾听、反馈的循环交流过程，才能明确沟通的主题和问题的解决办法。沟通就是一个互动的过程，沟通的双方只有积极配合，才能使沟通的目的得到实现。当沟通者兴致勃勃、绘声绘色向对方讲一个故事或传达一个好消息时，而倾听的一方的反应却是抓耳挠腮、顾左瞻右，我想你的演讲兴趣会大打折扣，因为对方的动作让你觉得他对你的话题不感兴趣，你的"话匣子"因此而合住，沟通便变得不顺畅起来，出现人为的阻碍。为了使信息及时、有效地在双方之间传递，必须学会倾听，在对方有意与你进行沟通时，可以采用非语言沟通。例如，用积极的目光注视着对方，在他讲述的过程中适时地点点头，有适当的面部表情，不要看表，翻阅文件时不要拿着笔乱画乱写，并且对他言语中不明白的地方要向他提问，这样会让他认为你在关注他的话，你的重视会增强他的诉说欲，也会乐意向你提供更多的信息，你在此沟通过程中也能准确、完整地得到他想给你传播的信息。

4. 做好沟通前的准备工作，明确沟通内容

缺乏沟通前的准备工作，势必造成沟通过程中"东扯葫芦西扯瓢"的局面，既浪费了双方的工作时间，又不利于问题的解决。因此，有效的沟通要有清晰的沟通主线、明确的沟通主题。事先安排好沟通提纲，先讲什么，后说什么，做到心中有数。同时，还要讲求沟通的艺术性。例如，管理者与下属沟通工作中，首先要考虑到人的心理承受能力，先肯定其成绩和好的方面，再指出其不足及改进方向等。

5. 在沟通过程中，要注意减少沟通的层级

因为信息传递者参与的越多，信息失真性就越大。因此，沟通双方最好是直接面谈，这样才能使信息及时、有效地在双方传递，达到沟通的目的。

4.5.2 几种有效的团队管理方式

1. 建立完善的管理体制

有效的管理体制可以提高团队的运作效率以及速度，这个是团队管理的核心和基础。所谓管理体制，也就是管理的规章制度，俗话说“不以规矩，无以成方圆”，高效要有严格的规章制度和高的管理标准做支撑。一般的大企业都会举行一些活动，但光靠这些活动是不够的，因为一个员工每天都要工作八个小时，所以他的工作环境对他的影响是很大的。因此，管理者应该用他工作环境的所见所闻来刺激他走的路线。再加上必要的年度活动，把他们的向心力带动起来，这两者共同作用才能达成有效管理的目标。试想一个人第一天来上班，走进办公室第一眼看到的是什么？是团队的标志、形象，是一个品牌，假如这个品牌做得非常好，顾客对这个品牌有很好的认同感，员工也会有很好的认同感，他们从第一眼看到这个品牌，在走进企业和坐下来工作的刹那间就产生了对品牌的忠诚感，产生了一种团体意识。

2. 领导者核心

很多人都会认为团队的领导者就是核心。这是一般意义上的，其实团队的领导者是一个驾驭者，他可以说是领袖，但和核心还是有点区别的。而这个核心也是要靠团队的领导者去树立的，也就是说，领导者要在团队中树立一个核心。这个核心我们可以理解为标杆，我们做任何事情都需要有标准，管理也一样。有了标准我们做事情才更有效率，也会因这个标准而使大家团结起来。可是，有人说了，我们的团队是有标准的，也是有目标的。我们这里所说的标杆并不是指整体标准和目标，而是内部个体中的一个标杆或者目标，或者说是一个模范者。这就需要团队的领导者去树立和营造，让团队中的每个成员都可以感受到这个标杆的存在，这对于内部良性竞争具有非常重要的意义。

3. 团队中的个体重要性

一个团队是由一个个个体构成的，每个人都发挥着自己的作用，同时又与他人合作，从而使团队整体发挥作用。而要想实现团队的目标，单靠某个人是行不通的，必须使每个人发挥其应有的作用，相互协作，共同来完成团队的目标。这就要求我们对团队中的每个个体的性格、特长等进行分析，把每个个体放在适合的位置上，利用每个成员的优势，这样才能发挥每个成员的积极性，才会表现出强大的战斗力。除此之外，要让每个员工感受

到团队的关怀及和谐的工作氛围。每个成员的职业规划和考评都涉及团队，因此在团队里面追求的就是一种公平的气氛，员工应该感觉到他在这个团队里面是受到尊重的，享受公平的。让每个人都有一个公平的环境，付出多少得到多少，他认同这个团队的价值观，然后才能产生精神。

4. 凝聚力

定期举办一些可以提高凝聚力的活动，这样可以提高内部的凝聚力。在活动中的互动和沟通还可以增进员工之间的感情。由于每个人的知识结构和能力的区别，导致对于同一问题的认识很容易出现相应的偏差。举办集体活动不仅可以提高团队的凝聚力，而且还可以增强员工之间的沟通能力，良好的沟通能力将有助于解决一些复杂的问题。①

本章要点回顾

- 创业者创业的“外力驱动”的表现形式：社会环境与自然环境，内部环境与外部环境，融资环境与投资环境，合作环境与竞争环境，生产环境与消费环境。
- 创业者的主观特征：包括人口统计特征(家庭、年龄、学历等特征)和个人能力素质特征两类，有20项能力素质至关重要，其中15项为必要的能力要素，其他5项为补充能力要素，可分为成就特征、服务与助人特征、管理特征、影响特征、认知特征、个人特征六类。
- 创业者的RISKING素质模型，指创业者所必需的七大要素，即资源(Resources)、想法(Ideas)、技能(Skills)、知识(Knowledge)、才智(Intelligence)、关系网络(Network)、目标(Goal)。
- 企业社会责任(Corporate Social Responsibility，CSR)：指企业在创造利润、对股东和员工承担法律责任的同时，还要承担对消费者、社区和环境的责任。企业的社会责任要求企业必须超越把利润作为唯一目标的传统理念，强调要在生产过程中对人的价值的关注，强调对环境、消费者、对社会的贡献。
- 企业社会责任的类型：经济责任、法治责任、伦理责任(对员工的责任、对资源环境和可持续发展的责任)、慈善责任。
- 创业团队：指在创业初期(包括企业成立前和成立早期)，由一群才能互补、责任共担、愿为共同的创业目标而奋斗的人所组成的特殊群体。
- 创业团队五要素(5P)：目标(Purpose)，人(People)，定位(Place)，权限(Power)，计划(Plan)。
- 创业团队的类型：星状创业团队(Star Team)，网状创业团队(Net Team)和从网状创业团队中演化而来的虚拟星状创业团队(Virtual Star Team)。
- 成功创业团队的特征：具有凝聚力，团队利益第一，坚守基本经营原则，对企业的长期承诺，成员愿意牺牲短期利益来换取长期的成功果实，全心致力于创造新企业的价值，合理的股权分配，公平弹性的利益分配机制，经营成果的合理分享，专业能力的完美搭配。
- 团队应有的九种角色：智多星(Plant，PL)，外交家(Resource Investigator，RI)，审议员(Monitor Evaluator，ME)，协调者(Co-ordinator，CO)，鞭策者(Shaper，SH)，凝聚者(Teamworker，TW)，

① 团队中如何有效沟通与协调.doc_淘豆网, https://www.taodocs.com/p-11084144.html.

执行者(Implementer，IMP)，完成者(Completer Finisher，CF)和专业师(Specialist，SP)。这九种角色分别负责行动导向(执行团队任务)、人际导向(协调内外部关系)和谋略导向(提供创意和专业技术支持)三类任务。

- 核心成员所有权分配机制应遵循以下三点原则：重视契约精神，遵循贡献决定权利原则，控制权与决策权统一原则。
- 组建创业团队的原则：目标明确合理原则，互补原则，精简高效原则，动态开放原则。
- 创业团队的发展阶段：形成期、波动期、稳定期、成熟期共四个阶段。
- 组建和发展创业团队应注意的问题：团队功能要求，性格和年龄要求，资源要求，分配和退出机制的设置。
- 组建创业团队应避免的误区：创业团队内部应该避免竞争，团队成员背景互相接近最好，一开始就要组建一个豪华团队，创业团队的非正式关系胜于管理体制。

本章思考题

1. 根据本章内容，分析可从哪些方面做好创业团队管理？
2. 自行完成自己的创业者素质测评，评估自己的优势和有待改进的地方。
3. 创业者的主观特征包括哪些？
4. 创业者的 RISKING 素质模型是什么？
5. 企业社会责任的概念和分类是怎样的？
6. 创业团队五要素(5P)分别是什么？
7. 创业团队应有的九种角色是什么？
8. 创业团队核心成员所有权分配机制应遵循哪三点原则？
9. 组建创业团队的原则是什么？

参考文献

[1] 何建湘. 创业者实战手册. 北京：中国人民大学出版社, 2015.

[2] 医创社. 创业："互联网+"时代的创业方法论. 北京：人民邮电出版社, 2015.

[3] 百度百科. 企业社会责任，http://baike.baidu.com/link?url=L9Qj_gh-ZDqVAb0rQg3_LYYi4JQY-_2Tdk-MgjqV4ED1-yDUYHrWRBiWyO3V3egVGB9jZam35yOQcuogShTbEBbgvc-PmryDAbMmk7LFd5vP8LnD8qzoeskMGwifM_MjTrgd9MUIlsDlO8ajqYqT5dq.

[4] MBA 智库百科. 创业团队, http://wiki.mbalib.com/wiki/创业团队.

[5] 徐万里，林文滢，陈艳萍. 高科技企业创业团队的成功特质——基于小米科技创业团队的案例分析. 科技和产业. 2013.

[6] 左仁淑. 创业学教程：理论与实务. 北京：电子工业出版社, 2014.

[7] 让梦飞翔——苍溪县农民夜校读本.

[8] 中国合伙人的七年之痒：徐小平"闹革命"被赶出办公室|中国合伙人|徐小平|新东方_新浪财经_新浪网, http://finance.sina.com.cn/leadership/careerstory/20140218/104918249114.shtml.

[9] 蔡文胜：创业者没想清楚这几点早晚栽跟头. 搜狐科技_搜狐网. http://www.sohu.com/a/165475670_172437.

[10] 奉小斌. "研发团队跨界行为对创新绩效的影响——任务复杂性的调节作用"，研究与发展管理. 第24卷(第3期).57-65. 2012年6月.

[11] 经验谈：如何处理好产品与开发的关系 - CSDN 博客, https://blog.csdn.net/wangyuchun_799/article/details/71747283.

[12] 创业如何招聘第一批员工？搜狐科技_搜狐网, http://www.sohu.com/a/218389831_781679.

[13] 周鸿祎：我是如何找合伙人，如何激励人才的？搜狐财经_搜狐网, http://www.sohu.com/a/224392887_100003666.

[14] 优秀的创始人创业一定要把握好节奏—GameLook.com.cn, http://www.gamelook.com.cn/2016/07/259153.

[15] 团队中如何有效沟通与协调. doc_淘豆网, https://www.taodocs.com/p-11084144.html.

第 5 章

商业计划书

导入案例

高燃——远程教育领域“第一个吃螃蟹”的人

因家境原因，高燃没有读大学，1998 年中专毕业后，在东莞樟木头的一家工厂打工。半年后，他考上清华大学时，村里乡亲激动地评论:“高燃将来肯定能当中央委员！”在那个小山村里，人们都以为读了清华大学就能“当大官”。

25 岁的高燃，并没有如乡亲们期望的那样走上仕途，但他却开启了另一片天空。作为 P2P(点对点)流媒体企业的典型代表，MySee 成功直播了连战、宋楚瑜大陆行和“发现号”发射及返回。在新浪、搜狐、网易这三家门户网站关于“神六”的新闻大战中，MySee 稳坐一隅，为新浪和网易同时提供 P2P 流媒体直播服务。

MySee 开创了中国互联网大规模视频直播的先河，而北京高维视讯科技有限公司的总裁就是高燃，他被媒体称为“中国最年轻最活跃的青年创业企业家”之一。为此，今天的媒体才拿他与柳传志级的人物相提并论。

此次高燃自称推掉了一些媒体的邀请，来接受本刊专访，主要是因为他看好远程教育的发展。三年前还是记者的高燃，在一次会议上知道了有《中国远程教育》这样一本杂志，自那时起就开始关注远程教育领域。最近一年，MySee 开始派专人寻求与远程教育领域的合作机会。高燃表示:“我们需要培养人们对远程教育的理解。”

软银总裁孙正义曾预言：如果未来几年有一家网络公司能够超越 Google，那么这家公司必定出现在 P2P 的网络视频直播领域。目前，P2P 技术被业界一致看好，认为其将改变互联网整体传输结构与传输模式，将激发出更加丰富、更具互动性的内容或信息形式，同时也将衍生出无穷的商业机会。而通过网络看视频节目，就是最典型的 P2P 模式。高燃在与一些网络教育机构接触后感觉到，尽管中国网络教育已发展了 7 年，但远程教学中多是文字、图片的形式，作为高科技手段的视频还少有补充进去，即使一些网院有视频内容也多体现在非实时的点播上。“传统的课堂可能是最好的课程，为什么我们不能做成像传统课堂一样？主要还是技术条件达不到。”高燃认为如果远程教育行业引入 P2P 技术后，很可能向实时教育转变，技术成本将至少降低到原来的 1/10。“宽带将引发远程教育的革命”“宽带与窄带的区别，就如同电视台与报纸的区别，我相信宽带的市场会以 10 倍左右的速度增长，到 2010 年以前一定会有市值超过 100 亿的宽带互联网公司出现”。同时 MySee 也在商业模式的探讨中，逐渐意识到行业中更有可能出现主流的应用，以及可以做大的商业模式。而远程教育是其中最重要的一块，尽管 MySee 的这一部分业务目前还不到 5%,

高燃表示："希望将来能达到 20%。"谈起对教育行业的看法，高燃觉得主要是教育行业对新技术接受起来不如 IT 行业敏感，"如果有一个人勇敢地站出来'吃螃蟹'，这个市场很快就会成长起来"。而 MySee 目前正在寻找步伐坚定的合作者。

案例评价

相较国内投资人更看重企业领导的个人魅力这一情况，国外风险投资机构则更看重市场机会及团队力量。成长了两年多的 Mysee，所有的事情已经不是一个人单枪匹马能够做好的。而一个好的商业计划书更是吸引投资人的重要利器，可以说一个优秀的商业计划书是成功创业的敲门砖。

思考题

1. 结合高燃的成功案例，你认为在创业前应该从哪些方面做市场分析和财务分析？
2. 结合以上案例，谈一谈你认知里面的商业计划书是怎么样的，应该由哪些部分构成？商业计划书的作用是什么？
3. 你认为一个优秀的商业计划应该具备哪些特征？怎样才能吸引投资人？
4. 商业计划书应该千篇一律吗？你认为针对不同的投资人应该做怎样的调整？
5. 商业计划书应该有哪些书写规范，又有哪些要求呢？

本章要点

- 商业计划书的概念
- 商业计划书的作用
- 商业计划书的书写原则
- 商业计划书的构成因素
- 财务分析的要点
- 市场分析的方法

学习目标

- 了解商业计划书的书写规范
- 理解商业计划书在创业中的重要作用
- 掌握商业计划书的书写方法

5.1 商业计划书——创业的指路灯

5.1.1 商业计划书的概念理解

商业计划是一份全面说明创业构想以及如何实施创业构想的文件，它讲述的是一个所要创立的企业是什么以及即将成为什么的故事。

商业计划书是一份全方位的商业计划书，其主要用途是全面展示商业计划内容，以便投资方对企业或者项目做出评判，从而帮助企业获得融资。它描述并模拟了创办企业相关的内外部环境条件与要素特点，为业务的发展提供了指示与衡量标准。通常，商业计划书是结合了市场营销、财务、生产、人力资源等职能计划的综合体。

商业计划书首先是一颗探路石，是大多数投资方或第三人接触创业团队以及创业项目的第一手资料。这就要求商业计划书无论是从内容上还是装订上，都要反映出一个创业团队的精神面貌，展现其核心竞争力——一个团队所拥有的、能够经得住时间考验的、具有延展性的能力。将商业计划书递交给投资方就是将探路石扔出去的过程。一颗优秀的探路石能够帮助创业团队在创业的洪流之中，探明一个能够继续发展的方向，甚至找到一个能够合作的伙伴。

其次，商业计划书是创业路上的指路灯。如今，我国的创业环境优良，国家政策的支持力度前所未有，创业团队比比皆是，创业项目也是五花八门。在这样复杂多变的环境之下，创业者如何坚持创业的方向，如何根据现有的环境以及自身条件对商业计划做出合适的调整，如何在自己所选的创业项目上进行不断的扩展，都需要商业计划书来进行指导。

指路灯，“不仅仅让你能看见你的目的所在，更能让你看清到达目的地之前的路是怎样的”。一份优秀的商业计划书就是这样一盏创业路上的指路明灯，不仅能够帮助创业团队明确自己的创业目标，还能够详尽地指导创业团队，使得他们的行为拥有正确的目标导向，并且能够根据不同的创业环境、技术要求、自身条件等实时地进行调整。

5.1.2 商业计划与商业模式

商业模式是探讨一种生意的可能性，而商业计划则是阐述一个创业项目的执行细节。

对于商业模式，其关注点可能在于收入来源、主要成本、资金投入、盈利起始时间等，但对于商业计划来说，商业模式只是其中的一个小节，它探讨的不仅仅包括商业模式的所有内容，还包括创业项目产生落地执行的所有细节，而这其中的任何一个细节都会对商业模式造成影响。例如，项目执行过程中的风险控制、产品生产过程中的质量把控等，都会影响成本的多少、资金投入的多少等商业模式的关键因素，进而对商业模式产生影响。

所以，在准备创业的时候，不仅要多思考商业模式，搞清楚项目的收入来源是哪些、主要成本产生在哪些环节、什么时候可以开始盈利这些问题，还要进一步确定，在创业的不同时间团队需要做什么，怎么去做，如何做得更快、更好，如何去找投资，如何实现预想的商业模式，等等，而要回答这些问题就得写出商业计划来，一点一点地整理自己的创业思路，一步一步落实自己的商业计划，也唯有如此才能更让投资人看清你是如何能够确保成功的。

5.2 商业计划书的特征

5.2.1 商业计划书的显著特征

一份标准的商业计划书最显著的特征就是 6C 规范，即概念（Concept）、顾客（Customers）、竞争者（Competitors）、能力（Capabilities）、资本（Capital）、延续经营（Continuation）。

概念（Concept）——要让别人知道所售目标商品是什么。

顾客(Customers)——目标顾客的范围要很明确。比如说顾客是面向男性还是女性，是否有年龄限制，是否有学历要求等。

竞争者(Competitors)——目标商品与市场上已有的类似产品或可替代产品之间的竞争分析。例如，市场上是否有过此类商品，是否存在替换品，与商场上所有竞争者的关系是直接还是间接等一系列问题。

能力(Capabilities)——对目标商品是否了解，如果在目标商品的生产过程中，供应链出现任何问题，是否可以及时地自行解决或者其商业合伙人是否具备及时处理问题的能力。

资本(Capital)——资本多是现金，也可以是有形或无形资产。创始人要非常清楚资本的全部情况，如资本的来源、数量，已拥有的数量，可借贷的数量等。

延续经营(Continuation)——当事业步入正轨并顺利进行时，未来的发展计划也需及时更新。

5.2.2 商业计划书的要求

一份好的商业计划书在保证内容结构完整的基础上，还需达到一些要求来让这份计划书更加完整，具体要求如下。

(1)内容翔实。

商业计划书的读者不仅仅是创业者本身，还有投资方。对于不参与创业过程的投资方来说，一份翔实的商业计划书就相当于一双眼睛，能够以上帝视角看见创业整个过程的进展状况。所以，商业计划书首先要内容详细，能够让投资方了解团队以及项目全部信息，了解其投资的理由，并且能够预计商业计划书呈现出来的未来所能获得的利润情况。其次就是内容要真实，不能采用虚假的数据。如果商业计划书中存在虚假数据，一经查实，就会给创业团队带来无法估量的打击，该团队的诚信度就会下降，之后便很难再寻求合作了。

(2)数据丰富。

商业计划书中有很多需要进行预测的内容，包括市场需求、市场现状、目标市场以及目标顾客群体等，这时候需要较为详细丰富的数据来支撑所得出的结果，以增加展示结果的可信度，让投资方能够看到创业团队缜密的思维以及创业项目完善的运作体系。

(3)体系完整。

商业计划书应当有合理的结构和完整的体系，才能够让投资方在商业计划书中迅速找到自己关注的内容和想要了解的信息。清晰合理的结构，能够让读者迅速地查找到自己所需要的信息；丰富完整的体系，则能够保证投资方能找到想要了解的内容，没有遗漏也不会过于烦琐。

(4)装订精致。

一本封面很精致的书，才会让人有翻开的欲望，商业计划书也是如此。一个封面精美的计划书能够激起读者的阅读兴趣，同时拥有良好的第一印象。但是商业计划书的封面也不宜过于复杂和花哨，以免喧宾夺主，所以把握好尺度是十分重要的，一般来说，以简洁的风格设计封面较为保险。

5.3 商业计划书的撰写

5.3.1 介绍基本情况

1. 公司介绍

(1)公司概况。包括注册时间、注册资本、公司性质、技术力量、规模、员工人数、员工素质等。

(2)公司发展状况。包括公司的发展速度、有何成绩、有何荣誉称号等。

例 5.1 展示了一个完善的公司介绍。

例 5.1

公司概况：云墨科技有限公司，根据《中华人民共和国公司法》相关法律、法规设立股东大会，由股东大会选出董事长及董事会成员，由董事长兼任总经理，下设技术部、财务部、市场部、公关部。如图 5-1 所示。

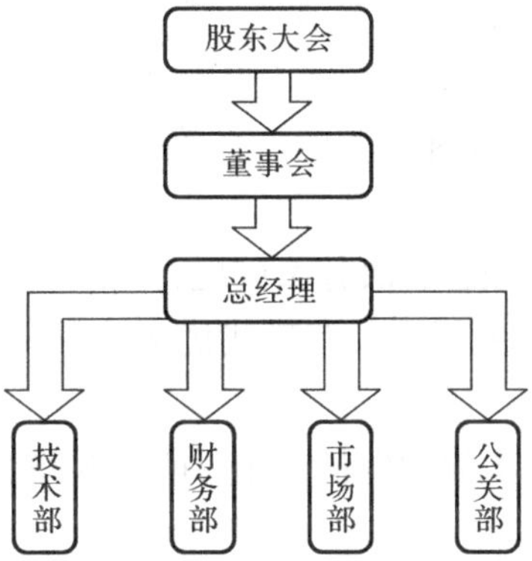

图 5-1 云墨科技有限公司组织架构图

公司发展状况：第一年，由项目组成员组成创业团队，分管公司各部门事宜，由创业团队队长担任总经理，其余队员分别负责市场、网站维护、开发、财务等部门的工作；第二年，完善现有业务，保持现有业务平衡增长，主力完善公司结构；第三年，扩展市场，发展业务，完善教育、生活类服务，主力打造老年人一站式服务平台。

随着企业的发展和壮大，公司人员的增多，我们将重建组织结构：将设立董事会，下设总裁、副总裁。副总裁分管财务部、销售部、策划活动部、公共关系管理部、技术部五大部门。各部门经理各司其职，协力合作。①

案例中的公司的组织结构仅供参考，具体组织架构以及人员安排应视实际情况做出相应调整。

① 资料来源：云墨科技有限公司商业计划书(简称“云墨公司”).

2. 技术方案

技术方案是为研究解决各类技术问题，有针对性、系统性地提出方法、应对措施及相关对策。内容可包括科研方案、计划方案、规划方案、建设方案、设计方案、施工方案、施工组织设计、投标流程中的技术标文件、大型吊装作业的吊装作业方案、生产方案、管理方案、技术措施、技术路线、技术改革方案，等等。专利文献中，技术方案是指清楚完整地描述发明或实用新型解决其技术问题所采取的技术特征组合。

例 5.2　云墨公司技术方案

本设计首次将工业生产中普遍运用的砂带磨削技术运用于脱墨装置，提出全新的脱墨理念，具有结构简单、轻便、即时等特点，可以直接将其安装在办公室，实现一张纸的多次使用，无形中节约了三倍的纸张成本和处理废纸过程中的人力、物力、财力成本。在节约纸张的同时，简短了纸张再生的中间过程。长远来说，本产品具有较广大的市场前景，能够促进全民节能减排意识和能源的节约。①

3. 产品与服务

(1)主要内容。

一般而言，这部分应包括产品的基本信息、产品的特性、产品的市场竞争力、产品的研究和开发过程、发展新产品的计划和成本分析、产品的市场前景预测、产品的品牌和专利、独特的客户价值以及支撑产品和服务的能力等。

一般而言，可以围绕以下问题进行展开。

① 企业的产品或服务能为顾客解决什么问题？

② 与竞争对手的产品或服务相比具有哪些优劣势？顾客为什么要选择本企业的产品或服务？

③ 企业为自己的产品采取了何种保护措施，拥有哪些专利、许可证，或已与申请专利的厂家达成了哪些协议？

④ 企业的产品或服务定价如何保证企业的利润？

⑤ 企业采取何种方式去改进产品的质量、性能，对开发新产品有哪些计划？

(2)撰写技巧。

① 重点阐述产品的特性、竞争优势及其独特的客户价值。

② 若产品数量较多，可以用表格形式将其基本信息进行陈列，并重点介绍主导产品的特点及其优势。

③ 在产品和服务的“背后实力”说明的撰写过程中，应根据实际需求进行内容的选择，不要追求面面俱到，而应该突出产品和服务的优势及独特价值，以及突出影响产品和服务的关键成功要素，如研发能力、原材料供应、质量控制、售后服务体系等。

④ 注意与商业计划书中其他部分内容的协调，如公司概况中涉及的产品和服务介绍、研发与生产中涉及的知识产权等内容。

---

① 资料来源：云墨科技有限公司商业计划书.

⑤ 撰写者在对产品或服务进行说明时，要准确详细，同时也要通俗易懂，使非专业的投资者也能看明白。这就要求在撰写商业计划书时，应尽可能减少专业名词的使用，对其中必须出现的专业名词要进行透彻的解释。

例 5.3

(1) 产品实物展示[1]，如图 5-2 所示。

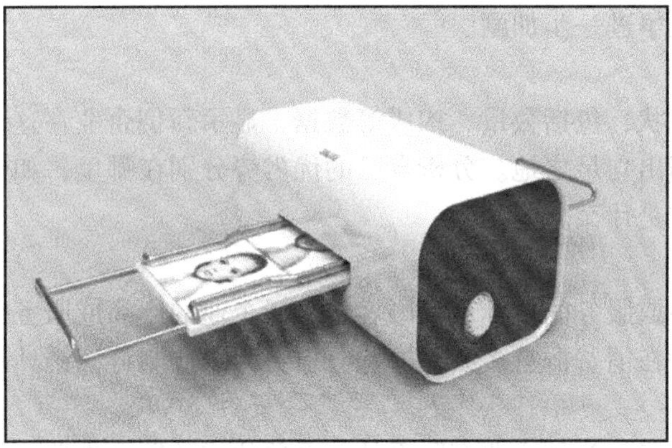

图 5-2　云墨科技有限公司产品实物图

(2) 产品功能简介[2]，如图 5-3 所示。

- 云墨
  - 官网
    - 首页
    - 论坛
    - 在线购买
    - 我的打印机
  - 便携式脱墨+打印装置
    - 企业版：企业购买此装置可以实现打印和脱墨功能的结合，最大限度利用纸张
    - 公益版：政府购买此装置，可安置在各个流动性站点
    - 用户可通过手机实现预定打印，并且不用把纸张放入脱墨装置进行回收，实现纸张二次利用
    - 校园版：此装置可方便学生打印资料，不用的纸张可以进入脱墨装置进行二次利用
  - 手机APP
    - 新建文档
    - 所有文档
    - 手机云打印：同一局域网和蓝牙可以进行快捷云打印
    - 墨云积分榜：用户用便携式装置进行纸张脱墨可获得积分

图 5-3　云墨公司产品功能介绍

5.3.2　市场分析

商业计划书中的市场分析部分主要包括四个部分，分别是目标顾客市场描述与分析、STP 分析、竞争分析(波特五力模型)和 SWOT 分析。

---

① 图片来源：云墨科技有限公司商业计划书.

② 资料来源：云墨科技有限公司商业计划书.

1. 目标顾客市场描述与分析

市场环境部分，主要明确产品或服务市场的现有情况及态势，详细了解竞争对手情况及顾客和供应商特征等。

(1) 市场情况。

市场情况主要是通过对目标市场的调查，明确这一市场的规模、增长趋势和特点。它决定了新创办企业在这一市场的发展潜力，是否有足够大的发展空间，是否会吸引其他企业大批加入，导致竞争进一步加剧。

(2) 竞争情况。

从竞争对手的现状，包括数量、构成等数据，显示新创企业在这一行业立足的可能性以及通过何种途径闯出立足之地。分析自己的优劣势分别在哪里，如何保持优势、弥补劣势，保持优势的资本是什么。

(3) 顾客分析。

即确定企业产品或服务的目标市场顾客，分析企业的产品或服务会被哪些人接受，这些人数量有多大，潜在消费群有多大，这些分析将为企业制订营销计划提供依据。

(4) 供应商分析。

这里的供应商是指与新创企业有联系的关系单位或长期合作单位。要对其进行实力、信用、价格等方面的评估，在此基础上选择合适的供应商。

在介绍市场环境时，要充分体现大学生对市场调查结果的综合运用，不但要分析调查数据，更要从数据中分析出自己企业的潜在优势，让数据为企业服务。

例 5.4　云墨公司目标顾客市场描述与分析

本公司针对云打印——脱墨一体机的目标市场顾客的定位有以下几个。

- 企业——企业办公室用纸量巨大，本公司的一体机可以将打印过的纸张实现脱墨再打印，用来再次打印一些不太重要的文件、资料，或者是脱墨后当草稿纸使用。经过多次试验，本产品可以实现纸张的二三次脱墨，或者是用来取代碎纸机的功能，将机密文件上的字迹消除；也可以通过我们的云打印，让你不离开座位，也可以打印你想要的文件。
- 打印店——功能上可以完全取代现有的打印机，提供将废旧纸张脱墨再生，并且实现再次打印的服务，也可以使用云打印功能，将需要打印的资料通过我们的 App 在我们的一体机上打印出来。
- 政府——作为一种公共基础设施投入市场，放置在人流量比较大的地铁站、公交车站等，可以在任何时候通过“云打印”打印自己想要的东西；也可以在等待的时候，通过云打印，打印一篇自己想看的故事，看完后将纸张放入一体机自动脱墨即可。[①]

2. STP 分析

(1) 市场细分(Segmenting)。

市场细分的概念是美国市场学家温德尔·史密斯(Wendell R.Smith)于 20 世纪 50 年代中期提出来的。市场细分是指营销者根据市场调研，按照消费者的需求、购买行为和购买

---

① 资料来源：云墨科技有限公司商业计划书.

习惯等方面的差异，将某一产品的整体市场进行分类，划分为不同消费市场。每个消费市场就是一个细分市场，是由具有类似消费需求的消费者构成的群体。

(2) 目标市场(Targeting)。

著名的市场营销学者麦卡锡提出了应当把消费者看作一个特定的群体，称为目标市场。通过市场细分，有利于明确目标市场；通过市场营销策略的应用，有利于满足目标市场的需要。根据企业推出的产品的特性，在进入市场阶段时，主要通过覆盖专业化市场的模式来进入细分市场，将符合企业目标和资源的细分市场作为目标市场，以有效地分散经营风险。

(3) 市场定位(Positioning)。

市场定位是指企业针对潜在顾客的心理进行营销设计，创立产品、品牌或企业在目标顾客心目中的某种形象或某种个性特征，保留深刻的印象和独特的位置，从而取得竞争优势。市场定位的实质是使本企业与其他企业严格区分开来，使顾客明显感觉和认识到这种差别，从而在顾客心目中占有特殊的位置。

例 5.5

某款太阳能发电智能压缩垃圾桶的 STP 分析[①]。

1. 市场细分

定位潜在的消费者群体：我们选择按照消费者的消费动机和所处的消费场景细分市场，可大致将潜在的消费场景分为以下几个部分。

(1) 城市花园、街道干道、大型商业圈等公共场所。

(2) 社区以及高端小区。

(3) 飞机场、动车火车汽车站。

(4) 高档宾馆和其他服务场所。

(5) 中产阶级及以上家庭。

2. 目标市场

(1) 顾客价值分析(产品属性)。

① 包装：新颖外壳包装，引领城市发展，特色垃圾桶外壳不仅为城市风光增光添彩，也帮助人们垃圾分类，推进绿色环保建设。

② 价格：价格优势领先，大大超越市场平均水平，使智能垃圾桶不再被束之高阁而真正走入人们的生活，改变城市环境。

③ 绿色环保：优化城市环境，节约电能、车辆运输费、人工成本等资源，做到环保清洁，绿色生活。而且垃圾桶的制造材料、制作过程绿色环保，致力于为地球母亲分担负担。

④ 功能：

a 太阳能供电。环保箱内置太阳能电池板、蓄电池，阴天晴天均可保证设备电力充足。

b 垃圾压缩。可将垃圾压缩至 1/4 体积，其容量可达普通环保箱的 3 倍。原来清洁人员每天收集一次垃圾，如今只要每周收集 1—2 次。可以有效提高垃圾运载率，降低垃圾转运频率，节省垃圾运输费用，改善交通拥挤状况和消除清运中的二次污染等。

---

① 资料来源：TTS 商业计划书.

c 垃圾分类。设有可回收、不可回收两个类别，外形设计帮助人们分类投放。提高可回收物的利用，实现源头减量。

d 垃圾满溢物联网通知。产品内置传感器和物联网模块，当环保箱投满之后会自动连接物联网，通过网站可以实时反映出环保箱的状态，并推送信息至相关工作人员客户端，提醒及时回收垃圾。

e 客户端浏览。环保箱配有专属的 IOS、Android 客户端，可以随时随地了解区域内环保箱的工作情况，直观明了。

f 线路规划。需回收垃圾时，在 Android、IOS 客户端中，系统会通过云计算，显示出最优的环保箱清理回收路径，使垃圾回收更高效。

表 5-1　某款太阳能发电智能压缩垃圾桶

产品属性	价格	功能	包装	绿色环保
权重	0.4	0.35	0.15	0.1

表 5-2　某款太阳能发电智能压缩垃圾桶

产品属性	花园街道	社区小区	飞机火车站	宾馆	家庭
价格	2	2	3	2	3
功能	3	2	3	3	2
包装	2	2	1	3	3
绿色环保	3	2	2	1	1

（打分从 1 到 3 分，3 分表示对此属性的要求最高）

3. 市场定位

(1) 竞争强势分析。

- 普通垃圾桶；
- 市面现有功能不同的垃圾桶(自动开关装置、杀毒杀菌等)；
- 市面现有功能相似的垃圾桶。

表 5-3　某款太阳能发电智能压缩垃圾桶

	普通垃圾桶	差异垃圾桶	相似垃圾桶	CV 垃圾桶
价格	5	3	1	3
功能	1	2 或 3	5	5
包装	1	2	3	5
环保	1	2	5	5

（打分从 1 到 5 分，表示优势程度，5 分表示最具优势以及市场竞争力）

Touch the sky 始终全面贯彻创新、协调、绿色、开放、共享五大发展理念，着力于提供和实施智能环保解决方案，针对国内城市普遍存在的垃圾分类难、垃圾远途运输、垃圾堆放污染和焚烧二次污染等问题，从“绿色环保，装点城市”出发，设计形成解决方案，提供云平台管理服务和与之配套的太阳能环保箱。以低价高质垃圾桶形成了特有的无可替代的市场竞争力，在种类繁多、竞争激烈的垃圾桶市场也必将取得一席之地。

(2) 细分市场吸引力分析。

表 5-4　某款太阳能发电智能压缩垃圾桶

	普通垃圾桶	差异垃圾桶	相似垃圾桶	CV 垃圾桶
公园街道	5	2	3	4
社区小区	3	3	2	3
飞机火车站	4	2	2	2
宾馆	4	4	3	4
家庭	4	4	2	3

(打分从 1 到 5 分，表示优势程度，5 分表示最具优势以及市场竞争力)

根据市场定位分析，Touch the sky 要做到：第一，吸引竞争者顾客，Touch the sky 以成本领先战略取得了在价格优惠上的巨大优势，以同质低价为主吸引一部分竞争对手的顾客；第二，鼓励没有使用智能垃圾桶的消费者选择智能垃圾桶，采用低价格高扩散的网络营销，来使产品进入大众视野；第三，开发专门化、特色化家庭用智能垃圾桶，拓宽产品类型以及销售市场。

3. 竞争分析(波特五力模型)

五力分析模型是迈克尔·波特于 20 世纪 80 年代初提出的，用于竞争战略的分析，可以有效地分析客户的竞争环境。

五力分别是供应商的讨价还价能力、购买者的讨价还价能力、潜在竞争者进入的能力、替代品的替代能力、行业内现有竞争者的竞争能力。五种力量的不同组合最终将影响行业利润潜力变化。

例 5.6　云墨公司竞争分析(波特五力模型)

(1) 供应商的讨价还价能力。

一般来说，满足如下条件的供方集团会具有比较强大的讨价还价能力：供方行业为一些具有比较稳固市场地位而不受市场激烈竞争困扰的企业所控制，考虑到公司成立不久，并且由于产品功能上与传统打印机功能有所重叠，可能会被供应商强势讨价还价，即原料的购置成本可能会偏高。

(2) 购买者的讨价还价能力。

购买者主要通过其压价与要求提供较高的产品或服务质量的能力，来影响行业中现有企业的盈利能力。一般来说，满足如下条件的购买者可能具有较强的讨价还价力量：购买者的总数较少，而每个购买者的购买量较大，占了卖方销售量的很大比例；卖方行业由大量相对来说规模较小的企业所组成；购买者所购买的基本上是一种标准化产品，同时向多个卖主购买产品在经济上也完全可行；购买者有能力实现后向一体化，而卖主不可能前向一体化。

针对云墨公司的产品的性质，以及公司目前没有知名度，不被消费者熟知，这些都决定了被购买者讨价还价的力度会比较大。但是由于云墨公司产品的独特性，使得购买者无法向其他公司购买相同的产品，因此，会有一个幅度不太大的讨价还价。

(3) 新进入者的能力。

新进入者在给行业带来新生产能力、新资源的同时，将希望在已被现有企业瓜分完毕的市场中赢得一席之地。云墨公司作为行业的新进入者，不会是进入打印机行业的最后一个公司，如何在打印机行业还没站稳脚步的同时，面对后面的可能加入打印机行业的其他公司可能会对公司造成威胁的状况，确实是云墨公司应该考虑的。

(4) 替代品的替代能力。

从目前云墨公司及其他打印机厂商所面对的情况来看，威胁主要来自电子产品的飞速发展。这也是最近几年打印机销量持续下降的原因之一，由于电脑、手机、iPad 等电子产品的普及，传统纸质资料受到冲击，人们更多地通过电子产品阅读电子书籍，使得打印品的需求降低，这是无法逆转的趋势。但是传统纸质材料有它存在的必要性，这一必要性使得打印机的存在成为必需，云墨公司的产品适应时代的发展，在打印机的基础上增加了脱墨功能，同时与电脑、手机、iPad 等电子产品产生关联，利用这些产品上的 App，可以在云墨公司的机器上实行云打印功能，使得打印变得有趣味性。

(5) 行业内现有竞争者的竞争能力。

现有企业之间的竞争常常表现在价格、广告、产品介绍、售后服务等方面，其竞争强度与许多因素有关，目前打印机的主要厂商有：在国际，如惠普、爱普生、佳能、三星；在国内，如联想、方正、珠海赛纳。

① 惠普。

优势：作为打印机行业的龙头老大，惠普市场关注度高，具备最齐备的产品线，这同时也造就了惠普与其他打印机厂商最大的优势，体现在高端整体解决方案的技术能力和交付上。

不足：作为市场关注度最高的打印机企业，在纸质打印受到电子产品冲击的情况下，惠普受到的影响会相对较大。

② 佳能。

优势：佳能“按需定影”技术，经陶瓷加热器直接加热薄型定影胶片，热量会立刻传送到定影单元，无须预热，待机状态下“零”秒响应打印任务。同时，定影器仅在打印中消耗电能，节省能耗，并且有助于提升快速打印性能。佳能的照片打印和处理技术更加成熟。

不足：在同款机器中价格偏高，功耗较大，后期成本较高。

③ 三星。

优势：三星“一键省墨”技术通过电平降低硒鼓对墨粉的吸附力，使硒鼓所吸进的墨粉量变少，通过控制每个打印点的尺寸而达到节约墨粉的效果。尤其是三星利用其强大的 ASIC 半导体技术，能实现在省墨方式下达到同正常打印一样的打印效果。

不足：耗材较贵，预热时间较长。

整体来看，在五力分析模型中，对于云墨公司而言，在打印机行业最主要的竞争来源于其他主要竞争对手的竞争态势，如何有针对地制定包括营销、产品、服务等各个环节的竞争战略，适应全球发展趋势，将是云墨公司发展的关键。

4. SWOT 分析

所谓 SWOT 分析，即基于内外部竞争环境和竞争条件下的态势分析，就是将与研究对象密切相关的各种主要内部优势、劣势与外部的机会和威胁等，通过调查列举出来，并依照矩阵形式排列，然后用系统分析的思想，把各种因素相互匹配起来加以分析，从中得出一系列相应的结论，而结论通常带有一定的决策性。

运用这种方法，可以对研究对象所处的情景进行全面、系统、准确的研究，从而根据研究结果制定相应的发展战略、计划以及对策等。

S(Strengths)是优势，W(Weaknesses)是劣势，O(Opportunities)是机会，T(Threats)是威胁。按照企业竞争战略的完整概念，战略应是一个企业“能够做的”(即组织的强项和弱项)和“可能做的”(即环境的机会和威胁)之间的有机组合。

(1)分析环境因素。

运用各种调查研究方法，分析出公司所处的各种环境因素，即外部环境因素和内部能力因素。外部环境因素包括机会因素和威胁因素，它们是外部环境对公司的发展直接有影响的有利和不利因素，属于客观因素；内部环境因素包括优势因素和弱势因素，它们是公司在其发展中自身存在的积极和消极因素，属主观因素。在调查分析这些因素时，不仅要考虑历史与现状，更要考虑未来发展问题。

优势(Strengths)是组织机构的内部因素，具体包括有利的竞争态势、充足的财政来源、良好的企业形象、技术力量、规模经济、产品质量、市场份额、成本优势、广告攻势等。

劣势(Weaknesses)也是组织机构的内部因素，具体包括设备老化、管理混乱、缺少关键技术、研究开发落后、资金短缺、经营不善、产品积压、竞争力差等。

机会(Opportunities)是组织机构的外部因素，具体包括新产品、新市场、新需求、外国市场壁垒解除、竞争对手失误等。

威胁(Threats)也是组织机构的外部因素，具体包括新的竞争对手、替代产品增多、市场紧缩、行业政策变化、经济衰退、客户偏好改变、突发事件等。

(2)分析步骤。

① 罗列企业的优势和劣势、可能的机会与威胁。

② 优势、劣势与机会、威胁相组合，形成 SO、ST、WO、WT 策略。

③ 对 SO、ST、WO、WT 策略进行甄别和选择，确定企业目前应该采取的具体战略与策略。

④ 将分析结果在 SWOT 分析图或 SWOT 分析表上进行定位。

常见的 SWOT 分析图和 SWOT 分析表结构如图 5-4、表 5-5 所示。

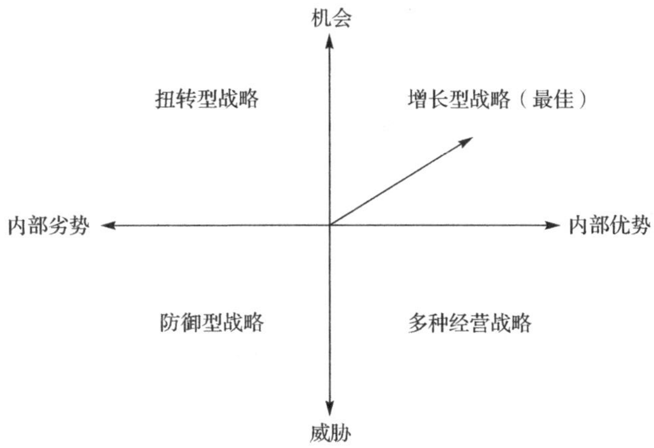

图 5-4 SWOT 分析图

表 5-5　SWOT 分析表

	内部因素		
外部因素	利用 SO	改进 WO	O 机会
	监视 ST	消除 WT	T 威胁
	S 优势	W 劣势	

(3) 成功应用 SWOT 分析法的简单规则。

① 必须对公司的优势与劣势有客观的认识。

② 必须区分公司的现状与前景。

③ 必须考虑全面。

④ 必须与竞争对手进行比较，比如优于或是劣于你的竞争对手。

⑤ 应该保持 SWOT 分析法的简洁化，避免复杂化与过度分析。

⑥ 应该随机应变，具体情况具体分析。

例 5.7　云墨公司 SWOT 分析①

云墨公司 SWOT 分析如表 5-6 所示。

表 5-6　云墨公司 SWOT 分析表

内部能力 / 外部因素	Strengths	Weaknesses
	● 成本低 ● 操作简易 ● 周期短 ● 再生速度快 ● 体积小，便携，便安装 ● 项目的创新性	● 初研阶段经验不足 ● 缺乏外部美工考虑 ● 部分技术攻克难度大 ● 并非全自动智能化 ● 适合的纸张有一定局限 ● 纸张再生次数有局限
Opportunities	SO	WO
● 节能减排的趋势 ● 与竞争对手目标市场不同 ● 目前此技术的空白 ● 产品替代品少 ● 办公成本降低的激励	● 抓住政策环境，利用社会对减能增效的需求；抓住客户需求，打造节能环保科技，同时充分利用成本优势	● 逐步开始新技术的研发，探讨如何实现基本功能后实现全自动，电脑控制。加强产品节能、低成本、便捷等优势的宣传
Threats	ST	WT
● 大厂回收利用有规模优势 ● 无纸化科技的发展 ● 人们接受新事物的难度	● 突出本科技产品的环保性，突出即时环保的理念；抓住细分市场，对准需求用户	● 继续投入研究，实现更加便捷和自动化，降低成本；提高对不同纸张的适应度，逐步增加纸张的修复工艺

5.3.3　未来规划

1. 经营计划

经营计划是指根据经营战略决策方案有关目标的要求，对方案实施所需的各种资源，从时间和空间上所做出的统筹安排。

① 资料来源：云墨科技有限公司商业计划书.

2. 研究与开发计划

说明具体研究、开发的内容和要重点解决的技术关键问题，要达到的主要技术、经济指标，提供成果的形式及社会效益、经济效益。

3. 财务分析与融资需求

(1)财务分析的方法。

财务分析是以会计核算和报表资料及其他相关资料为依据，采用一系列专门的分析技术和方法，对企业等经济组织过去和现在有关筹资活动、投资活动、经营活动、分配活动的盈利能力、营运能力、偿债能力和增长能力状况等进行分析与评价的经济管理活动。它是为企业的投资者、债权人、经营者及其他关心企业的组织或个人了解企业过去、评价企业现状、预测企业未来做出正确决策提供准确的信息或依据的经济应用学科。

① 比较分析法。通过对比两期或连续数期财务报告中的相同指标，确定其增减变动的方向、数额和幅度，来说明企业财务状况或经营成果变动趋势的一种方法。

比较分析法的具体运用主要有重要财务指标的比较、会计报表的比较和会计报表项目构成的比较三种方式。

② 比率分析法。通过计算各种比率指标来确定财务活动变动程度的方法。

比率指标的类型主要有构成比率、效率比率和相关比率三类。

③ 因素分析法。依据分析指标与其影响因素的关系，从数量上确定各因素对分析指标影响方向和影响程度的一种方法。

因素分析法具体有两种，即连环替代法和差额分析法。

(2)财务分析的工作内容。

① 资金运作分析：根据公司业务战略与财务制度，预测并监督公司现金流和各项资金使用情况，为公司的资金运作、调度与统筹提供信息与决策支持。

② 财务政策分析：根据各种财务报表，分析并预测公司的财务收益和风险，为公司的业务发展、财务管理政策制度的建立及调整提供建议。

③ 经营管理分析：参与销售、生产的财务预测、预算执行分析、业绩分析，并提出专业的分析建议，为业务决策提供专业的财务支持。

④ 投融资管理分析：参与投资和融资项目的财务测算、成本分析、敏感性分析等活动，配合上级制定投资和融资方案，防范风险，并实现公司利益的最大化。

⑤ 财务分析报告：根据财务管理政策与业务发展需求，撰写财务分析报告、投资财务调研报告、可行性研究报告等，为公司财务决策提供分析支持。

(3)融资需求。

① 资金需求计划：为实现公司发展计划所需要的资金额，资金需求的时间，资金用途。

② 融资方案：公司所希望的投资人及所占股份的说明，资金其他来源，如银行贷款等。

(4)投资者的退出方式。

当投资者获得的利润无法达到其预期，资本的退出就是必须要考虑的问题。目前有两种常见的创业投资退出方式。

① 首次公开发行(IPO)。对于风险资本，IPO 通常是最佳的退出方式。通过公开发行股票，创业投资公司将持有的股票在公开市场上抛售，获取高额回报。但是，要做到这一点，所培育企业必须经营状况良好，财务结构健全，且具有持续成长的潜力，并符合政策、法律对企业上市的规定。实践证明，只有部分创业投资项目能以这种方式退出。

② 出售，包括股份转让和股票回购。股份转让又称企业并购。如果公司已具有相当规模，且所做的产品或服务对其他大公司有一定互补性，那么大公司就可能会来收购。如果该大公司是一家上市公司，那么风险企业被收购与公开上市的结果就非常接近。采用这种类似于公开上市的方法来进行被收购，对创业投资者来说也是很好的退出方式。特别是在我国证券市场处于发展初期，市场体系尚不完善，主板市场上市渠道不通畅等现实条件制约下，更要注重通过并购实现风险资本的退出。①

5.4 如何针对不同的投资人撰写商业计划书

5.4.1 投资人的七种类型

对于创业者而言，商业计划书不仅能够帮助自己整理创业思路，更重要的是，一份优秀的商业计划书足以能够成为见投资人的敲门砖。如何写出一份让风险投资人眼前一亮的商业计划书，除了项目自身、商业计划书的内容和结构，更重要的一点是，需要对投资人的胃口。而商业计划书更像是创业者呈现给投资人的一道菜，他喜欢吃甜的，你就不要给他咸的；他喜欢辣的，你就给他一份与众不同的辣的。只有让投资人觉得眼前一亮，甚至表现出喜欢商业计划书，才有进一步合作的可能。

下面，对投资人进行简单的分类。

1. 价值增值型

这类投资人经验比较丰富，不少人是退休的，他们选项目不是注重行业，而是注重机会。他们认为机会比行业更重要。因为他们有丰富的投资经验和较强的项目鉴别能力，因此，他们做出的投资不是专业化，而是多元化。

2. 富有型

这类投资人只对自己了解的东西投资，且对项目的地理位置有偏好。投资决策主要依靠自己的判断和调查。他们普遍对于投资回报的期望值较高，要求达到 50%。而要达到这么高的投资回报率，一般只能投向企业发展的早期阶段。这类投资人往往希望投资者集体拥有对公司的控制权，并在一定程度上参与公司的管理。这类投资者往往既是投资者，也是创业者。他们深知创业的艰辛，因而对创业者都很有同情心。

3. 个人投资型

个人投资，并非是一种正规的投资组织，而是一种短期的、松散型的投资合作。合作

① 资料来源：陈家洪．“创业投资退出方式和退出时机的决策分析”，金融与经济，2006(11)．

期一般为3—6年。投资中也有合有分，有些项目是各自独立进行。这类投资者较多关注早期阶段的投资，为了尽快变现，经过一定时期的孵化，即使没有孵化出理想的企业，只是孵化出了一条像样的生产线，通过让这条生产线，能收回可观的现金，投资也是成功的。

4. 合伙投资型

这类投资人在投资中喜欢合作和团队精神。他们之间已经建立了一些联合投资者的关系，或试图建立起关系网络。在这类网络体系中，单个人以隐蔽的身份充当买者。在他们的投资团队中，往往有领头的投资者，由这种领头的投资者搜寻投资机会，然后向联合投资者建议投资机会。投资人比较希望在被投资企业中担任董事长的职位。

5. 家族型

这类投资人的特点是，家族成员的资金被集中起来，由一位大家信任的、对投资比较内行的家族成员掌控并统一进行投资决策。这类投资者的投资规模变化幅度较大，由于家族成员中有值得信赖的投资高手，一般都寻求处于发展早期阶段的创业投资，通过项目的成长，能获得较高的回报率。

6. 社会责任型

这类投资人非常强调投资者的社会责任。他们认为，投资的目的就是培育公司。既然如此，就应手把手地帮助公司，并建立起亲密无间的关系。这类投资者所投资的对象，主要偏重于那些致力于解决主要社会问题的风险企业，如环保、能源等。这类投资者往往继承了一大笔财富，因而赚钱不是第一位的。但在支持那些有较好社会效益的项目的同时，也希望获得合理的投资回报。遇到较大的项目，自身力量不够，也会寻找与一些富有者进行联合投资。投资者的这种社会责任感，可能来自他自身的优良品质，也可能是来自减轻厄运的愿望，甚至是来自于对以前某种不义之财的负罪感。如果投资者的配偶或子女已死于某种疾病，则投资者希望投资于某个研究治疗方法的机构；如果投资者的前辈有过不光彩的历史，则他们希望通过这种天使投资补偿以前通过不光彩手段夺取的财富。

7. 管理型

所谓管理型投资人，也就是出钱买管理岗位。即投资的目的是为了谋求一个职位。管理型投资者的年龄一般是在45岁左右，以前或是公司管理者，或是公司业主，或是经验丰富的执行官。他们“下岗”后，通过投资购买一次“最后工作机会”。这些人一般会分阶段投资。投资并获得管理岗位后，很少追求对公司的控制权。为了使管理岗位能够长久，他们更关心与创业者拥有共同的见解。

5.4.2 针对每种投资人撰写商业计划书的侧重点

商业计划书联系着创业者与投资方，作为沟通的媒介，商业计划书首先在语言上需要尽量简单朴实而不能生涩僵硬，一些陌生的产品概念与生僻的专业词汇也应该尽量减少。其次，投资人看商业计划书就像在与一个人交谈，不仅要看计划书里面的事实、数据和资料，还要看出写这份计划书的是一个怎样的人或团队，是乐观自信还是盲目自负，是实事求是还是夸夸其谈，是思维严谨还是漏洞百出，是富于创新还是谨慎保守。所以，创业者应该尽可能亲自撰写出能反映团队真实情况的商业计划书。

以下则是针对不同的投资人在撰写商业计划书时不同的侧重点。

1. 多元丰富

撰写计划书时，要注重要点亮点的归纳，突出其中的多种鲜明特点，比较容易吸引价值增值型和个人投资型的投资者。

2. 渴求管理

撰写计划书时，对团队的管理方面提出一些问题，或者说希望得到专业管理人士的帮助类的特点，比较容易吸引富有型、合伙投资型、管理型的投资者。

3. 回报快

撰写计划书时，在不虚构的情况下，不夸大其词地说明本项目的回报快、盈利快、利润回报快的特点，有利于吸引个人投资型和家族型的投资者。

4. 早期待发展

撰写计划书时，突出企业早期的需求，以及处于早期待发展的现状，提出一定的计划以及存在的少量问题，比较容易吸引富有型、合伙投资型、社会责任型的投资者。

除了根据对每种类型投资人的特点的分析归纳，在计划书中有针对性地添加一些特点，作为亮点来吸引投资者的投资，也不可以脱离之前所提及的几点最基本的商业计划书的要求和规范，最主要的是，不能为了吸引投资，在计划书中加入不实信息，一定要在实际的基础上，提炼自身的特点和亮点。

本章要点回顾

- 商业计划是一份全面说明创业构想以及如何实施创业构想的文件。
- 商业计划书是描述与模拟创办企业相关的内外部环境条件和要素特点，为业务的发展提供指示图和衡量业务进展情况的标准。
- 执行摘要、公司简介、产品服务、推行策略、管理团队、财务分析是商业计划书的基本构成要素。
- 优秀商业计划书摘要阅读：

➢ 公司基本情况（公司名称、成立时间、注册地区、注册资本、主要股东、股份比例、主营业务、过去三年的销售收入、毛利润、纯利润、公司地点、电话、传真、联系人）。

➢ 主要管理者情况（姓名、性别、年龄、籍贯、学历/学位、毕业院校、政治面目、行业从业年限、主要经历和经营业绩）。

➢ 产品/服务描述（产品/服务介绍、产品技术水平、产品的新颖性、先进性和独特性、产品的竞争优势）。

➢ 研究与开发（已有的技术成果及技术水平、研发队伍技术水平、竞争力及对外合作情况、已经投入的研发经费及今后投入计划、对研发人员的激励机制）。

➢ 行业及市场（行业历史与前景、市场规模及增长趋势、行业竞争对手及本公司竞争优势、未来 3 年的市场销售预测）。

- 营销策略(在价格、促销、建立销售网络等各方面拟采取的策略及其可操作性和有效性、对销售人员的激励机制)。
- 产品制造(生产方式、生产设备、质量保证、成本控制)。
- 管理(机构设置、员工持股、劳动合同、知识产权管理、人事计划)。
- 融资说明(资金需求量、用途、使用计划、拟出让股份、投资者权利、退出方式)。
- 财务预测(前三年及未来三年或五年的销售收入、利润、资产回报率等)。
- 风险控制(项目实施可能出现的风险及拟采取的控制措施)。

本章思考题

1. 商业计划书的作用是什么?
2. 商业计划书的要素有什么?
3. 商业计划书的6C规范指的是什么?
4. 两种因素分析法是什么?
5. 财务分析的工作内容有哪些?
6. 财务分析的方法有几个?分别是什么?
7. 市场分析可用哪些方法?

参考文献

[1] 云墨科技有限公司商业计划书。

[2] 陈家洪. “创业投资退出方式和退出时机”，金融与经济，2006(11)。

第6章

产品设计与产品上线

导入案例

“产品之王”——微信是怎样练成的

2007年智能手机诞生，随之迎来了移动互联网呈现井喷式发展，并逐渐取代传统互联网。基于移动端的微信、微博、探探是移动互联网时代的代表，微信更是其中实至名归的“产品之王”。截至2017年6月17日，微信诞生六个多年头，全球活跃用户达9.38亿人次。那么，微信如何从想法萌芽到发展成为行业巨头的呢？

1. 诞生的背景和原因

(1)移动互联网时代的到来

iPhone 3GS的诞生标志着智能手机进入新的时代，更大的屏幕和更人性化的操作逻辑让其风靡一时。随之，HTC、三星等安卓手机的出现，更是加速了安卓、iOS系统为主导的智能手机新时代的到来，移动互联网发展势头迅猛。2010年之后，智能手机更是以令人难以想象的速度迅速普及和迭代。正是这股势不可挡的智能手机热潮，为“移动IM(Instant Messaging)”的爆发创造了条件。

(2)移动IM的诞生

Kik是移动IM的鼻祖，2010年10月19日上线后的短短15天内就收获了上百万的下载量，创造了早期移动互联网时代的一个奇迹。Kik简单的用户交互界面、真实的好友网络，正是微信在某些意义上的雏形。中国移动IM市场的先行者并不是腾讯，而是小米公司开发的米聊，2010年12月米聊的推出给传统互联网巨头腾讯带来了不小的压力。

(3)腾讯的移动时代欠缺全方位覆盖的产品

传统互联网时代，腾讯借助QQ占领了低龄人群的市场，而QQ也早早进入手机端。最初大家很纳闷，既然QQ已经取得成功，那为什么腾讯还要推出微信呢？大概有以下三个原因：第一，QQ给都市白领、城市精英的印象过于“低端”，他们不愿意去使用并且这种印象也很难改观；第二，Kik的成功让腾讯看到了新的可能，看到了设计出全方位覆盖人群的产品的可能性；第三，米聊的诞生让腾讯在移动互联网市场感到了前所未有的压力。

2. “微信之父”张小龙

张小龙，“微信之父”，最初是Foxmail的开发者。2005年，在腾讯收购Foxmail后，张小龙加入QQ邮箱团队。他带领团队进行了多种尝试，有成功的阅读空间也有失败的邮箱广播，还有现象级轻应用 SNS 产品——漂流瓶。这一切为早期的微信奠定了坚实的基础。在2010年某天深夜，张小龙给马化腾发了一封电子邮件，提出了一个类似于 Kik 程序的想法，马化腾肯定了这一想法。所以，张小龙的 QQ 邮箱团队把目光从网络端转移到了移动终端上，团队的程序员开始学习移动客户端，建立 QQ 邮件的经验在微信的建设中发挥了极大作用，于是“产品之王”诞生了。

3. 微信产品的迭代过程

(1) 早期：占领市场

2011 年 1 月 21 日，微信率先在 iPhone 端发布 1.0 测试版。该版本支持通过 QQ 号来导入现有的联系人资料、即时通信、分享照片和更换头像等简单功能。在随后的 1.1、1.2 和 1.3 三个测试版中，微信逐渐增加了对手机通信录的读取、与腾讯微博私信的互通以及多人会话功能。

微信的用户群第一次有了显著增长是在 2011 年 5 月 10 日。微信发布 2.0 版本，新增了语音对讲功能，使微信用户量从 1500 人飙升到 10 万人左右，这是微信爆发的开始。同年 8 月，微信推出“查看附近的人”的陌生人交友功能，用户达到 1500 万人。

2011 年 10 月 1 日，微信发布 3.0 版本，加入了“摇一摇”和漂流瓶功能。当时掀起了一股“摇一摇”热，当一个人在人群中摇手机时，会在很大程度上引发围观者的好奇，具有很好的宣传效果。当年年底，微信用户已突破 5000 万人大关。

2012 年 4 月，4.0 版本上线，增加相册功能，并可以将相册分享到朋友圈。同时，微信开始尝试国际市场，英文版更名为“Wechat”。在功能上，增加了视频聊天插件，发布了网页版微信界面，支持解绑手机号码和 QQ 号，实现多人实时语音聊天，进一步丰富“摇一摇”和“扫一扫”功能。随着功能的不断优化和演变，用户和产品之间的交互友好性不断加强。

2013 年 12 月，5.0 版本添加了表情商店、绑定银行卡、收藏、绑定邮箱、分享信息到朋友圈等功能。

(2) 中期：公众号和微信支付

当下，微信已经基本形成自有生态循环体系，拥有 1300 多万个微信公众号，作为微信大生态下的子生态，订阅号解决了信息的沟通交流；服务号解决了微信框架基础服务和用户的沟通；企业号更好地解决了公司员工统筹管理的问题；小程序则很好地解决了手机内存不足和满屏 App 的问题，并为微信提供了更多的外部接口。

2014 年 3 月 4 日，微信正式推出支付功能。面对支付宝强大的市场占有率，微信将目光投向了 2012 年新兴的互联网产物——滴滴和快的。在阿里投资快的后，腾讯选择注资滴滴，滴滴介入了腾讯地图、QQ、微信等。因为打车服务天然和移动支付契合，微信就此接入线下支付，为进入互联网金融战场打下基础。此后，微信首先发起了补贴战，虽然微信支付的使用场景十分有限，局限于打车和彩票等，但此次补贴大战也在一定程度上教育和培训了用户用微信支付的习惯，为微信支付带来了大量的首批用户。之后的“红包大战”等，也为微信赚足了关注度。微信支付的市场份额逐步扩大，正在逐渐蚕食移动支付的市场。

微信支付是微信生态布局的重要一环，作为一个打通信息、商业、金融的接口，是微信生态的一个底部地基。如果没有这个基础，微信的自有服务、小程序、O2O生态服务，乃至“微信智慧城市”都是过眼云烟。

(3)成熟期：微信生态

有了微信支付之后，微信开始进军更多领域，完善自身生态，开展越来越多的延伸服务，如生活缴费、腾讯公益、城市服务等。这个“产品之王”以O2O生态结合公众号的信息生态加上腾讯游戏生态、城市生态，几乎无所不包。

案例评价

尽管微信刚刚推出时也遭受过抄袭的质疑，但是张小龙带领团队，根据市场需要，加之对“人”和“人性”深入准确地把控，做出了公众号、微信支付、智慧城市、小程序等优秀的产品生态，并以此获得了所有人的尊重。微信在不断的产品迭代中，构建着属于它的“互联网帝国”，主导着大半个中国O2O的格局。这一切离不开对市场的准确把握，离不开对竞争对手的快速出击，更离不开优秀的产品设计。

思考题

1. 结合使用微信的个人体验，你比较欣赏微信的哪些设计？哪些地方令你不满意，为什么？

2. 你觉得微信的成功是一个偶然还是一个必然？从案例中，请尝试总结微信作为一个优秀的产品，其成功的因素有哪些？

3. 微信从模仿到独树一帜，你觉得这一产品在当前市场中的竞品有哪些？微信的优势和劣势在哪里？

4. 如果你是微信的产品经理，在微信未来的产品迭代中，你想为其增加哪些新的设计？

5. 案例中简要列举了微信版本功能优化的过程，请反向思考一下，每个版本推出前，需要开展哪些工作来保证新版本的成功。

本章要点

- 产品设计的第一环——市场调研
- 早期的产品设计
- 新产品上线的注意事项
- 如何实现产品迭代

学习目标

- 了解产品设计与上线的基本过程
- 理解市场调研的重要性
- 掌握产品设计、上线和迭代的方法
- 熟悉早期产品设计的注意事项

6.1 市场调研——产品设计之前不可缺少的工作

6.1.1 市场调研的重要性

市场调研即市场调查与市场研究的统称，是一种把消费者及公共部门和市场联系起来的特定活动。市场调研所得到的信息，将被用以识别和界定市场营销机会和可能产生的市场营销问题，制定、改进和评价营销活动，监控营销绩效，增进对营销过程的理解。

市场调研实际上是一项寻求市场与企业之间“共谐”的过程。市场调研犹如房子的根基，如果根基与上层建筑不匹配，哪怕再一掷千金，也只是在修葺一个外表华丽的“空中花园”，不堪经历市场的“地震”。目标市场的先天不足，注定了企业无法获得足够的利润以支持自身的全面发展。

市场调研是为其后开展的市场营销活动收集信息，而市场营销是在创造、沟通、传播和交换产品中，为顾客、客户、合作伙伴以及整个社会带来经济价值的活动、过程和体系，其主要是指营销人员针对市场开展经营活动、销售行为的过程。因此，开展市场营销活动就意味着消费者的需求应该得到满足，所以在进行市场调研的时候，参与调研的工作人员必须“倾听”消费者的声音，判断出消费者的真实需求。当然，营销调研信息也包括除消费者之外的其他实体的信息。

接下来，让我们一起来看一个市场调研方面的经典案例。

例 6.1

1998 年对于史玉柱的人生来说是一个重要的转折点。这一年，在身边的人大多不认同的前提下，史玉柱踏入了保健品市场。在大多数人都认为这个市场已经达到饱和时，史玉柱依然坚持答案需要从市场调研中寻找。江阴——地处苏南的一个县级市成为史玉柱的调研地点。虽然是县级市，但江阴离上海、南京都很近，百姓购买力很强。江阴的药房、农村，每天都有史玉柱和他的团队的身影。江阴农村的空巢老人较多，成为史玉柱聊天谈话的一大宝地。老人们被史玉柱问得最多的问题就是:“你吃过保健品吗？”“如果可以改善睡眠，你需要吗？”“可以调理肠道、通便，对你有用吗？”“可以增强精力呢？”“价格如何，你愿不愿用它？”通过调查，史玉柱的商业直觉让他敏锐地意识到这个市场并未饱和，而是存在着很大的、还未被开发的商业机会。他信心满满地给自己的团队鼓劲，并着力推进自己的商业计划。后来，就有了红遍大江南北的脑白金。这一迅速占领全国市场的保健品牌，也帮助史玉柱二次创业成功。

2004 年，史玉柱又开始了自己新一轮的商业计划。这次，他决定转战网络游戏行业。跟上一次跻身保健品行业最初的时刻一样，这位“迟到者”依然没有被看好，因为当时想要在游戏行业有所作为，就必须从各大游戏厂商巨头的手中分一杯羹。这一次，史玉柱坚持的信念依然来源于他充足的准备。在进入游戏领域之前，史玉柱咨询、拜访了许多游戏行业的专家以及网游行业的主管领导，最终他预判：至少在往后 8 年或更长的时间里，网络游戏的增长速度会保持在 30%以上。同时，考虑到中国的游戏玩家比例仍然比较低，由此他得出结论——网游行业仍然有着巨大的增长潜力。到这里，史玉柱的准备工作仍然没有结束。他摇身一变成了游戏玩家，通过与其他玩家聊天来获取信息。短时间的聊天无法达到史玉柱的要求。在产品开发阶段，据统计，史玉柱与超过2000个玩家每人至少聊天2个小时。从这4000多个小时的聊天里，史玉柱洞悉了每一个玩家从网游中得到的乐趣，如激情、心跳、欢畅、好奇、宣泄、霸气、权力和欲望等。在这样的充足准备下，广受玩家喜爱的《征途》横空出世。40多岁的史玉柱再次获得了成功。[①]

以上的案例向我们展示了在实际情况下，市场调研的途径和重要性。如果没有详细而缜密的市场调研，脑白金和《征途》就可能不会如此成功。但了解史玉柱的人或许会说，因为史玉柱是浙江大学数学系毕业并在统计局工作过，凡事先进行调研只是他的工作习惯而已。也有人会说，乔布斯发明苹果的时候并没有做过市场调研。

乔布斯在发明苹果之前有没有进行过市场调研我们不得而知。但是，对于许多初创公司而言，如果在不进行市场调研的情况下，就对自己产品的市场接受度过于乐观，想象着自己即将成为另一个乔布斯或比尔·盖茨，这种盲目的“自信”终将成为一颗定时炸弹。

一次扎实的市场调研，将是一个企业良好开端的第一步，也将伴随着企业发展的每一步。对于互联网创新企业来说，针对用户需求进行产品设计是在制定和开展市场营销活动之前做的。因此，市场调研的最佳时机也应该是在产品设计之前。

那么，在产品设计之前的市场调研需要实现哪些功能呢？

1. 寻找市场缺口

随着互联网技术的快速发展，留给创业者的剩余空间已经极为狭窄，如果不做市场调研就直接设计并生产新产品，然后再苦苦寻求市场，无疑是一场赌博。真正的创业思路应该是：先通过调研分析市场，了解市场整体趋势、目标市场中的竞品的优劣、消费者尚未被满足的需求、是否有可细分市场等信息，然后根据数据进行理性分析找到市场缺口，最后才是设计产品，让产品真正来源于市场中。

2. 戳中用户痛点

史玉柱特别重视研究消费者，曾多次强调，“我从不琢磨领导们各有什么爱好，只一心一意研究消费者”“谁消费我的产品，我就把谁研究透，一天不研究透，我就痛苦一天”。在市场调研的过程中，针对消费者的调研是非常重要的环节。如果能够在调研分析中找准用户的痛点，就能够在很大程度上让产品达到一鸣惊人的上市效果。

3. 制定产品战略

创业不是想当然地开发产品，然后丢到市场听之任之。前期的市场调研能够为产品定位、设计、推广、营销，哪怕是小到产品上市时机都做好准备。就好比打仗需要指挥部，前期市场调研便是产品战略制定的GPS，能够最大可能地防止产品设计之路走偏或走错。当然，调研中也会遇到一些“伪需求”，需要运用多种调研来避免由“霍桑效应”导致的伪数据结果。

---

① 资料来源：田婷. 史玉柱营销之道，北京：中国法制出版社，2015.

6.1.2 市场调研的方向及注意事项

产品上市前的市场调研，可以主要围绕以下几个方面展开，即市场趋势、行业市场、消费群体、竞争对手、自我能力。

1. 市场趋势

创业不是一时兴起，所有创业者一定都希望自己的企业能永葆长青，那首先就要对市场趋势有一定依据的预判。例如，在例 6.1 中，史玉柱在得到未来 30%的市场增长的预测后，才开始网游产品的研发。在市场趋势的研判中，要拥有长远的眼光，并不是所有的市场空白都具有发展趋势，而要看空白的可持续性。可能某种产品很有市场空间，在一定时间内消费者也很需要，但是这个产品可能不是未来的趋势。例如，当下比较有争议的共享充电宝，虽然迎合了当下的“共享”热潮，也能解决消费者一时的燃眉之急，但是面对消费者越来越注重信息安全、手机电池容量也越来越大的趋势，共享充电宝的未来市场并不被看好。

2. 行业市场

市场规模有多大，定位是什么，也是决定产品设计的基本问题。例如，研发盲人手机，这肯定是盲人群体的刚需，而且市场上竞争产品少，但是市场规模可能很小，这就需要通过调研了解市场空间到底有多大。再比如老年手机，市场空间很大，但是产品对老年人的定位是哪个年龄段，哪些老年人会购买功能简单、字大、音量大的老年手机，哪些老年人只是需要一款字体较大的智能手机。这些都将决定产品的设计。

此外，在行业市场的调研中，还应了解类似产品在国外的发展，以及国家和地方政府有无对该行业的扶持政策或明令禁止的方面。

3. 消费群体

互联网产品的模仿速度非常快，这也导致互联网产品的趋势是进一步的人群细分，以提供更好的个性化服务和差异化竞争。马化腾在一次内部分享中提到，腾讯善于做产品，世人皆知。但其实我们更多时候应该少提“产品”和“功能”，多谈“服务”和“特性”。而服务的对象是消费者，消费群体需要什么样的服务，这些服务有哪些特性，整体服务流程是怎样的，整体服务成本是多少，这些都需要对消费群体进行定量和定性的分析来获得。

然而，在对消费群体的调研中，一定不能忽视“霍桑效应”带来的伪需求。20 世纪 40 年代，雀巢咖啡研制出速溶咖啡并投入市场，但购买者寥寥无几。在问卷调查中，很多家庭主妇表示不愿意购买速溶咖啡是因为不喜欢速溶咖啡的味道。但是在口味测试中，主妇们大多不能区分出速溶咖啡和豆制咖啡。那原因究竟是什么呢？在间接调研中发现，家庭主妇认为购买速溶咖啡的主妇是懒惰的、邋遢的、生活没有计划的女人。所以并不是产品有问题，而是人们的购买动机。

因此在调研中，一定要准确地把握消费群体的“痛点”。心理学家表明，痛点、抱怨往往能够反映消费者真实的想法。戳到“痛点”，离真相就不远了。

4. 竞争对手

初入行业，借鉴和学习是快速接近对手的好办法。首先在宏观上，对现有市场上的同质产品做竞品分析，了解竞品定位、用户、业务、盈利、公司情况等，在调研中找到自身产品的立足点。然后针对选择出来的有目的性的竞品，深入使用，理解当中的真实意图，找到问题，并在日后产品设计中避免此类问题的出现。

商业中往往很难从表面现象发现对手真实的产品意图，可以通过多种方法和途径进行深入分析。例如，关注对手的产品发布会，到现场和对方友好交流；调研对手的客户，了解客户对其产品的看法和需求等。最终目的都是能够深入理解竞争对手的内在思路，用他山之石攻玉。

5. 自我能力

产品的设计必须与自身能力相匹配，不能被创业的热情冲昏头脑。有些时候不怕神一样的对手，反而怕千里之堤毁于蚁穴。在做市场调研时，也一定不要忘记对自身团队进行客观地评估，清楚内部挑战和风险、团队能力和企业战略的匹配性。①

6.1.3 市场调研方法概略

市场调研的最终目的是深入了解市场，让产品的设计更加适应市场需求，所以，市场调研一定不能流于数据表面。创业者在市场调研分析时要把自己的角色转变为一名产品经理，头脑清醒地为产品设计掌舵。在此列举“更快的马”的案例。

例 6.2

调研用户的反馈：
用户 A：我觉得骑马不舒服，太颠簸。
用户 B：我觉得骑马太危险。
用户 C：我觉得养马太麻烦了。

此时，反馈的表面信息显示：用户需要一个速度快、不颠簸的马车，还要配一个好的养马师傅。这只是在已有市场上的服务优化。深入分析后，可以合理推论，用户需要的是一种快速、舒适的交通工具。除了快速舒适，用户还需要哪些深层次需求？如彰显自我，如更便捷的操作……

市场调研不是一次单纯的数据收集和累积，而是如何让其服务于产品设计，帮助创业者想清楚、想明白自己的产品是什么？是简单地复制优化，还是像亨利·福特制造汽车、乔布斯发明 iPhone 那样用产品改写世界。

1. 调研方法

市场调研是一项需要具备方法和技术的工作，涉及内容十分广泛，在此仅简略提及。

① 资料来源：知乎. 互联网产品调研和竞品分析的方法有哪些？杨林. 企业服务/TMT 领域研究员，https://www.zhihu.com/question/ 63329615/answer/239616301.

如果创业者有足够的经济实力，可以委托专业调研机构开展调研。如果创业者资金有限，建议认真开展自我学习，亲自走入市场，获得一手资料。

在产品设计前期，将会涉及的调研方法有用户访谈、问卷调研、用户测试、用户反馈以及数据分析等。

2. 方法运用

调研方法既可以“单打独斗”，也可以出一套“组合拳”。可以根据调研阶段、调研目的进行灵活搭配。

(1)产品需求分析阶段。首先可以采用用户访谈的方法，在消费群体中进行少量抽样，对消费者进行定性分析。在确定产品方向后，再将问卷调研和用户访谈相结合，把访谈中发现的问题整理成客观题目，对范围更广的用户进行调研，进一步明晰用户需求。

(2)产品细化过程。通过调研结果，将用户需求与产品功能相匹配，整理出希望赋予产品的功能、操作、服务等。然后可进行再一轮的定量调研，让用户进行功能的取舍和优化级的判断。最后进入产品研发阶段。

(3)产品研发测试。在初步研发的产品中部署相应的功能反馈入口，邀请目标核心客户进行功能的使用及测试，在各个反馈功能跳出的窗口让用户进行反馈。既对产品进行了测试，也完成了问题反馈，并通过各类后台数据，对产品进行上线前的最后优化。

(4)战略制定。产品设计的过程也不能忽略整体运营战略的制定。运营战略与产品定位、核心功能、产品形态、目标人群等密不可分，这些都将决定产品的上线时间、推广策略、用户挖掘等。

6.2 早期的产品设计

6.2.1 网络产品设计流程

经过前期的市场调研和数据分析，作为一个创业公司，需要从何处入手开始产品设计呢？首先，应该明确一个中心，那就是“以人的需求为中心”，这也是本章从始到终一直在强调的，围绕这个中心，至少路不会走得太偏。在早期的产品设计流程中，可以简略概述为三个部分，即概念设计、交互设计和视觉设计。

1. 概念设计

概念设计是正式设计流程开始的第一步，也是最重要的一步。在这一步，要根据市场调研的数据分析，来明确整个产品或某一功能究竟要为用户解决什么问题，给他们带来什么体验。进一步的话，还可以初步确立整个产品的发展路径。这些内容可以通过一份较为完整的产品需求文档，来向团队更好地展示未来的工作。一份完整的产品需求文档包括产品概览、使用场景、Epics、User Stories、项目规划、更改日志、Open issues 等。如何“以人的需求为中心”制定相关内容，后面也提供了一些具体方法。

2. 交互设计

交互性是互联网最主要的特性，用户使用任何一个互联网产品都是“人—机对话”的过程，“对话”的愉悦性、舒适度，是否会再一次“对话”，都取决于产品的交互性设计是否友好。例如：当下的产品登录，有的需要邮箱/电话/用户名登录，并且只有这样的通道可以进入；有的产品则提供给用户更多的可能，设置了 QQ、微博、微信等快速登录通道。在不影响大局的情况下，人们往往会喜欢拥有更多的自主选择权。交互设计涵盖信息架构、关键流程设计、明确屏幕流程、具体界面设计、创建模型等。

3. 视觉设计

视觉设计是人们接触产品的第一感官。搭建好产品内核部分后，需要明确视觉设计原则。在视觉设计上有必须要遵循的原则，即清晰、一致性。确立与产品相关的设计原则主要依赖两点：第一，了解产品的最终用户希望通过产品来实现什么样的价值；第二，团队本身希望传递出什么样的产品感觉。视觉设计所传达的内容是有意义的，如蓝色代表理性、红色代表热情。在视觉设计中切忌单纯地用“好看”“不好看”来评判，而是根据需求来进行符合产品定位和用户定位的视觉设计。

6.2.2 根基要稳

1. 5W1H1V 法

经过前期的市场调研，创业者拿到了一手数据及相应的分析结果。那么这些数据和分析是有效的吗？可以看看是否足以回答以下几个问题。

(1) Who（人员）——谁是你的用户？产品及其功能为谁设计？

(2) What（产品）——用户可以用你的产品及其功能做什么？产品及其功能可以为用户解决什么问题？

(3) Why（目的）——用户为什么用你的产品，而不用别人的？为什么需要这些功能？和其他产品有什么区别？

(4) Where（场所）——用户在哪儿会使用你的产品及其功能？

(5) When（时间）——用户在什么时候会用你的产品及其功能？

(6) How（方法）——用户如何使用你的产品及其功能？

(7) Value（价值）——产品的价值在哪里？

以上 7 个问题可以总结为 5W1H1V 法，犹如产品设计早期的航海图，指挥着产品设计走向。我们以迅雷网游加速器为案例，来解析这一方法的运用。

例 6.3

(1) Who——网游用户。（拥有庞大的用户群）

(2) What——加速游戏，解决延时、掉线、登录慢等问题。（网游用户最关注的问题）

(3) Why——迅雷网游加速器可免费使用，加速快、安全方便、签到送礼等。（与其他产品的差异）

(4) When——玩网游、页游、对战时。（用户使用频度监控）

(5) Where——在家、网吧等。(可对运营策略产生影响)

(6) How——下载迅雷网游加速器→登录游戏→选择区服→启动加速→再启动游戏即可。(产品的可操作性优劣将影响用户黏度)

(7) Value——获得游戏用户群，提供增值服务等。(价值是产品的终极目标)[①]

5W1H1V 法探讨的问题，一定是客观地依据对消费者和市场的调研得来的问题。部分创业者会对自己“YY”出来的用户需求抱有一厢情愿的乐观，认为自己的想法就是多数人的需求，觉得自己抓住了痛点，发现了市场机会。纵然这样的想法也可以套用上述方法，但这将是一个主观条件下的难以成立的前提。

例 6.4

一位创业者利用已有的传统资源组建了一个团队(资源和团队跟所做项目的核心能力需求不太相关)，并花费十几万外包制作了一个 App，以期解决“移车问题”。实现途径为：用户通过车牌号注册 App，遇到停车位被其他车辆占用的情况，打开 App，根据车牌搜索车主信息，联系其来移车。诚然“移车问题”是有车一族的痛点，但是“大家都愿意来注册”是一个一厢情愿的想法。至于“政府肯定支持”和“用户量上去之后”更是没有合理的前提。这位创业者忽视了一个重要问题——用户如何获取，这是一个不可逾越的难题。

源于创业者自身需求的想法，能否代表多数消费者的需求？有用户需求是否意味着就有市场机会？因此创业者切勿让自己的 idea 说服了自己，陷入自我欣赏的漩涡无法自拔。Facebook 的产品设计总监 Julie Zhou 曾说，经验主义会阻碍你在头脑风暴的过程中诞生好想法。[②]在早期的产品设计中，每一步都要冷静、客观，一切从消费者出发，这是设计出好产品的基础。

2. “Z”字法

在产品设计的早期阶段，是一个产品从无到有，在立与破中不断反复、修正的过程。犹如我们获得了一块翡翠原石，需要精心打磨来发现里面石料的好坏，然后再根据石料的色泽、形状来决定如何更好地利用这块石料。在产品设计中如何更好地对产品进行调试、完善，依然需要在各个核心阶段对用户需求进行收集。良仓孵化器创始人、阿里产品专家苏杰总结了一套“Z”字法，如图 6-1 所示。

(1) 定性 VS 定量。

定性研究偏向于了解，这可以帮助你有目的性地找出原因；定量研究偏向于实证，可以通过数据帮你发现某些现象。只定量会“以标代本”，看到问题却不知根结在哪里；只定性会“以偏概全”，可能被部分样本的特殊情况一叶障目。因此，两者需要有机结合，“人们认知新事物的过程通常都是从定性到定量，再定性再定量，并且螺旋上升，而了解和证实也是在不断迭代进化的。”[③]

---

① 互联网产品设计的 5W1H1V 分析法. 老曹. 人人都是产品经理, http://www.woshipm.com/pd/13130.html.

② 特赞(Tezign)微信公众号(Tezign)，Julie Zhuo (Facebook 产品设计总监).

③ 苏杰. 人人都是产品经理，北京：电子工业出版社，2010.

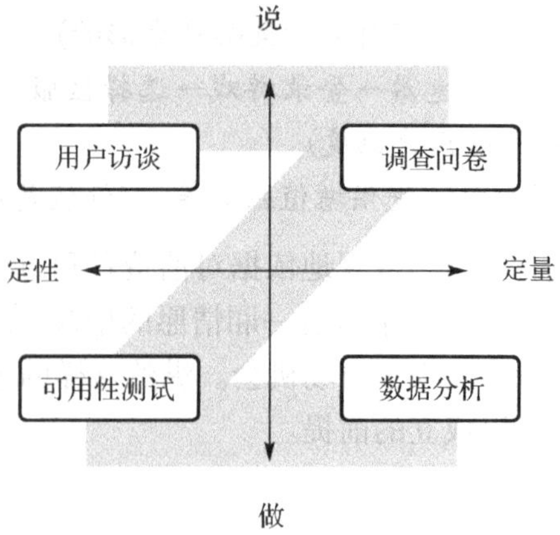

图 6-1 “Z”字法

(2)说 VS 做。

前文提到了“霍桑效应”，人们怎么说和怎么做可能是不一致的，但依然要听消费者怎么说，看他们怎么做，因为“说”能够表现目标和观点，“做”代表着实际行动。虽然“耳听为虚，眼见为实”，但通过如何说可以了解背后的原因，这样才能找到人本身的原因，从根本上解决问题。

如图 6-1 所示，按照“Z”字行走的顺序，收集需求，可以为早期的产品设计保驾护航。毕竟用户需求是产品设计的原动力。在早期设计过程中，反复进行“Z”字行走，既可以确保产品设计少走偏路，也可以帮助设计人员更好地完善产品功能。

6.2.3 从 0 到 1 的核心是什么

彼得·蒂尔在《从 0 到 1》一书中说，每次我们创造新事物的时候，都会使世界发生从 0 到 1 的改变。这种从 0 到 1 的垂直进步较难想象，人们需要尝试从未做过的事。创业者往往朝圣那些从 0 到 1 的产品，如 PayPal、Facebook、Google、iPhone 等，但大部分时候，往往是照搬已取得成就的经验——直接从 1 跨越到 *N*。一个产品从无到有，是创业者自身从 0 到 1 的超越，这个过程中的核心是什么？乔布斯说：“这就是我的秘诀——专注和简单。简单比复杂更难，你必须努力让你的想法变得清晰明了，让它变得简单。但是，到最后，你会发现它值得你去做。因为一旦你做到了简单，你就能搬动大山。”

例 6.5

“实习僧”项目是大学生创业项目的成功案例，用另一种更吸引人的表述来说，它更是一次顺理成章的偶然。2013 年，校就业与创业协会会长黄林海急需一个品牌项目为协会成员提供锻炼机会。经过一番策划与讨论，一个致力于为大学生就业提供帮助指导的公益项目在黄林海的主导下应运而生。该项目旨在打造一个提供就业信息及中间对接服务的学生与企业的双向平台。自诞生一年多来，平台已被不少投资机构看好。收到许多合作意向的黄林海也逐渐产生了创业的想法。在整合已有数据资源和调研国内外类似产品后，黄林海开始着手将这个公益项目商业化。当时，招聘领域的行业巨头已经存在，实习生又是一个很小的切入口，前景的不确定性让黄林海的想法并没有得到太多人的支持。面对众多反对意见，黄林海依然坚定地执行着自己的计划。他通过一系列的市场调研来向诸多怀疑者以及自己的合伙人论证该计划的可行性。他分析得出了目前主要竞争对手的共同的薄弱环节——实习。经过几年的奋斗，“实习僧”成功了。如今的“实习僧”已成为全国最大的实习生在线招聘平台，完成了数千万的A轮融资。

“实习僧”在众多招聘网站中寻找了一个看上去较窄的入口，但是这个入口的背后却是全国2000多万的在校大学生和不容忽视的海外留学生。创业者黄林海一直坚守着“实习”这个产品核心，并在企业稳定发展后，寻求如何将“实习”招聘做大做强，从未偏离这个航道。创业者在掌舵一个产品从无到有的过程中一定要注意以下几点。

(1)抓住主要矛盾，明确产品的核心价值。从0到1的道路有许多条，但方向一定不能错。

(2)产品的核心功能一定是最能稳定客户需求的那一项，也就是用户花70%时间在上面的功能。非核心功能往往会浪费团队的主要精力，即使是超人，精力也是有限的，集中力量攻坚克难也将有效地保持团队士气。

(3)保持核心，不要总想大而全的产品。周鸿祎也曾承认，自己有时候会犯浑，指示下面的人说，为什么不做这个功能，为什么不做那个功能，而让员工做了许多与核心需求无关的事，导致产品在成型前就走样了。

(4)一个方向尝试失败再探寻另一个方向，绝不同时尝试两个方向。许多失败的项目都是在做的时候希望“关照”多个方面，做出来一个“拧巴”的产品，偏离了最初的想法。

6.2.4 转向需谨慎

没有一家企业能在创业之初就推出一个设计完美的产品，也没有任何一个创业者是在一条笔直的康庄大道上直接抵达赚钱的彼岸的。经过前期的一系列准备，创业者可以摸清楚大的市场方向，但是推出的产品以什么样的方向和什么样的形式更能适应市场，一定会经过不断的摸索、返工和修订，所以请一定做好试错的准备。

在产品早期设计过程中一旦发现错误，要尽快进行研判，该错误是技术性错误还是方向性错误。如果是技术性错误，便要及时改正，减少产品中的BUG；如果是方向性错误，不要急于否定自己，而要看它是否偏离了基于前期调研定下的大方向。如图6-2所示，只要还在大致的市场方向区间，就不要轻易放弃。对于创业初期的管理者，半途而废不仅会削弱士气，产生巨大的心理压力，还会造成不必要的资源浪费。当你想要放弃已经走上设计流程的产品时，先冷静下来，多方考量，再做出谨慎的决定。当然，这个思考周期是要计入产品设计的时间成本的，过度的犹豫不决将会错失最佳机会。

即使你的主干产品已经基本成形，也不要自信满满地试图在一开始就多方面开花。要知道以搜索引擎起家的谷歌，虽然还做了其他十几款不同的软件产品，如自动驾驶汽车、安卓手机、可穿戴装置，但是企业95%的收益仍来自搜索引擎广告。也正是凭借搜索引擎这一核心优势，“谷歌”已经作为一个动词被编入《牛津英语大词典》。

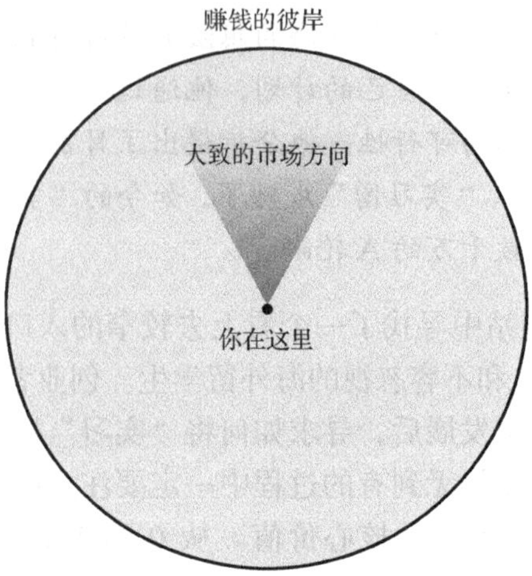

图 6-2　初入市场①

6.2.5　简单出发

看到下面两个网站界面(如图 6-3、图 6-4 所示)，你会更喜欢使用哪个？在信息量过剩的今天，网络受众更喜欢那些能够直接击中他们需求的那个产品。复杂的、多选项的产品会给用户带来干扰，以及接收信息的心理压力，所以，当他们面对那个不是非用不可的产品时，会很容易放弃继续操作，即使非用不可也会感到烦躁不安。在早期的产品设计中一定要做减法。当你为一个功能，哪怕是一个小小的按钮取舍不定的时候，不要问“为什么去掉它”，尝试去问问“为什么要留着它”，留着它会不会带来什么坏处，如果不要会不会有什么影响。

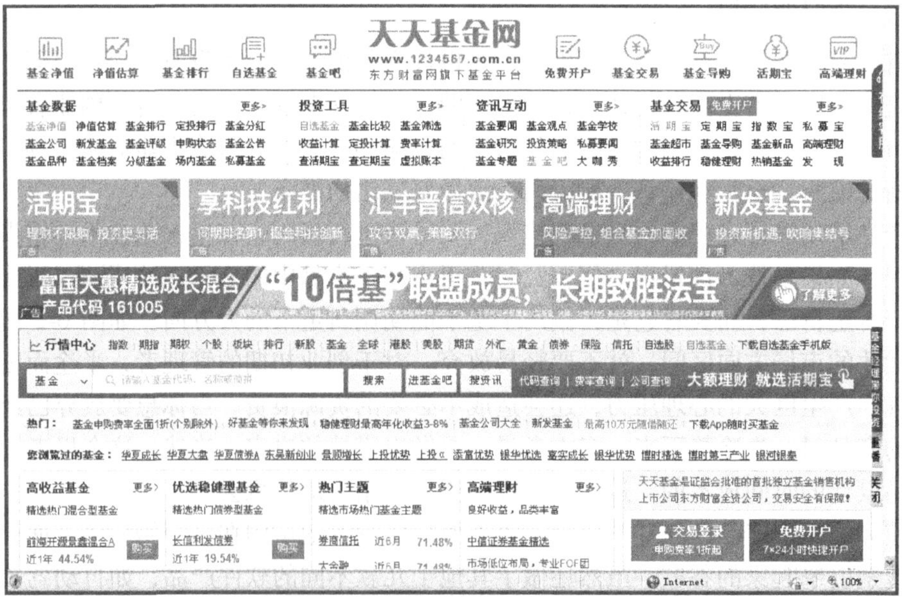

图 6-3　天天基金网站界面截图

① 黄海均. 如何把握产品迭代的节奏感 职人社(专栏)，https://zhuanlan.zhihu.com/p/22023564.

图 6-4　百度搜索网站界面截图

1. 界面上的减法

界面要尽量简洁友好，让核心功能处于首界面的显著位置，用户可以立即找到解决问题的通道，而风格美观是第二位的。

2. 技术上的减法

早期设计的互联网产品，在没有验证用户需求的情况下，尽量使用现成的工具，尤其是架构灵活、扩展性好、承载能力强的代码框架、模板、开源项目等，以降低技术成本。也许部分“技术宅”创业者更倾向于自己开发，这可以等有了用户基础之后再重构。

3. 功能上的减法

依然如前文所述，坚守产品的核心功能，不要盲目跟风。曾经有创业者做了一款留学 App，为准备出国的学生提供学校招生信息和申请指导。当代购火起来的时候，他立刻增加了代购和支付功能。试问，该 App 的目标用户是准备留学的人群，用户都出国了，还有谁需要代购呢？

正如乔布斯所说：“创意来自我们对 1000 种东西说不，从而确保我们不会误入歧途或陷入太多琐碎的事务。我们总是在思考我们能够进入的新市场，但是只有学会拒绝，你才能集中精力关注真正重要的事情。”

6.3　新产品上线的注意事项

6.3.1　产品测试

新产品上线要做好充足的准备，其中一个连接产品设计和产品上线的环节便是产品测试。一般来看，互联网产品会经历三个测试阶段，即内部技术测试、内测和公测。在大型网络游戏的设计推广中，往往会经历这三个阶段，大多数会通过内测和公测来积累用户群体。其他的网络产品则根据情况酌情考量。

(1)内部技术测试。这一阶段由公司内部的测试组成员和用户代表来完成，重点在于发现重大的错误及漏洞，并在测试结束后进行修改。通过内部技术测试，公司相关工作人员要熟知产品的每一个功能点，以便快速准确地应对日后用户的各种反馈。

(2)内测。产品在正式上线前，可以进行一定时间的内线测试，邀请目标用户群使用该产品，主要目的是帮助完善产品细节。在这一阶段，一定要尽可能地真实还原用户群的使用环境，这样才可能收集到更多关于产品正式上线后的可能性，未雨绸缪方能临阵不乱。

(3)公测。这一阶段也可以说是产品的正式运营阶段，常见于网络游戏中。以游戏运营商为例，往往通过公测集聚人气，配合大量的宣传推广和广告投入，使游戏人数达到高峰。通常在为期数个月的公测和宣传期后，游戏已经聚集了大量的人气。此时，运营商才会开始实施商业化行为。①

6.3.2 数据统计

经过前期一系列的调研、设计、开发、测试之后，产品终于上线了。虽然经历了一系列的验证，但也不代表这个产品就完美无缺，放在网络里，就可以高枕无忧地坐收渔利了。产品的后台需要工作人员保持24小时在线，观察数据和随时解决问题，如果第二天一觉醒来才发现产品系统瘫痪了，那将失去一批用户。数据观察的过程也是一个对产品进行验证的过程，数据所代表的是用户行为和产品之间的关系。例如，产品核心功能的用户点击率怎样？如果很低，是用户没有耐心走到那一个功能，还是什么环节的缺点影响了使用？根据点击率与合理的猜想，可以帮助找到相应不完美的环节进行改进。因此要有目的地跟踪数据，而不是盲目收集数据。

互联网产品上线后，需要关注哪些数据，在此仅做简单罗列，具体情况还应具体分析，如表6-1所示。

表6-1 产品上线后数据统计内容②

类别	数据	具体内容
用户相关数据	设备终端	用户使用产品的终端设备是什么，PC端和移动终端的占比分别是多少，移动终端里iOS和Android设备的占比分别是多少
	网络及运营商	用户使用设备时的网络环境是什么，wifi、2G、3G、4G占比多少，运营商占比是多少
	使用时间段	用户使用产品的时间段
	用户属性	用户基本信息，年龄、性别等比例(目的是为了确定产品实际的用户群体，验证与产品定位的目标用户是否一致，是否需要有所调整)
产品相关数据	新增用户数	新增加的注册用户数或安装用户数
	活跃用户数	一段时间内启动或登录过应用的用户，可按日、周、月不同周期统计
	用户留存率	可按次日留存率、周留存率、月留存率统计(留存率：用户在某段时间内开始使用产品，一段时间后，仍然继续使用该产品的用户被认作留存用户，这部分用户占时间段内新增用户的比例为留存率)
	单次使用时长	用户每次自启动产品开始算起，单次使用产品的时间长度
	使用频次	每日、周、月启动产品的次数
	最高在线用户数	自产品上线后的最高在线用户数和所在时间
	浏览量和访问用户数	每个页面的总浏览量和访问的用户数量

① 运营一款新的网络游戏需要进行哪些内部及外部的测试，https://www.zhihu.com/question/20316015/answer/14733809.

② 产品上线后需要关注哪些方面，https://www.zhihu.com/question/52438750/answer/132214155.

续表

类别	数据	具体内容
	使用页面数量	用户会跳转至的页面层级为多少，每个页面的到达率为多少
	转化率	用户进行了相应的动作后的访问量占总访问量的比重（后文将详细讲解）
	任务完成率	用户进行一个任务的完成率，如下载完成率、安装完成率、注册完成率等
	错误数量	用户在使用产品的过程中是否会出现错误，出现错误的数量是多少，频次如何
	错误摘要	在出现的错误里，错误的详情描述是什么
	用户反馈	用户对产品使用的反馈信息
商业数据	日/周/月均流水	产品的日/周/月平均盈收
	平均付费	单个用户的平均付费单价，即客单价

6.3.3 产品推广

俗话说“好酒不怕巷子深”，但在互联网世界里，产品同质率高、复制速度快、更新速度迅猛，好的产品也怕被默默无闻地淹没在信息大潮中，眼睁睁地看着被后来者抢先时机。所以在很多时候，互联网产品做出来不代表就能最终做起来。因此，在产品上线之初便要产品开发和运营推广两条腿走路，这是由互联网的特性所决定的。

本书第 7 章将具体讲解互联网产品推广策略，在此不再赘述。

6.4 产品迭代

6.4.1 速度要快

何为迭代？迭代是重复反馈过程的活动，其目的通常是为了逼近所需目标或结果。①前文图 6-2 展示了创业初期的情形，那么你从创业起步到达赚钱的彼岸，要经历一段混沌期。已知的是市场大的趋势方向，你只有在混沌中，根据调研做出一种可能性的产品，并快速地拿一版出来试试，毕竟做已知的互联网产品是几乎赚不到钱的。初创的产品发布出去，是否解决了用户的问题呢？用户的反馈会告诉你，他们在乎什么、不在乎什么，还需要什么。根据反馈来调整方向，再做一版，再听反馈，再一次进行调整优化。这一次次的产品优化，就是产品迭代，也正是在这种迭代中，产品才有可能找到正确的方向。

首先通过案例来看看支付宝的发展历程。

例 6.6

马云于 2004 年 12 月创立的浙江支付宝网络技术有限公司是一家国内独立的第三方支付平台。目前，支付宝在多个领域都取得了令人瞩目的成就，其实名用户也已超过 3 亿。支付宝的发展历程可简略概述如下。

1. 根植淘宝（2003～2004）

2003 年，仅仅作为支付工具被淘宝平台推出的支付宝，最开始充当的只是淘宝网资金流工具的角色，用以降低网上购物的交易风险。随着淘宝网的发展，支付宝也有了源源不

① 百度百科“迭代”，https://baike.baidu.com/item/%E8%BF%AD%E4%BB%A3/8415523?fr=aladdin.

断的用户流。2004 年，阿里巴巴管理层开始考虑将支付宝作为一个独立的产品，成为所有电子商务网站一项非常基础的服务。同年 12 月，支付宝从淘宝网拆分出来，作为网站正式上线。

2. 独立支付平台(2005～2011)

作为独立产品的支付宝的发展之路顺风顺水。2005 年 2 月，支付宝推出全额赔付制度。同年 3 月，与中国工商银行达成战略合作伙伴协议，在原有基础上进一步加强双方电子商务领域、支付领域合作的范围和深度，随后又与农行、VISA 等达成战略合作协议。当时，网络消费远没有现在发达，使用支付宝产品的也只有淘宝网的客户。以整个互联网电子商务的发展为目标的支付宝，首先从网游、航空机票、B2C 等网络化较高的外部市场开始切入。2006 年年底，支付宝独立支付平台的身份开始被外界接受。

之后，支付宝继续朝全平台发展目标前进。2007 年，支付宝与南方航空等外部企业达成合作，淘宝已不再是支付宝的单一使用对象，除淘宝外的外部商家交易额占到全年的 30%左右。同时，支付宝开始针对商家(淘宝网和阿里巴巴网站的交易除外)展开收费。

2008 年 8 月，支付宝用户数突破 1 亿，占网民总数的 40%。10 月份支付宝宣布正式进入公共事业性缴费市场；与亚马逊等独立 B2C 展开合作，成为其平台支付方式之一；同时，支付宝跳出 PC 端服务，推出 WAP 手机版，布局移动领域。

2009 年 7 月，支付宝宣布用户达到 2 亿。相比于 2008 年，在不到一年的时间里，支付宝用户实现翻番，外部商家也爆炸级增长。同年 12 月，外部商家数增长至 46 万家。

2010 年 11 月，支付宝开始着手建设无形的开放平台，“聚生活”战略随之启动，迈出了从“缴费服务”向“整合生活资源”战略转型的步伐，实现市县级的水电煤缴费、信用卡还款、缴纳罚款、缴纳学费、行政类缴费以及网络捐赠等多项服务。同年 12 月，支付宝用户突破 5.5 亿大关。

3. 获批第三方支付牌照(2011～)

2011 年 5 月，支付宝获得由中国人民银行颁发的首批第三方支付牌照，这也意味着一直以来的第三方支付无序状态的结束，也标志着支付宝新征程的开始。

2011 年 7 月，支付宝推出手机支付产品——条码支付，向线下支付市场进军。

2012 年 5 月，支付宝获得基金第三方支付牌照，开始对接基金公司。

2013 年 6 月，余额宝服务正式上线。12 月，支付宝宣布将联合快的打车大规模“进军”北京出租车支付市场。

2014 年 1 月，支付宝公司宣布正式进军海外 O2O。①

……

在国内，支付宝创造性地改变了人们的生活方式，是一个将被载入互联网发展史册的经典产品案例。也许正是它的创造性变革，其发展历程不易被复制，却能给我们许多启发。产品是应一定的需求所产生的能解决问题的方案，而人们的需求是在不断发展的，要解决的问题也是在不断变化的，因此解决问题的方案就得随之改变，那么产品也需要与时俱进——尤其是发展迅猛的互联网产业中，产品更要及时迭代。产品迭代时，首先要从用户需

---

① 整理于“支付宝商业案例分析”百度文库，https://wenku.baidu.com/view/24c0608989eb172dec63b73c.html.

求出发解决问题，不断优化用户体验，让产品提档升级。然后要扩展市场渠道，寻求可复制、可规模化的商业模式。如支付宝便是以网络支付为起点，不断快速辐射、扩展至可能的市场领域。产品需要通过合理优化的商业模式帮助企业从用户手中获取利益。

产品迭代是一个过程，除非产品消亡，这一过程将不会停歇。对于互联网企业来说，产品迭代开发是一种分摊成本、降低产品开发失败风险的方式。在迭代的过程中，每一次都可以投入较小的成本，尽快获取用户反馈，来验证产品是否符合市场需求。所谓“船小容易调头”，如果符合市场，就坚持走下去，探寻新的优化；如果不符合，可以果断放弃寻求新的方向。成功的产品不会一蹴而就，每一次验证的答案也不会都是成功的。在微软的改变中，只有 1/3 的想法产生了积极变化，而亚马逊 60%～90%的想法没有能够改善他们想改善的目标，[①]但是从整体过程来看，迭代是能够加速整个产品开发过程的。

6.4.2 存在感要强

在网络世界，总是不乏新奇玩意儿。哪怕是一款十分经典的游戏，玩久了也会疲劳，定期推出新的玩法、地图、副本，才能很好地提升用户活跃度。当然，这里所说的迭代也不仅仅是单纯地、无关痛痒地修复 BUG，而是有计划、讲策略的整体性递进式的产品开发。当用户的需求不断得到满足，使用体验不断得到优化，他们才会对你的产品产生期待，甚至产生依赖。好比大批的“果粉”在每年的 9、10 月份便翘首以盼 iPhone 的新品发布会，这种期待引发的蝴蝶效应，足以抵付一笔相当可观的广告投入。产品就是在不断的迭代中刷存在感，只有坚持，产品才能真正深入用户内心。毕竟人们永远无法对一成不变的事物保持长久的兴趣。那么如果刷存在感呢？

(1)快速响应。产品设计是一对多的较量——设计人员是有限的，而用户是多样的，所以，推出的产品难免会有用户不满意的地方。“天下武功唯快不破”，及时响应用户的反馈，至少在印象分上会提升不少，非常有利于用户的留存。例如，MIUI 每周一次发版，用户上周提的需求这周就实现了，上周提的 BUG 这周就修复了，这种巨大的参与感赢得了早期 ROM 发烧用户的簇拥。在产品迭代过程中，可以固定的频率进行，这样能够给用户定时的期待，好比电视剧每集最后所埋下的伏笔。

(2)把握节奏。产品迭代的步子迈大了，会拖慢迭代频率，增加研发风险；步子迈小了，无法提升用户兴趣。企业要根据整体规划主线，把握迭代的节奏。针对研发，每次迭代集中一个关键功能的研发上，在制定好的迭代周期内攻坚完成，而不要过多地随意加功能，让产品变得臃肿。针对用户，可以大版本、小版本交替出现，既让用户感受到产品“主线”，又让用户感受到产品在一段时间一直在强化核心场景，以延长产品热度和生命周期。[②]

6.4.3 市场调研不能停

前文以 5W1H1V 法的提问来判定调研结果的有效性，在产品迭代的过程中同样少不了市场调研，毕竟每次迭代的效果如何，还要用事实说话。在产品迭代的过程中，市场调研

---

① 汉德森. 精益企业：成功实施精益化管理的实践指南，北京：企业管理出版社，2005.

② 黄海均. 如何把握产品迭代的节奏感，职人社, https://zhuanlan.zhihu.com.lp/22023564.

与产品迭代呈螺旋式开展。在产品迭代的调研中，可以通过五个问题来衡量每次迭代是否成功。

1. 新功能是否足够受用户欢迎

如何衡量受欢迎程度，可以参考一个指标“功能活跃比”，即使用某个功能的活跃用户占同期活跃用户数的一个比例。该指标仅能作为参考，不能仅从这一个方面就得出衡量结果。

2. 用户是否会重复使用我们的新功能

吸引用户使用新功能的因素有很多种，但是能够让用户长期重复使用新功能只有一个因素，那就是这个新功能满足了用户的需求，给了他们很好的使用体验。因为在日常实际情况中，用户是流动的，有的用户不用了，但又有新用户加入，所以很难用同步使用率来衡量新功能效果。因此，可以通过重复使用率和用户留存，以及功能活跃比，来得到一个相对客观的结果。

3. 这次迭代对用户留存的整体影响如何

目前，这一问题可以通过一些主流的产品数据分析或用户行为数据分析的平台来实现。

4. 如果改版是为了优化某个使用流程，那么这个流程的转化率是否得到了提升

转化是指潜在用户完成一次推广企业期望的行为。例如，潜在用户体验了新功能后在网站上提交了订单，或者在网站上停留了一定的时间，或者使用了特定的功能等。转化率是指在一个统计周期内，完成转化行为的次数占推广信息总点击次数的比率。[①]

例如一个内容类产品，发布了文章、图片或视频。企业预期是用户看后觉得好会分享到其他社交平台上，可通过查看从阅读到分享再到分享完成三个步骤，比较分析改版后转化率是否有提升。如果没有提升，便要寻找背后的原因。

5. 深入了解用户到底在如何使用我们的产品，以及改进的功能

前面四个问题已经基本能够从客观数据判定本次迭代是否成功。为了能够给下次迭代做准备，还需要进一步挖掘一些数据。首先，新功能的使用情况到底如何？可以从活跃用户和留存用户两方面进一步分析。其次，用户在使用产品时都做了什么。如果产品改动较大，用户使用产品时做的事是否发生了一些变化？这需要迭代前后的数据进行对比，寻找差异。如果发现有变化，这个变化是否正是迭代的预期，还是有待分析的。再次，用户在哪一环节结束了使用？例如一个 web 产品，用户通过搜索引擎到首页，然后就结束了。这时候，便需要从产品的角度进行分析，首页文案的引导、按钮的摆放、颜色、布局等方面，是否需要进一步优化。

以上的分析看上去有些烦琐，却能够帮助企业从中发现问题、总结经验、改变认知，以便用更优化的产品更好地应对市场的变化。

---

① 百度百科，转化率，https://baike.baidu.com/item/%E8%BD%AC%E5%8C%96%E7%8E%87/2287418?fr=aladdin.

本章要点回顾

- 市场调研是一项寻求市场与企业之间“共谐”的过程。
- 市场调研能够帮助产品设计实现以下功能，即寻找市场缺口、戳中用户痛点、制定产品战略。
- 产品设计前的市场调研主要围绕市场趋势、行业市场、消费群体、竞争对手、自我能力等方面展开。
- 市场调研方法有用户访谈、问卷调研、用户测试、用户反馈及数据分析等，可在产品需求分析、产品细化、产品研发测试、战略制定等阶段，根据需要灵活组合使用。
- 早期产品设计要“以人的需求为中心”，进行概念设计、交互设计和视觉设计。
- 早期的产品设计是从0到1的过程，要抓住主要矛盾，明确产品的核心价值，不要做大而全的产品，也绝不要同时尝试两个方向。
- 在早期产品设计过程中要做好试错的准备，发现错误要理性研判，不要过度犹豫错失时机，也不要盲目沮丧轻易改变方向。
- 产品测试是连接产品设计和产品上线的环节，可进行内部技术测试、内测和公测。
- 产品上线后，要注重收集用户数据、产品数据和商业数据，及时解决产品出现的问题，并通过数据分析用户行为和产品之间的关系，进行产品验证和产品优化。
- 产品迭代是产品通过不断反馈进行调整优化，不断逼近所需目标或结果的过程。这一过程可以分摊开发风险和成本，加速整个产品开发过程。
- 产品迭代不是简单地修复BUG，而是有计划、有策略的整体性递进式的产品开发，可通过快速响应、把握迭代节奏来增强产品在市场的存在感。
- 在产品迭代的过程中，企业依旧需要对迭代产品进行成功与否的考量。

王者荣耀的崛起

2015年3月，一款手游App《王者荣耀》上市，推出之后一时风头无两，虽然争议不断，但是作为一个成功的互联网产品，还是非常具有分析借鉴价值的。

产品简介

- 产品slogan：5V5英雄公平对战手游。
- 收费模式：售卖点券，换取英雄、皮肤和其他小道具。
- 操作方式：触控和触摸遥感。
- 产品介绍：《王者荣耀》是全球首款5V5英雄公平对战手游，包含多样模式体验。游戏时间短，考验个人操作和团队配合能力，不做养成和体力值设定，凭技术决定胜负。
- 产品定位：基于微信、QQ社交关系链基础上的MOBA类手游。

市场分析

为什么《王者荣耀》取得了爆炸式的成功？先来看一下当时的市场概况。

根据艾媒咨询发布的《2015Q3中国手机游戏市场季度监测报告》显示，至2015Q3，中国手游用户累计达到4.97亿人，环比增长1.2%，增速继续放慢，手机游戏用户规模已逐渐见顶。

在玩家付费比例方面，2015年第三季度，手游玩家的付费比例仍然极低，而且能够接受的单次付费金额大多数是在50元以下。

在游戏类型方面，艾媒咨询数据显示，棋牌、酷跑、回合制 RPG、卡牌、休闲、角色扮演等红海市场的游戏类型已趋于饱和，MOBA、3D 动作、沙盒等蓝海市场有待探索，如表 6-2 所示。

表 6-2 国内手机游戏市场规模

	2015 年——红海市场		2016 年——蓝海市场	
	已饱和市场	穿透中市场	已明确市场	需探索市场
游戏类型	棋牌 酷跑 飞行射击 回合制 RPG	卡牌 休闲益智 塔防	MOBA FPS 枪战射击 ARPG	沙盒 战棋
市场规模（人）	450 亿		550 亿+	

与此同时，英雄互娱牵头的中国移动电竞联盟于 2015 年第三季度左右成立。此时，全球电竞爱好者的增长趋势和数量势不可挡，中国在全球电竞爱好者中的占比超过了 50%。

总结以上分析，2015 年第三季度，当《英雄联盟》《Dota2》等端游的世界影响力已经达到顶峰时，手机端的 MOBA 类游戏连热门都算不上。而端游玩家中玩 MOBA 游戏的用户就超过一半，也就是说单单《英雄联盟》和《Dota2》就为全球培养了超过 15 亿的 MOBA 用户。虽然这与当时手机硬件水平有关，但是随着手机屏幕的增大和硬件水平的提高，MOBA 类手游面对的是一片广阔的蓝海市场。

腾讯正是看到这个机遇，连出了两款 MOBA 类的新游戏，分别是《全民超神》和《王者荣耀》。由于在游戏模式和产品质量上远远超过《全民超神》，《王者荣耀》成为后来居上的“王者”。

用户分析和需求分析

1. 目标用户群分析

《王者荣耀》的用户群是从端游转换来的，我们先来看看《英雄联盟》的用户人群。用腾讯浏览指数搜索“英雄联盟”得出的数据显示，《英雄联盟》的用户年龄中 11～20 岁占比最多，其次是 21～30 岁。其中值得关注的是用户中的男女比例，数据显示女性占比不足 10%，这充分说明《英雄联盟》是一款具有挑战性和上手难度的游戏，把大部分女性用户排除在了门外。

在目标人群的选择上，《王者荣耀》团队没有选择和《英雄联盟》重合用户群，而是结合手机端游戏的特点和腾讯社交化的优势，考虑到 MOBA 类游戏的团队属性、极高的耐玩性和本身就非常受欢迎的特点，再次扩大用户群体，充分考虑上手简单和女性玩家的游戏基础等因素，开发出一款几乎可以让所有人都快速上手的游戏。在保证门槛足够低的情况下，再利用匹配同水平玩家和自定义操作方式等一些游戏制度来留住高水平玩家和举办电竞比赛。

2. 核心用户群定位

虽然说门槛足够低，但是《王者荣耀》从发布开始就是以还原端游 MOBA 精髓的大旗来宣传的，一开始的核心用户就是从《英雄联盟》等 MOBA 类游戏转过来的端游核心玩家们。这些资深玩家能够接受游戏的要求就是要满足游戏习惯。因此《王者荣耀》从界面、英雄技能、操作习惯、地图等高度还原了《英雄联盟》。这样的设计稳定了这部分核心用户。那这些重度端游玩家为什么会买简单版手游的账呢？因为在他们的碎片化时间里，《王者荣耀》能够暂时替代。

3. 一般用户群定位

一般用户群就是那些通过朋友介绍或者是《王者荣耀》火到没人不知道了才下载来玩的用户。这些用户也具有明显的特征和需求：他们年轻，愿意尝试新鲜事物；把游戏当作一种消遣，希望通过游戏来满足一定的社交需求；通常在无聊或者碎片化时间玩一会儿游戏。他们对游戏产品的需求就是精致化、碎片化、社交体验、公平需求、一定的游戏需求。

产品迭代

《王者荣耀》团队几乎一个月对版本和功能进行一次大的更新，同时还有优化和更新游戏性，新增英雄和皮肤等。团队能够及时针对市场和游戏的目标做出调整和改进，也是帮助产品短时间内取得好成绩的一个要素。除了游戏本身，《王者荣耀》主要更新的方向是社交、玩法和电竞。在玩法上，既模仿端游的各种功能，又没有完全抛弃手游十分流行的 PVE 冒险模式。在社交方面，社交功能是所有 MOBA 类游戏中根本没有的，这是因为手游和端游的社交模式不同，手游基于一定的现实社交圈。通过手游，很大程度上可以将游戏转变为现实生活中人与人社交的一部分。《王者荣耀》走的就是一条游戏+社交的道路。

产品功能

功能来源于需求，虽然《王者荣耀》这个游戏看似有很多功能，但是它所针对的核心需求和它希望达成的目标却是从一开始就非常明确的。在经过充分的市场调研确认好目标用户的需求之后，设计团队所要做的就是发现目标用户在他们隐藏的需求之下，所需要的具体功能是什么，然后尽可能地去做好这些功能。一款手游如果每个功能都是为了解决用户需求，真正把用户体验放到第一位，就能够保证游戏的品质和口碑了。而接下来要做的，就是把它推到市场，让市场来检验。

当然，《王者荣耀》的成功也不仅仅在于此。这款游戏从立项开始，就有将近 150 人的团队，这在一定程度上保证了游戏本身的质量。但是，团队在这款游戏设计的初始阶段也面临着重大的选择：第一，游戏模式到底应该是什么样的；第二，要针对的目标用户到底应该是谁。最终他们做出了选择，但其实做出选择的并不是他们，而是用户。他们唯一需要选择的就是到底是跟着用户的需求走，还是要强行改变用户的习惯来适应他们，最终他们选择了第一种，并且在后来的无数次选择中，都坚持选择了跟着用户的需求走这一选项。

所有的选择都已经做完了，胜负就此分出。①

本章思考题

结合案例《王者荣耀的崛起》，回答以下问题。

1. 在《王者荣耀》中，你觉得产品的哪些设计契合了当时的市场？
2. 根据案例，结合本章讲解内容，请总结分析《王者荣耀》作为产品，成功的因素有哪些？
3. 请用 5W1H1V 法对《王者荣耀》进行简单的产品分析。
4. 《王者荣耀》产品上线前是否做了充足的市场调研和用户分析？互联网产品上线后需要跟进哪些数据？
5. 《王者荣耀》的用户定位是什么？是否足够明确？
6. 《王者荣耀》的产品迭代过程给了你哪些启示？你觉得该如何把握产品迭代的节奏感？

参考文献

[1] 田婷. 史玉柱营销之道. 北京：中国法制出版社, 2015.

[2] 知乎. 互联网产品调研和竞品分析的方法有哪些？杨林. 企业服务/TMT 领域研究员，

① 整理于佳人如梦，《王者荣耀》手游产品分析报告：崛起的王者荣耀，胜负就是这么简单！人人都是产品经理，http://www.woshipm.com/evaluating/618965.html.

https://www.zhihu.com/question/63329615/answer/239616301.
[3] 老曹. 互联网产品设计的5W1H1V分析法. 人人都是产品经理. http://www.woshipm.com/pd/13130.html.
[4] 特赞(Tezign)微信公众号，Julie Zhuo(Facebook产品设计总监).
[5] 黄海均. 如何把握产品迭代的节奏感，职人社(专栏)，https://zhuanlan.zhihu.com/p/22023564.
[6] 运营一款新的网络游戏需要进行哪些内部及外部的测试，https://www.zhihu.com/question/20316015/answer/14733809.
[7] 产品上线后需要关注哪些方面，https://www.zhihu.com/question/52438750/answer/132214155.
[8] 百度百科，迭代，https://baike.baidu.com/item/%E8%BF%AD%E4%BB%A3/8415523?fr=aladdin.

第7章

产品推广策略

导入案例

三只松鼠：萌文化下的猛营销

三只松鼠是由安徽三只松鼠电子商务有限公司于2012年2月推出的第一个互联网森林食品品牌，是中国第一家定位于纯互联网食品品牌的企业，也是当前中国销售规模最大的食品电商企业。2017年3月29日，三只松鼠向证监会递交首次公开发行股票招股说明书，正式冲刺IPO。成立五年，三只松鼠作为依托互联网渠道快速兴起的休闲食品品牌，其发展历程、营销手段、企业文化等很多方面都值得研究。我们将从以上不同方面对三只松鼠进行解读，挖掘消费升级背景下，休闲食品零售行业的发展之道。

三只松鼠的包装以卖萌为主，品牌形象辨识度高，卖萌的卡通形象独树一帜，给消费者留下深刻的印象。因此，这篇文章将从三只松鼠"萌"的特点出发，解读其成功的营销战略。三只松鼠企业信息如表7-1所示。

表7-1　三只松鼠企业信息表①

属性	说明
公司名称	三只松鼠股份有限公司
创始人兼CEO	章燎原
成立日期	2012年2月16日
公司域名	www.3songshu.com
公司总部	安徽省芜湖市
员工人数	3026人（到2016年12月31日）
营业收入	44.2亿元（2016年）
净利润	2.4亿元（2016年）

推广品牌，从卖萌做起

三只松鼠的品牌LOGO以三只松鼠扁平化萌版设计为主体，突出企业的动漫化。每只松鼠都有自己可爱的名字和鲜明的性格，而且章燎原还为每只松鼠圈定了不同种类的代言产品，这三只可爱的松鼠给顾客留下难以磨灭的印象。同时，这三只萌萌哒的松鼠赋予了品牌人格化，让人们感觉像是主人和宠物之间的关系，这样就替代了顾客和商家的身份，拉近了顾客和商家的距离，如表7-2所示。

① 根据公开资料查询.

表 7-2　三只松鼠的详细信息①

姓名	代表产品	个性
鼠小贱	坚果类	喜欢唱歌、街舞和混搭风；吃得了美食也吃得了苦，耍得了贱也要得了研究
鼠小美	花茶类	温柔娴静、美丽大方、喜欢甜食
鼠小酷	干果类	拥有知性气息的新一代男神；是能带给你知性的问候和贴心关怀的暖男

在各个消费环节不断强化萌系品牌形象。三只松鼠从线上店铺的网页介绍、动漫、广告植入，到线下的包装、赠品、快递盒等全都保持一致的卖萌风格，在消费者心中不断强化萌系品牌印象，给消费者难忘的视觉体验，在无形中传递品牌理念，推广产品品牌。将公司的官网打造成一个令人向往的松鼠世界，在介绍公司产品、经营范围的同时，传播品牌文化。这每一步的形象植入，在很大程度上都强化了“三只松鼠”的品牌形象。

为实行品牌动漫化战略，拉近与消费者之间的距离，三只松鼠于 2014 年 4 月成立了一家全资子公司——松鼠萌工场动漫文化有限公司，其使命就是为将三只松鼠的动漫形象在中国乃至世界传播为家喻户晓的动漫经典而努力。通过可爱的动漫形象给所有消费者带来欢乐的同时又强化品牌的互动性、沟通性、参与性与分享性，将单纯的 LOGO 发展成为一个有生命力的人格化品牌。目前，松鼠萌工场动漫文化有限公司已经推出了《萌贱三国》《奋斗吧！松鼠小贱》《都市系列》《松树剧场系列》《贱客刺秦》等多部以卖萌耍贱为主要风格的动漫作品，实现了将粉丝转变成顾客，扩大了品牌知名度。

三只松鼠专门为顾客打造了与众不同的包装箱，包装上印有的松鼠形象和配套的卖萌小故事保持品牌一贯的“卖萌”作风。消费者下单购买产品就被称为“领养一只鼠小箱”。同时在包装箱外，还写着“主人，开启包装前仔细检查噢”“超级感谢为松鼠星球运送美食的快递哥哥们，你们辛苦了，如果您也想尝尝美食，就快快来松鼠家吧”。通过一个小小的包装箱，在产品从快递员到消费者的过程中，突出了企业亲和力，又完成了一次品牌宣传。

此外，三只松鼠在人性化和便利化方面也下足功夫，每个包裹中会附赠一个松鼠体验包，里面附赠鼠大袋、鼠小袋、鼠小夹、鼠小巾，解决顾客吃零食脏手、垃圾不方便扔、零食一次吃不完等各种问题。各处细节的设计均体现出为客户贴心的考虑，在打动顾客的同时让顾客成为产品最好的宣传媒介。

精准定位下，萌在情感牌

80 后、90 后及 00 后为网购休闲食品的主力军。三只松鼠将目标客户群体瞄准目前使用网络最多且对休闲食品需求最大的 80 后、90 后及 00 后，目标人群个性张扬，有自己的主见和行为准则，追求时尚、享受生活。三只松鼠注重契合目标消费者的特点，从产品研发到包装设计、广告及客服都围绕年轻人的购物习惯和偏好展开，以满足年轻消费群体的需求为目标，给产品贴上符合客户群体心智的超萌动漫标签，以此来打通自己的销售渠道。

通过率先打出感情牌，让品牌能够在消费者的心中占据一席之地，让三只松鼠从一个食品品牌变成让顾客快乐的文化生活品牌是三只松鼠品牌创造与传播的核心途径。同时通

① 唐莉莉，吴彩霞. 三只松鼠整合营销传播中的体验营销的运用，新闻研究导刊，2015.

过传达品牌理念使得品牌核心价值与消费者的内心诉求产生共鸣，让顾客建立起品牌与自己在价值观和生活方式等方面的情感联系，可以提高二次购买率和口碑转换率，增加用户黏性。

三只松鼠“慢食快活”的文化很好地契合了现代都市年轻人不断加快的生活节奏。慢食快活”的文化理念与年轻人的内心诉求一致，产品设计与开发的每一个细节均传达出文化理念。三只松鼠将自己定位于森林食品品牌，符合人们对自然、环保、生态等的诉求。倡导“慢食快活”的生活理念，与受生活和工作压力压迫的年轻人的内心诉求一致。三只松鼠瞄准消费者的情感诉求进行产品设计与开发，在网页产品描述、产品包装和赠送的小礼品等方面均传达出文化理念，与消费者的需求产生共鸣。图 7-1 所示为情感营销模式。

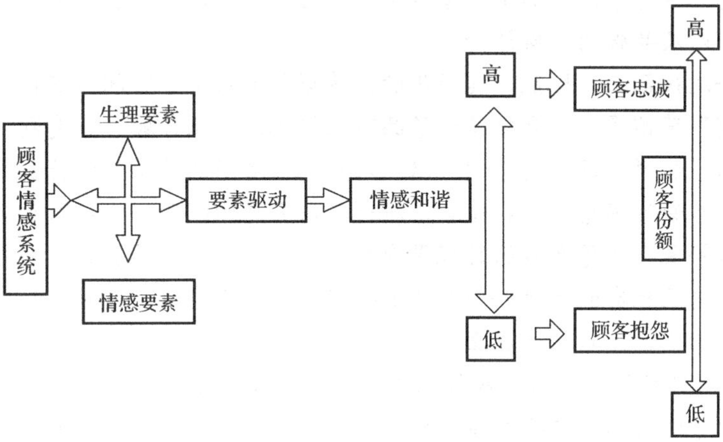

图 7-1　情感营销模式

服务是三只松鼠的主要竞争力之一，三只松鼠开创了中国电商客服场景化的服务模式。有人说过，“亲，是淘宝的，主人是三只松鼠的”，和淘宝的“亲”文化明显不同。三只松鼠大胆创新，客服化身为“鼠小弟”，以松鼠的口吻亲切地称顾客为“主人”，拉近与顾客的距离。经常有消费者在微博中与松鼠互动说，听到动画片中喊“主人”，都会立刻想到“三只松鼠”。通过拟人化的沟通，将消费者与客服的关系演变为主人与宠物的关系，让顾客觉得更萌、更被尊重，提升了用户满意度，如图 7-2 所示。

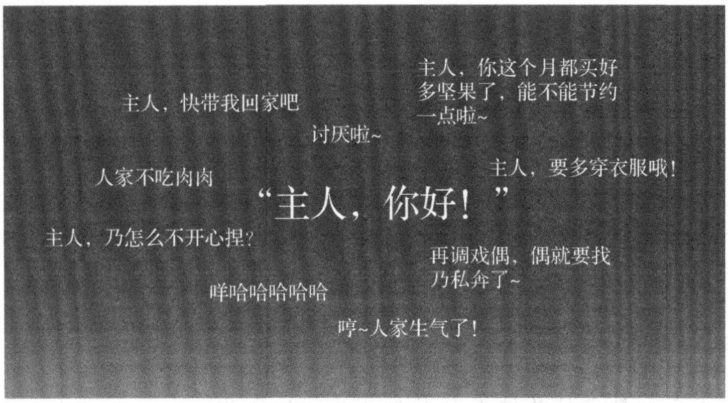

图 7-2　三只松鼠的客服以松鼠的口吻与顾客交流

三只松鼠对网上客服的要求是“超出预期”，在消费者都没想到的地方让消费者得到服务，力图通过感动消费者来实现品牌传播。因此，销售指标是三只松鼠对客服考核的次要指标，跟客户的黏性和沟通才是三只松鼠考核的首要指标。“三只松鼠”——松鼠小贱、小酷、小美目前都已开通微博和微信，通过吃货评定委员会、晒单、玩游戏、活动公告、鼠小箱涂鸦大赛等活动，随时和顾客进行互动，增加了品牌的趣味性、独特性和互动性，增强了顾客的忠诚度。

消费升级风口中，萌之成效

产品体验是目前影响消费者购买行为最重要的依据之一。80后、90后及00后作为休闲食品消费市场的主力军，他们更注重购买产品后的体验，这将在很大程度上影响顾客二次购买的欲望，以及品牌的口碑评价。

当顾客第一次接触三只松鼠，其萌化的品牌形象会在第一时间给其留下深刻的印象。三只松鼠的“萌”营销策略，直接赋予了品牌人格化，真正让顾客感受到“萌宠”陪伴在自己身边的轻松、愉悦、舒适的感觉。以主人和宠物之间的关系代替传统商家与消费者之间的关系，给顾客新鲜满意的购物体验，拉近与消费者的距离，促使消费者重复购买。

卖萌使三只松鼠在消费升级的时代很受欢迎，但流行文化具有转瞬即逝的特点，因此三只松鼠找到了自己独有的定位——那就是给消费者带来快乐，并且随时潜入消费者的生活中。在这种理念下，三只松鼠成立了松鼠萌工厂动漫文化公司，希望可以创作出互联网动画片、动漫集、儿童图书，为主人带来快乐。这种萌文化的营销方式，更加时尚、幽默、引领潮流，相比于传统的广告投放等市场推广手段，投入更少，在一定程度上减少了企业推广的成本，却收获了更显著的宣传效应，无形中提升了产品的价值空间，为营业收入和销售额的连续增长奠定了基础，如图7-3所示。

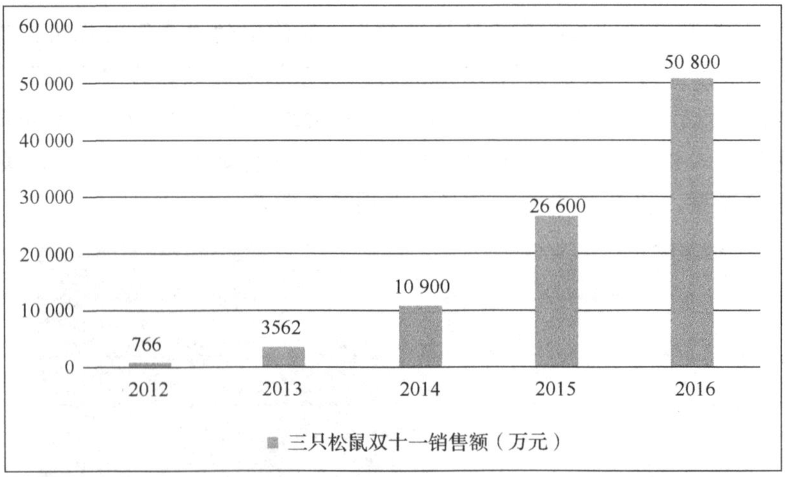

图7-3　2012～2016年三只松鼠双十一销售额

线下投食店，舒适萌体验

三只松鼠在成立初期定位为纯互联网食品品牌的企业，在互联网平台销售额连创新高的同时，过度依赖B2C平台的质疑声也随之而来。此时，线下成了三只松鼠拓展的新渠道。

但是对于三只松鼠来说，并不是因为网上流量减少或者没有流量才转入线下的。线上流量还在增长，只是增长速度较慢，线下可以更好地促进线上增长。开设线下投食店要解决两个问题：第一，解决虚拟空间不能替代的线下体验问题；第二，互联网先进的地方是它把中间商去掉了，变成了直营体系，让利给消费者。但是再转入线下投食店时，产品价格并不能提高，必须控制线上线下同价。

创始人章燎原将三只松鼠的线下店定义为“投食店”，强调不是单纯的实体零售店或体验店，不关注买卖职能，注重的是体验与互动，增强与客户的黏性关系。他说：“这是一个 2.5 次元的空间，是线上二次元和线下三次元的纽带。它的定义是城市的歇脚地。”

目前，三只松鼠已在芜湖、蚌埠、南通、苏州四地开设投食店。通过线下投食店，三只松鼠关注的 O2O 重点在于线上与线下的互动。通过线下真实的体验，消费者获得了自己追求的消费价值，从而推动线上销售的增长。

除了投食店，一个放大版的 2.5 次元体验店——松鼠小镇，于今年正式动工。三只松鼠正在构建以“电商+投食店+松鼠小镇”为主线，围绕品牌经营，从内容到产业，由浅到深的多元化用户体验，形成吃、喝、玩、乐、买、住的消费闭环。章燎原表示，“销售不是目的，体验才是重点，是让消费者从产品购物需求到精神需求、再到产生购物的冲动，是一种娱乐化的零售”。

成立五年，三只松鼠紧握“萌营销”，不断拓展着自己的发展空间，从线上平台到线下投食店，从休闲食品售卖到松鼠世界潮牌服饰开发。三只松鼠出售的不只是坚果，更是快乐的理念。①

案例评价

在休闲食品零售领域，三只松鼠依托互联网渠道优势异军突起。五年的时间，三只松鼠就踏上了冲刺 IPO 的道路，萌文化在其营销策略中占据了重要位置。2017 年 3 月 29 日，三只松鼠向证监会递交首次公开发行股票招股说明书。成立五年，三只松鼠作为依托互联网渠道快速兴起的休闲食品品牌，其发展历程、营销手段、创始人文化等很多方面都值得研究。

思考题

1. 三只松鼠的转型历程经历了哪些阶段？

2. 三只松鼠的商业模式选择和市场营销战略是怎样的？你认为有什么好和不好的地方？

3. 三只松鼠的转型过程中有哪些值得传统企业转型借鉴的？通过三只松鼠的转型案例，你可以总结出哪些互联网企业的特质？

本章要点

- “互联网+”的概念
- 互联网产品的特点

---

① 王慧婕. 三只松鼠案例分析一：萌文化下的猛营销. 亿欧. https://www.iyiou.com/p/52700.

- 互联网产品不同阶段推广的方法
- 新媒体在互联网产品推广中的应用

学习目标

- 了解“互联网+”思维
- 理解互联网产品推广的特点
- 熟悉新媒体在互联网产品推广中的应用
- 掌握制定出合理推广的执行方法

7.1 产品/品牌推广概述

7.1.1 产品/品牌推广的概念

所谓产品/品牌推广，是指企业塑造自身及产品品牌形象，使广大消费者广泛认同的系列活动和过程。产品/品牌推广有两个重要任务：第一是树立良好的企业和产品形象，提高品牌知名度、美誉度和特色度；第二是最终要将有相应品牌名称的产品销售出去。

产品/品牌推广是品牌树立、维护过程中的重要环节，它包括传播计划及执行、品牌跟踪与评估等。品牌创意再好，没有强有力的推广执行作支撑也不能成为强势品牌，而且品牌推广强调一致性，在执行过程中的各个细节都要统一，“魔鬼在细节中”。这方面做得最好的企业是“麦当劳”，全世界麦当劳快餐店的装饰都是一种风格，无论在哪个国家、哪座城市，只要走进麦当劳快餐店，就会强烈地感受到品牌的亲和力和感染力。

7.1.2 产品/品牌推广阶段的划分与意义

根据一个新品牌面市所经历的先后不同时期，可以将其发展过程划分为引入期、成长期、成熟期和衰退期四个发展阶段，这四个阶段的提出将对企业的产品/品牌推广有许多现实意义。

首先，根据产品所处的阶段，可以判断出市场环境和竞争环境的大致情况，以及产品本身的特点，并据此制定出该阶段产品推广的主要目标。

其次，在不同的发展阶段，竞争对手采取的阻击策略也有所不同。企业可以针对该阶段竞争对手的阻击策略制订相应的防御计划，或事先预测对手的防御计划，提前准备应对策略。

最后，企业可以通过上一阶段产品推广所取得的成就，预测下一阶段产品的订单数量或注册人数、同时在线人数等，并据此进行内部调整。

7.2 引入期的推广策略

7.2.1 引入期产品的基本特点

新创立的品牌经历的第一个发展阶段就是引入期。引入期对于初创企业而言，往往意味着刚刚引入品牌的经营理念，是一个全新的起点。

一般来说，引入期就是企业的品牌第一次面对顾客或者第一次参与市场竞争的阶段。对于互联网公司而言，引入期一般是指新产品研发成功上线到正式进入市场的阶段，也被称为测试阶段。

处于引入期的产品，其面临的市场主要有以下三个特点。

(1)对于消费者来说，由于产品刚刚面市或正处于测试阶段，目标顾客出于对新品牌缺乏认知而谨慎选择，但也正因为是新品牌，顾客群体中必然会有首次试用者敢于尝试，而这些试用者可能就是顾客群中的勇于接受新鲜事物者或意见领袖，也可能是品牌日后坚实的拥趸者。

(2)对于竞争对手来说，嗅觉敏锐的竞争对手此时应该正在观察和企图获取企业的市场意图，且尚未建立系统性的阻击计划。

(3)对于媒体或其他利益相关者来说，他们由于职业的敏感性，往往可能在产品面市不久就已经开始密切关注品牌的推广过程和结果。

根据对引入期所面临的市场特点的分析，我们可以总结出其产品的特点主要有以下三点。

(1)产品概念比较新颖，功能、特点和优势不明显，或不被广大消费者群体所熟知、所理解。

(2)市场上同类产品的竞争较小。

(3)由于企业在引入期时，生产该种产品的能力尚未全部形成，导致产品的废品率通常较高。

了解引入期和处于引入期的产品的特点能够帮助企业制订出适合的推广计划和媒体投放策略，并能找准时机使之拥有一个较高的市场起点。

7.2.2 引入期产品的推广策略

让消费者尽快尽早地认同并接受该产品，是引入期产品营销策略的重点。

首先，一个新品牌的面市，其目标顾客的反应肯定有很大的差异——漠视、关注、尝试和充当传播者的都有。依笔者从前的市场实践分析，顾客这四种行为状态的比例依次是60%、20%、15%、5%，但这基于一个前提，即企业在一个有效期内应有各种有效和中等强度的媒体和推广策略，否则这些数字将没有意义。但考虑到市场的复杂性和产品千差万别，企业在应用时仍应依照实际的市场调查结果来制订相应的推广计划。然而，显而易见的是，它依然是有一定指导意义的。因为这四种行为表现涵盖了顾客对新品牌的态度，而且就是这些显著的态度决定了企业的推广策略。

因此，企业在品牌推广前必须制订一套有连续性和针对性的推广步骤，这些步骤着眼于长期并适用于目标顾客的生活方式和习惯。在企业内部导入品牌 VI 是前提，外部的宣传则要强调品牌所宣扬的内涵和精神实质，总体来说，这只是一个纲领。众所周知，企业进行推广的目的之一是引起大多数持“漠视”态度的顾客的关注和惠顾。他们之所以是漠视的态度，严格来说这是一种消费惯性使然，企业的目的是打破这种惯性。那么如何打破呢？从产品或品牌层面上来解释，造成顾客消费惯性的原因不外乎对品牌的忠诚、购买和使用的便利性。顾客对某品牌的忠诚，企业一时难以撼动，但购买和使用的便利性，企业则拥有很大的主导权。从根源上看，要打动持漠视态度的顾客群，应该做到：第一，要使品牌包含内涵定位在内的三定位准确；第二，广告和宣传要连续；第三，要使产品具有差异性和功能的适应性；第四，渠道布局要合乎顾客的最高期望；第五，营销规划要以品牌化为基准。相信这五个步骤足以使“漠视”的顾客群转变为“关注和惠顾”的顾客群。

其次，竞争者对于一个新品牌面市所表现出来的态度也会因企业的市场动作而存在较大差别，但总会有个普遍性的态度，那就是密切关注和企图探寻企业的市场图谋。很显然，企业在品牌推广时，一些策略将完全暴露在竞争者面前而难有隐藏，这势必成为竞争者制订下一步阻击计划的依据。因此，企业有必要故意露一些假象给竞争者以拖延其阻击计划的即时实现，让企业争取更多时间来获得使竞争者深感意外的市场空间和品牌知名度。这种“明修栈道，暗度陈仓”的做法可能需要企业有长远和提前的规划，“临时抱佛脚”将难有作为。具体可以有：利用媒体的传播作用或企业宣传向潜在竞争者传递虚假的方向性举措，以迷惑对方；在传播和推广投入上故意示弱，以麻痹对方；先精心耕耘局部或区域市场以积蓄能量，给对方以措手不及；营销注重游击性，让传播成本始终低于对方；完善具有差别利益的服务体系，以备攻其软肋。总的来说，这些步骤只是为品牌开辟出一条利于成长的道路。

最后，对于媒体而言，一个新品牌的面市也会引起一定的兴趣，他们一般视企业的市场作为给予不同程度的关注。媒体进行报道的目的无非是为了吸引读者，那么企业应了解媒体的真实意图，并满足他们的需要，方能使其为我所用。很明显，媒体报道一般遵循新闻性、时效性和公益性，企业进行品牌推广时应努力做到这几点，使媒体产生兴趣，进而使企业的推广工作事半功倍。因此，营造焦点或新闻效应是企业品牌推广的重头戏。例如，构建品牌初期，在企业内部导入品牌经营理念时，采用一些诸如军训、发布会、演示和推广会等非常规的做法，以吸引媒体的注意；利用企业有关技术、产品、服务等的创新举措，邀请媒体给予报道；推广和传播时挖掘与品牌有关的社区、企业和员工的新闻题材，借媒体之力扬品牌之名。

值得注意的是，品牌在导入期的推广因产品及其市场表现的不同而没有一成不变的推广模式，这就要求企业针对具体的产品、目标市场、市场状况来设定一些优势的并适合自己的推广模式，照搬上述方式很可能会弄巧成拙。

此阶段可以采用的推广策略，大致包括以下几种。

(1)高价快速促销策略。公司的产品采用高价格，同时公司花费大量广告宣传费用，通过迅速扩大销售量来加速对市场的渗透。采取该策略的条件是：消费者对该产品求购心切，愿意支付高价，但大部分潜在消费者还不了解该产品；同时，该产品应该十分新颖，具有老产品所没有的特色，以满足消费者的某种需求。

(2)高价低费用策略。推行高价格是为了尽可能多地回收每单位销售中的毛利，而推行低水平促销是为了降低营销费用。采用该策略的产品必须具有独创的特点，并且是市场上的某项空白。

(3)低价快速推销策略。该策略期望能给公司带来最快速的市场渗透和最高的市场份额。假设条件是：市场容量相当大，消费者对这种新产品不了解，但对价格十分敏感；潜在竞争比较激烈；同时要求企业在生产中尽力降低成本，以维持较大的推销费用。

(4)逐步打入策略。采取低价格和低促销费用来推出新产品，占领市场。采取低价格的目的在于促使市场能尽快接受产品，并能有效地阻止竞争对手对市场的渗入。低促销费用意味着有能力降低售价，增强竞争力。采用此策略的条件是：市场容量大，产品弹性大，消费者对价格十分敏感，有相当的潜在竞争者。

7.2.3 引入期产品的推广实例分析

在学习了引入期产品的推广策略之后，接下来让我们一起来分析几个实例。

例 7.2 哈药集团在引入期的大投入广告战略

在 2000 年所有的广告类型中，药品广告丰富多彩，而“盖中盖”口服溶液的群星广告尤为引人注目。在这一年中，哈药集团投入 11 亿元广告费，取得了 80 亿元的销售佳绩，获利达 2000 万元。而在 2001 年，哈药集团又投入 5 个亿的公益广告费用，约占全年广告费用的一半。

哈药集团采取的广告宣传策略犹如一磅定时炸弹，在市场营销领域和广告实务界产生了巨大反响。有人惊呼这简直是近乎疯狂的举动，一次彻彻底底的商业冒险行为，秦池、爱多迅速崛起也迅速消亡就是很好的教训。尽管哈药集团老总刘存周一再表示，这是他们品牌战略的一部分，但是这一非常举动确实留给了人们更多的思考空间。

2000 年以来，中国的保健品市场竞争达到白热化程度，各种名目繁多的保健药品充斥整个市场，大有中国的老百姓都缺钙、缺锌之势，都需要补一补，这种推销“概念”的方式也确实产生了比较大的冲击波。一时间，脑白金、巨能钙、盖中盖、葡萄糖三精口服液等厂家为了扩大市场份额，击败自己的竞争对手，都使出浑身解数，不亚于当年“群雄逐鹿中原”。作为哈药集团主打产品之一的“盖中盖”口服溶液如何打响自己的品牌、在保健品市场中独占鳌头已经很迫切地摆在面前。他们最后得出结论，在产品的引入期采用异乎寻常的广告宣传策略，以最快的速度使产品达到高峰，打一场漂亮的市场闪电战。当时这一策略确实使其他厂家无法招架，中国的老百姓也很快便知道“盖中盖”品牌。哈药集团的广告宣传出手不凡，它的成功之处主要取决于三个方面的原因。

(1) 产品引入期广告的大投入。哈药集团全年的广告投放高达 11 亿元，这在当今的中国很难找到第二例。一些成功的案例都说明要打响一个品牌，没有高额的广告投放做后盾是很难实现的。

(2) 利用消费者对大腕明星的崇拜及情感认同心理。他们请出濮存昕、巩俐等在观众心目中颇有好感的影视明星拍广告，以期提升产品的知名度。

(3) 巧用媒介时间，地毯式轮番轰炸。哈药集团在电视频道的各时间段，主要是黄金段推出他们的明星广告片，使得消费者无处遁逃，从而提高产品注目率。

例 7.3 摩托罗拉利用悬念广告突出品牌认知

摩托罗拉在进入上海市场初期，曾在《解放日报》做过一套气势磅礴的悬念广告。1993 年 10 月 9 日，广告以整版的形式，在“茫茫人海”的画面中打出一个标题：“想知道谁在找你吗？密切注意下星期报纸！”10 月 11 日，接应的第二个广告破天荒地以两个整版连中缝刊出，还是“茫茫人海”的背景画面，除了大标题“想知道谁在找你吗？摩托罗拉告诉你！”，仅对文案的主体摩托罗拉的基本情况做了简要介绍。

这是一个典型的产品引入期广告。摩托罗拉利用悬念广告，成功吸引了公众视线，引领公众主动关注摩托罗拉接下来的宣传，使摩托罗拉的广告达到了最好的宣传效果，在公众的心中留下了深刻的印象。

引入期的广告，最重要的作用之一就是在消费者心中留下印象，让消费者拥有该品牌的记忆点。当产品进入新的市场时，企业最应该做的就是打破现有市场格局，在众多消费者熟悉的品牌中为自己争得一席之地。只有消费者知道了这个品牌，才能够对这个品牌产生兴趣，进而引发了解、购买、反复购买等行为。

例 7.4　最典型的引入期告知广告——“恒源祥，羊羊羊”

2008 年，北京奥运会的赞助商恒源祥的广告由北京奥运会会徽和恒源祥商标组成静止的画面，再由一个低沉的男音从“恒源祥，北京奥运会赞助商，鼠鼠鼠”念到“恒源祥，北京奥运会赞助商，猪猪猪”，按照这种方式把十二生肖完整地念了一遍。

“恒源祥，羊羊羊”，几乎没有人不知道这个广告。毋庸置疑，在恒源祥产品的引入期，它起到了很好的效果。这个广告在中央电视台黄金时间播放，每次重复三遍，让全国人民迅速知道了这个品牌。

在产品的引入期，互联网企业对产品的推广诉求一定要建立在让消费者认识的基础上，这也是这个阶段推广的主要任务。只有消费者认可了产品，对品牌产生依赖才会成为可能。正如营销专家刘永炬先生说过的一句话：一个产品要让消费者认识只要 18 天的时间，这 18 天是一个产品进入市场的关键。这个时期，要让消费者认识产品，认知产品的功能，主动推广产品。

例 7.5　失败的引入期告知广告——健力宝

健力宝大手笔地进军时尚休闲型饮料，四大种类、十五种口味、五种包装，一时让消费者眼花缭乱。健力宝用 3000 余万元买断央视“2002 世界杯赛事独家特约播出权”，用狂轰滥炸的广告吸引眼球，这种做法也一时达到了目的。消费者纷纷到饮料零售终端想要购买“第五季”，然而产品名气的飙升快于销售布局的增长。健力宝的销售网络和营销队伍都没有相应跟上，终端铺货和管理也不到位，消费者买不到产品。就这样，不等与外部竞争者直接厮杀，“第五季”的销售体系已自乱阵脚。

有人认为，找到一家好的经销商，销售就已成功了至少 60%。而“第五季”是匆忙上马的项目，匆忙拉郎配的销售，营销体系外部没有夯实，内部管理不强，再加上定位不清晰的产品，在一阵热闹之后，销售坍塌、产品出局也是意料之中。

7.3　成长期的推广策略

7.3.1　成长期产品的基本特点

成长期是产品生命周期阶段之一，指产品初步站稳脚跟并逐步拓展市场的时期。这个时期的产品质量有了较大提高，市场竞争开始出现，销售量和利润逐步增加，生产与推销成本不断下降，展现出光明的前景。消费者对该类产品也有了初步认识，购买兴趣和欲望日益增强，购买者增加。但由于其进入市场时间尚短，自身变化较大，因而消费者在购买时尚有较多疑虑，认为还存在着一定的购买风险。

处于成长期的产品，其面临的市场主要有以下两个特点。

(1)市场已经被炒热,产品的市场认知度已经基本普及,市场需求急剧增加并节节攀升，产品利润持续上升，市场潜力很大。

(2)市场上同类产品的品牌增多，竞争加强，消费者对此类产品的品牌指向性增强，对产品的需求由基本需求派生特殊需求，市场区隔增强。

7.3.2 成长期产品的推广策略

产品在市场引入期通过成功的营销活动，已被广大消费者和经销商所接受，此时产品的销售增长率会大幅度提高。企业由于产品基本定型，开始了大批量的生产，产品成本随之下降。因此，企业开始盈利且利润逐步上升。与此同时，仿制品开始出现，围绕该产品的竞争逐渐激烈。

在产品成长期内，企业营销策略的核心思想是尽可能地延长产品的成长阶段，以最大限度地提高销量或市场占有率，使产品能在销售最高限度时进入成熟期。这样，便能从该产品的最大销售收入中获得尽可能多的利润。在产品成长期内可采用以下几种营销策略。

(1)扩展购买新产品的市场，使凡是了解并可能购买的消费者都能够方便地购买该产品，尽可能地使该产品的每次销售机会都能实现。

(2)树立名牌，增强信任度。在成长期内，促销策略的重心应从介绍产品、扩大产品的知名度转移到树立品牌形象，主要目标是培养顾客对产品品牌的偏好，创立名牌产品，不断争取新的顾客。

(3)重新评价分销渠道的选择，巩固原有分销渠道，扩展新的分销渠道，以开拓新市场，最大限度地扩大产品销售。采取一切措施加强本企业在分销渠道中的地位。

(4)改良产品品质。根据市场引入期消费者的要求和其他市场信息，不断提高产品质量，努力开发新款式、新规格，增加产品的新用途，提高产品的竞争能力，满足消费者更广泛的需求。

(5)适时调整价格。在大量生产的基础上，产品成本会降低，这时，适时降低价格或采用其他有效的定价策略，会吸引更多的消费者。

例 7.6

日本日绵公司是一家以经营陶瓷器生意为主的企业，其高级陶瓷器非常畅销。为了走出国门，扩大市场，公司董事土桥久男准备拓展业务，向美国市场进军。

刚刚进入美国时，土桥的陶瓷器并没有打开市场。通过对市场的仔细调研，土桥久男发现，过去专门销售陶瓷器的百货公司效率很低，导致运转速度慢、产品销量小。于是，土桥想到改用超级市场来改变现状。他把陶瓷器摆到了纽约的各家超级市场里，并占据了橱窗的醒目位置，这样一来，销量果然上升了很多。但善于思考的土桥并没有坐享其成。通过对美国大众心理习惯和消费行为的分析，他认为销量还可以扩大，并在头脑中形成了一套完整的销售计划，即以超级市场为中心，开拓市场，扩大销量的"聚件成套"的计划。"聚件成套"的实施步骤如下：首先，在超级市场推出4个一组的陶瓷咖啡杯，同时赠送购买者四个咖啡碟子，这是为日后销售打基础。接着，当咖啡杯卖出相当数量的时候，开始以较高的价格出售糖罐。土桥考虑到，因为喝咖啡要加糖，所以买了咖啡杯就要买糖罐，"聚件成套"的战略得到了初步体现。最后，当糖罐卖出相当数量的时候，再以更高的价格开始出售陶瓷调羹、托盘和碟子。前后推出的这几种产品在花样、色泽、质地等方面完全一致，风格也一样，完全是将一套咖啡用具拆成多件出售。土桥利用美国人对日用品讲究配套的心理特点，分阶段地实施销售计划，抓住了美国消费者的消费心理，最终成功达到了扩大陶瓷器销售量的目的。

进入成长期时，顾客对产品已经熟悉，大量的新顾客开始购买，市场逐步扩大。产品大批量生产，生产成本相对降低，企业的销售额迅速上升，利润也迅速增长。竞争者看到有利可图，纷纷进入市场参与竞争，使同类产品供给量增加，价格随之下降，企业利润增长速度逐步减慢，最后达到生命周期利润的最高点。在成长期，提高市场占有率是企业的首要任务。

这一阶段的广告诉求要紧紧围绕着企业的经营策略和市场竞争特点展开，具体表现在以下三个方面。

(1)迅速提升品牌认知度，抢占市场有利位置，为企业区隔市场奠定价格空间基础。

(2)产品概念更加清晰，让消费者选择产品时更具体明确，品牌的概念内涵更丰富。

(3)为塑造品牌形象打基础，逐步赋予产品丰富的品牌内涵。

一种产品在市场上进入成长期，说明该产品的市场需求急速加大，这个时候加入竞争的企业也会突然增多，企业为了更快地抢占市场份额、占领市场的有利位置，就要把自己的品牌概念加以强化，让消费者能从众多品牌中选择概念清晰、适合自己的品牌产品。此时由于市场上可以选择的商品增多，对品牌的喜好就显得非常重要，而品牌的选择有很多感性因素，为了让消费者喜欢自己的品牌，企业在塑造品牌上首先要在纯粹的产品概念和利益上加入更多的感性概念，让消费者接受产品时更自然、更感性。例如，某手机广告的诉求是，"诺基亚5110色彩随心换"。我们知道，手机产品是一个非常理性的产品，由于市场的高速成长，产品概念已经不是独一的利益，为了给品牌赋予更多的内容，很多品牌产品都注意产品概念和品牌概念的结合。这则广告的表现和诉求能让我们看出这一点。"色彩随心换"说明这款手机更注重产品的时尚性，注重消费者的心理感受和消费者的时代性。这些内容对品牌概念特征的丰富和塑造都是很有帮助的。还有一个大家熟知的案例，2001年名人智能王出现，在产品引入期提出一个概念，"呼机换了，手机换了，掌上电脑也要换了！"将消费者的眼球重新吸引到自己身上，完成了消费者对名人重新认知的使命。为了达到让消费者认可的目的，名人打出技术牌——"技术跳高，价格跳水"，以更低的价格推出运算速度更快、电池带电时间更长的掌上电脑：智能王！同时向全世界的PDA制造商下战书，要他们比性价。名人在产品成长期，很好地将自己的产品特性(性能和价格)传达给消费者，将品牌的个性(技术优势)呈现给消费者，很快名人就从众多的PDA产品中凸显出来。

这样的诉求，让名人智能王的销售量迅速上升，为快速进入产品成熟期立下了汗马功劳。在 PDA 行业竞争如此激烈的市场，智能王创造了单款机型销售量的奇迹。

1. 产品成长期的成本管理

产品进入成长期后，市场容量快速放大，竞争对手数量开始增加，产品被人们所认识和接受。这期间产生的营销成本包括产品试销费、广告费、包装费和销售部门人员的工资以及培训费等。成本管理包括产品成本预测，产成品库存资金占用分析与控制，销售费用(广告、促销、运输、仓储、保险、服务等)的预算、监控、核算和考核，外部质量成本控制等。进入成长期后，以扩大消费者认知为目的的广告宣传费用的控制主要体现在科学地选择宣传媒体。企业应根据产品特点、目标顾客的范围而选择适当的媒体，并确定广告投放量的密度。

由于经验因素的存在，这期间产品的单位可变成本下降，产品的研发费用已经被摊销了一部分。但这时，改善产品品质，如增加新的功能、改变产品款式、发展新的型号、开发新的用途等又会产生新的成本。

2. 产品成长期的定价策略

产品在市场上有了立足点之后，定价策略开始发生变化。购买者开始根据以前的经验来判断产品价值或参考革新者的意见，也开始精打细算地比较不同品牌的成本和特性。此阶段可以根据市场需求状况和消费者对产品的感觉差异来确定价格，即顾客导向定价法，又称市场导向定价法。

当竞争趋于激烈时，产品独特的差异可产生价值效应，降低顾客的价格敏感性，保证企业仍能获得较高的利润。采用产品差异化战略的企业致力于为自己的产品树立独特的形象，也可以为产品制定相对较高的价格。

采用成本领先战略的企业致力于成为低成本企业，集中力量降低生产成本，减少产品差异性，期望凭借成本优势在价格竞争中获利。采用成本领先战略的企业通常依靠销售量大创造成本优势，所以应该在成长期采用渗透价格占领市场，给以后的竞争者进入市场制造障碍。

7.3.3 成长期产品的推广实例分析

在学习了成长期产品的推广策略之后，接下来让我们一起来分析几个实例。

例 7.7 黄山香烟上市

20 世纪 90 年代，云系烟在中国烟草市场上占据统治地位，红塔集团的红塔山、阿诗玛等品牌香烟在内地市场更是作为高端烟草代表受到消费者广泛追捧。面对云系烟几乎垄断的市场地位，当时的安徽蚌埠卷烟厂于 1993 年 6 月研发了一款无论是口感还是包装都可以与红塔山相媲美的新产品——黄山烟。然而，如何打破红塔山在当时安徽市场高端产品行业的封锁就成了企业考虑的首要问题。当时，蚌埠卷烟厂无论是行业知名度还是传播资源，跟亚洲最大的烟草企业——红塔集团都有云泥之别，要在激烈的竞争中突围，只能借力借势。于是，蚌埠卷烟厂当时在安徽省会城市合肥搞了一个全国性不记名卷烟品牌品吸活动，将新品黄山、红塔山、阿诗玛、中华等全国性著名品牌放在一起进行品吸。最终的结果，黄山烟排名第一，红塔山第二，中华第三。随后，公司迅速开始造势，在市场上发布资讯，公告品吸结果，并以连篇累牍的软文迅速在全国主流媒体上进行报道，打了红塔山一个措手不及。黄山烟就靠这几个巧妙的公关策略，很好地打压了主要竞争对手红塔山在安徽、华东乃至全国市场的竞争势头，利用很少的资源就实现了在全国崛起的梦想，创造了弱势品牌巧妙挑战强势品牌，成功实现新产品上市的经典范例。以这个良好的开端为契机，以“天高云淡，一品黄山”的口号为突破口，主打中式烤烟品牌，“中国相，中国味”的黄山烟在赢得眼球的同时也赢得了市场。

综观黄山烟的成功，关键在于比附定位，巧借品牌名烟，将其捆绑在一起，然后迅速传播，奠定市场基础。首先，黄山烟将自己与主流的高端品牌放在一起让消费者与专家去品吸，本身就意味着其产品定位是面向高端市场的竞争性产品，产品品吸本身已经使得黄山烟拥有了足够的本钱。其次，在品吸结束的第一时间，将品吸结果快速传播。“香烟品吸，黄山第一，红塔山第二”的广告铺天盖地，实现了信息第一到达，吸引了省内媒体的高度关注。最后，很显然，黄山烟的战略企图不仅仅是省内市场，它要将产品与品牌蛋糕做大。所以，黄山烟在全国性媒体上很巧妙地传播了这样一个主题，主题内容已经从品吸走向了更加广阔的视野，即中国烟草：黄山第一，红塔山第二。这时候，黄山烟的品牌战略基本完成。

例 7.8　农夫山泉打破水市格局

2000 年左右，中国水市场竞争还处于两强格局——以娃哈哈、乐百氏为主导的全国性品牌基本上已经实现了对中国水市场的统治。在这样的大前提下，农夫山泉开始进入水市。在寡头统治下，农夫山泉的强势出现改变了中国水市竞争格局，形成了中国市场强劲的后起之秀品牌，并在一定意义上逐渐取代乐百氏成为中国市场第二大品牌，从而创造了弱势资源品牌打败强势资源品牌的著名战例。那么，农夫山泉是如何取得自己的竞争优势的呢？首先，农夫山泉买断了千岛湖 50 年水质独家开采权，这就意味着，在这期间，任何一家水企业不可以使用千岛湖水进行水产品开发。同时，农夫山泉在产品上进行了创新。通过新颖的瓶盖设计，农夫山泉利用独特的开瓶声来塑造差异，同时打出“甜”的概念，“农夫山泉有点甜”成了差异化卖点。其次，为了进一步获得发展并清理行业门户，减少竞争对手，农夫山泉宣称将不再生产纯净水，而仅仅生产更加健康、更加营养的农夫山泉天然水。为了证明天然水的功效，农夫山泉做了著名的“水仙花对比”实验。他们分别将三株水仙花放在纯净水、天然水与污染水之中，结果显示，放在纯净水与污染水中的水仙花生长速度明显不如放在天然水中的水仙花生长速度。由此，农夫山泉向广大消费者证明：天然水才是营养水。其“天然水比纯净水健康”的观点通过学者、普通成人甚至孩子口口相传，获得了巨大的影响力。农夫山泉也一鼓作气，牢牢占据了瓶装水市场前三名的位置。

农夫山泉的成功，在于其策划与造势：一方面对卖点不断提炼，从瓶盖的开盖声音到有点甜，从有点甜到如今的 pH 值测试，宣称弱酸弱碱性；另一方面是善于炒作和造势，通过对比形成差异，进而提升自己的知名度。

例 7.9　失败的成长期告知广告——小护士

小护士被欧莱雅收购后，欧莱雅雄心勃勃地表示要将新小护士打造成为中国第一大护肤品牌。不但要增加新的小护士产品系列，还要引入欧莱雅成功的零售终端管理模式，将小护士推向一线城市，采用专柜销售。然而被人为抬高身份的新小护士似乎有些不争气，没有给东家带来相应回报。在欧莱雅开拓的现代销售渠道中，开拓了如大卖场、超市这些原小护士没有进入的领域，新小护士市场份额有所增长。但是小护士原来赖以生存壮大的二三线城市的分销渠道却因不合欧莱雅掌控渠道的一贯做法，在减少和萎缩。这种固有渠道萎缩的直接结果就是新小护士整体市场份额的下滑。

事实上，小护士当初是以问题皮肤的解决专家而闯入市场的，主打防晒护肤品。除了成功选择细分市场和进行产品定位，小护士的成功还有赖于深度分销和灵活的销售政策，全国二三线城市的近千个销售网点共同成就了小护士，让小护士一度冲刺中国第三大护肤品牌。被纳入欧莱雅体系后，新小护士与欧莱雅的大众消费品牌卡尼尔牵手，在产品种类和销售渠道都进行了欧莱雅式的改造后，新小护士的销售重心偏移了，但是消费者却没有偏移。脱离了原来的群众基础，又得不到新市场的青睐，新小护士的处境一时尴尬，在很长一段时间内成了欧莱雅的收购之痛。2008 年新小护士又实现两位数增长，而支撑这一增长的正是二三线城市。欧莱雅让新小护士保持它的优势领域，一线城市里的小护士专柜更多以卡尼尔品牌取代。重心回归的新小护士又显出了生机。

7.4　成熟期的推广策略

7.4.1　成熟期产品的基本特点

成熟期是产品在市场上普及、销售量达到高峰的饱和阶段。产品经过成长期的一段时间后，销售量的增长会逐渐趋缓，利润开始缓慢下降，这表明产品开始走向成熟期。成熟期又可以分为以下三个时期。

(1) 增长成熟期：销售额增长速度开始下降，但还有一些滞后的消费者进入市场。销售渠道已经饱和。

(2) 稳定成熟期：市场饱和，销售不再增长。销售增长率一般只与购买者人数成比例，若无新购买者则增长率停滞或下降。

(3) 衰退成熟期：绝对销售水平开始下降，消费者开始转向其他替代产品。全行业产品出现过剩，竞争加剧，一些缺乏竞争能力的企业将渐渐被淘汰，新加入的竞争者较少。竞争者之间各有自己的特定的目标顾客，市场份额变动不大，突破比较困难。

成熟期产品主要有以下三个特点。

(1) 产品已为绝大多数的消费者所认识与购买，销售量增长缓慢，处于相对稳定状态，并逐渐出现下降的趋势。

(2) 产品的销售利润也从成长期的最高点开始下降。

(3) 企业竞争十分激烈，各种品牌、各种款式的同类产品不断涌现。

了解成熟期和处于成熟期的产品的特点，能够帮助企业制订出适合的推广计划和媒体投放策略，使企业在稳定市场份额的同时延长产品的市场寿命。

7.4.2 成熟期产品的推广策略

成熟期由于市场竞争激烈，许多企业可能退出竞争。这个阶段的营销策略，应突出一个“争”字，即争取稳定市场份额，延长产品的市场寿命。企业为了更多地占有市场份额，应该让营销人员系统地研究市场、产品和改进营销组合的策略。

1. 市场改进策略

企业推行市场改进策略的目的是为了在巩固老顾客、尽可能赢得新顾客的基础上，开拓新的市场，提高成熟期内的产品销售量。它的实现途径不是通过改变产品本身，而是通过改变产品的用途、销售方式或消费方式。市场改进策略主要有以下几种方式。

(1) 调整市场。重塑产品形象、市场重新定位，寻求和进入那些未使用该产品的新市场，寻求有潜在需求的新顾客。每种产品都有吸引顾客的潜力，因为有些顾客或是不知道这种产品，或是因某些特殊原因而不想购买这种产品。在这时，企业可以利用市场渗透策略寻求顾客。

(2) 加强品牌地位，设法争夺竞争者的市场。例如，百事可乐用“年轻一代的选择”“渴望无限”等广告语不断强化百事可乐“年轻活力激情时尚”的品牌形象，一再挑战可口可乐，欲使其顾客改饮百事可乐。

(3) 通过开发现有产品的新用途来延长产品成熟期，并拓展新市场。美国吉利公司首创安全刮脸刀，在1974年发现不仅男士用刮脸刀，有不少女性也使用刮脸刀刮腿毛，于是该公司将原来的刮脸刀柄略加长，颜色改为鲜艳色彩，投入化妆品市场，取得成功。

(4) 通过努力促销来激励现有顾客增加其产品的使用率或使用量，使成熟期延长。企业可设法使消费者经常使用自己的产品，设法使消费者每次使用时增加使用量。例如，宝洁公司劝告消费者在使用海飞丝洗发精洗发时，每次将使用量增加一倍，效果更佳；牙膏生产厂家从人们的卫生、健康出发，宣传不仅早晚需要刷牙，且最好每次饭后也要刷牙，这样必然促使消费者增加牙膏的使用量。

(5) 转移目标市场，寻求新的地域市场。如果产品原有市场在本地、本省或本国，那么外地、外省、外国就是新的市场。一种商品在原有市场上将要进入衰退期时，在另外一些市场可能刚处在引入期、成长期，企业就可以以较低的价格将产品推进这些新市场。西方发达国家把在本国已处于成熟期甚至衰退期的产品向发展中国家推进，经济发达地区将产品投向经济落后地区，由城市市场转向农村市场等，其道理就在于此。

2. 产品改良策略

消费者的需求是不断变化的，因此，在产品进入成熟期后，需要适时对产品进行改良，从而增加产品的畅销时间，变畅销为长销。产品改良策略也称为“产品再推出”，是指以产品自身的改变来满足顾客日新月异的消费需要，吸引有不同需求的顾客。具体包括品质改良、特性改良、式样改良、附加产品改良。通过产品的丰富化、多样化，企业可以通过满足多元化市场的需求，来达到提升销量的目的。

(1)品质改良。

第一是指提高产品的耐久性、可靠性、安全性等。如洗衣机制造商把普通洗衣机改为漂洗、甩干多功能的自动、半自动洗衣机等。

第二是指将产品从低档上升为高档，或从高档变为低档。例如，原来面向高收入消费者的产品，可以选用较低质量的材料，使之变为低档产品而寻求新的市场；原来面向一般消费者的产品，也可以选用高级原料，使之变为高档产品而重新受到欢迎。这种策略既能延长产品的成熟期，又能提高产品的竞争力。

(2)特性改良。

特性改良就是增加产品新的特性(如大小、重量、材料、附加物等)，以此扩大产品的多方面适用性，提高其安全性，使之更方便使用。企业要加强对产品特性的改善，这是增加消费者利益的重要方式，更是吸引消费者重复购买的动机。

例如，某机械厂给手扶割草机加装动力装置，使割草机加快了割草速度；而后又进行操作方面的改进，使之便于操作。有的制造商在工程技术方面进行改进，设计出更具安全特性的产品；一些制造商为该机器增加了具有转化作用的特性，使割草机又可当扫雪机使用。这种特性改良策略花费少、收益大，能为企业树立进步和领先的企业形象，但是易被模仿，故只有率先革新才能获利。

(3)式样改良。

式样改良就是基于美学欣赏观念而进行款式、外观及形态的改良，形成新规格、新花色的产品，从而刺激消费者，引起新的需求。随着生活质量的不断提高以及人们对艺术的追求，审美观念也在不断升华。产品外观所体现的时尚、前卫、品味、风格个性等，都能成为影响消费者购买的考虑因素。因此，企业需要结合时尚元素，不断更新产品的样式，吸引更多的顾客。例如，电子表制造商将电子表机芯装在项链上变为项链电子表，装在圆珠笔上变为电子表圆珠笔等，这样就能使电子表销售一直处于成熟期。

(4)附加产品改良。

附加产品改良就是向消费者提供良好服务、优惠条件、技术咨询、质量保证、消费指导等。在当今社会，服务已成为消费者购买产品的重要因素，很多消费者把服务作为企业提供产品的一部分。因此，企业对服务的改善实际上增加了产品的价值，为消费者提供了更多的利益，并吸引更多的消费者。例如，家用电器的免费送货上门及安装、一年免费保修等服务，不仅吸引更多消费者购买，同时提高品牌的美誉度。

3. 营销组合改良策略

企业的营销组合不是一成不变的，它应该随着企业内外环境的变化而做相应的调整。产品进入成熟期后，各种内部条件和外部环境发生了重大变化，因而营销组合也要有一个大的调整。通过改变产品和定价、销售渠道及促销方式来刺激销售量的回升，延长产品成熟期。所谓市场营销组合要素，尼尔·鲍顿将其归纳为 12 项，分别是产品计划、价格、厂牌、供销路线、人员销售、广告、促销、包装、陈列服务、扶持、实体分配、市场调研。具体来说常用的营销组合改良策略有以下几个方面。

(1)新品与成熟产品组合。企业将新品和成熟产品进行组合销售，即利用新品的市场推动力，既推广新品又促进成熟产品的继续销售。

(2)优化成熟产品的经销商队伍。

① 销售数据。企业可以根据销量大小淘汰量小的经销商，因为这类经销商对企业销售目标影响不大，但却是最容易低价销售的经销商。

② 覆盖区域。企业要掌握各经销商覆盖的大致区域，均衡地为区域设定经销商，控制各区域的经销商数量。

③ 合作意愿。这项指标是要销售人员通过日常沟通来判断，包括这类客户合作意愿会受到哪些因素的影响，而这种因素作为企业能够避免或者解决。

④ 库存能力。有保证合理库存的能力，才能保证及时有效的分销。

以上四个指标要辅以不同的权重，并对每个经销商进行评分，最终根据企业具体状况确定合适的经销商。确定下来目标客户后，立即安排销售人员就运作方式与目标客户谈判，接下来企业就应该与确定的经销商签订特约分销的专用合同。同时，企业可以考虑在经销商门市挂特约分销牌，以增加经销商在零售终端客户心中的信任度。这样，从企业角度来看，较少的特约客户既可以达成销售目标，也便于企业对经销商的管理和控制；从经销商角度来看，这样可以通过增加其销量来增加其利润，而且会有一个较为稳定的分销环境，再加上达成销售目标的奖励，就会大大改变经销商的态度和增强其信心。

(3)借助公共关系，延长产品的成熟期。企业必须对社会负责才能持续生存和发展，这就是营销学的“社会责任理论”，也是当今社会所倡导的现代市场营销观念。作为处在成熟期的产品，积极策划各种公益活动推介产品，从而树立产品良好的社会形象，大大增强品牌产品在公众中的美誉度和影响力，从而有效延长品牌产品的成熟期。

通过成熟期的营销策略，为成熟产品寻求新的机会，以延长产品成熟期的长度。

7.4.3 成熟期产品的推广实例分析

在学习了成熟期产品的推广策略之后，接下来让我们一起来分析几个实例。

例 7.10 营销组合改良

成立于1903年的哈雷机车公司(简称“哈雷”)，是美国知名的机车制造商，专门生产所谓的重型摩托车。然而进入20世纪70年代，由于公司管理不善，又遭到日本摩托车的猛烈冲击，哈雷濒临破产的边缘，经营权两次易主。自80年代以来，哈雷开展了一场反击战，进行了市场营销组合改良策略，主要包括：

(1)建立“接单后生产”制造系统；

(2)建立全球经销商咨询网络；

(3)成立哈雷俱乐部，全球有36万多名会员；

(4)延伸品牌资产：从皮衣、夹克、牛仔裤、手刀、打火机、餐厅等应有尽有，每年创造近一亿美元的销售收入；

(5)全力争取“露脸”机会：哈雷大方地借出旗下20款不同的摩托车，让广告公司利用哈雷摩托车拍广告，让电影公司拍电影，为公司赢得了良好的品牌形象。

哈雷在濒临破产的边缘时，利用营销组合战略开展了一场反击战，使哈雷不仅成功击退日本的竞争者，更建立了忠诚的顾客群，成为全球知名品牌。

在品牌已经拥有多个成熟的、优质的、受消费者信赖的产品时，便可以将其中某几种有关联的产品以组合的方式推出，形成 1+1>2 的效力。同时，这样的方法还可以牢牢锁定用户，在一定程度上减少了消费者购买其他品牌同类产品的可能性，降低了顾客使用其他产品后成为其他品牌忠实用户的风险。利用营销组合战略，既为自身的产品推广做出了贡献，也有效地为其他产品的宣传设置了障碍。

例 7.11　市场改进策略

美国强生公司的婴儿护肤用品，原来一直是专门针对婴儿市场的，后来用“如婴儿般柔嫩”的广告语来表达成年人使用后的效果，很快让强生婴儿护肤品扩展到婴儿的母亲、年轻女性等成年人市场。经过重新树立产品形象，产品可进入更多细分市场，争取更多的顾客。

强生公司紧紧抓住潜在用户的诉求，并与自身品牌的特征紧紧联系在一起，确定了新的目标客户，对原有的市场定位进行改进，拥有了更多客户。

处于成熟期的产品，除了对产品的品质、特性等方面进行改良，还可以进一步发掘适合产品本身的细分市场。因为在进入成熟期前，产品已经进行了大规模的宣传，在消费者心中已经有了一定的地位，并拥有一部分忠实客户群体。使用市场改进策略便可以借助之前塑造的品牌形象，费最少的力让产品走上一个更好的阶段。

例 7.12　附加产品改良

美国一家咨询公司在调查中发现，顾客从一家企业转向另一家企业，70%的原因是服务。他们认为，企业员工怠慢了一个顾客，就会影响 40 个潜在顾客。

“在竞争焦点上，服务因素已逐步取代产品质量和价格，世界经济已进入服务经济时代”。正是基于这样的认识，美国 IBM 公司公开表示自己不是电脑制造商，而是服务性公司。该公司总裁说：“IBM 并不卖电脑，而是卖服务。”

随着商业的发展，除了产品本身的性能，消费者越来越多地注意到服务、售后等附加产品，甚至对这些的重视已经超过了产品本身。良好的服务，甚至能够帮助品牌吸引消费者，提高消费者忠诚度。

成熟期的产品，在品牌的品质、特性等产品自身属性都已经达到一定高度，很难再做出新的改变时，如果选在附加产品上与同类产品拉开差距，实行产品差异化战略，用产品之外的优势打败竞争者不失为一个很好的选择。通过附加产品改良，使消费者感受到产品的与众不同，获得身份、心理上的认同感。这样会牢牢锁住用户，最终获得成功。

7.5　衰退期的推广策略

7.5.1　衰退期产品的基本特点

在成熟期，产品的销售量从缓慢增加到顶峰后会发展为缓慢下降。在一般情况下，如果销售量的下降速度开始加剧，利润水平很低，就可以认为这种产品已进入生命周期的衰退期。这一时期主要有以下几个特点。

(1)在营销渠道方面，产品衰退期是指企业产品的销售量大幅度下降，利润大幅度减少的时期。此时市场已有更新的产品上市，原有的产品已过时、老化、陈旧，产品价格降幅也很大，企业产品进入微利时期，甚至无利。所以有的企业开始减少供货或停止供货，渠道系统也日益缩小。

(2)在市场需求方面，绝大多数消费者的兴趣已转向新上市的产品，原产品的购买者为落后者或重复购买者。此时，企业的主要任务是有计划地缩减销售渠道，让产品有计划地退出市场。

(3)在市场竞争方面，因衰退期产品的销量和利润都在急剧下降，市场竞争激烈也使价格降至最低水平，大多数企业已无利，甚至亏损，所以市场中的企业开始退出市场，表现为全行业的衰退，管理者把企业的人力、物力、财力等资源转移投入到更有利的市场中去。这时期，企业应改变营销策略，缩减渠道，有计划、安全地退出市场。

根据对衰退期所面临的市场特点的分析，我们可以总结出其产品的特点主要有以下四点。

(1)多数企业无利可图，被迫退出市场，竞争趋于缓和。

(2)产品销售量由缓慢下降变为迅速下降，消费者兴趣发生转移，忠诚度下降。

(3)价格已下降到最低水平。

(4)不少企业减少产品的附带服务。

根据衰退期的产品特点，企业必须做出相应的策略选择，以使企业走出困境。

7.5.2 衰退期产品的推广策略

鉴于衰退期的产品特点，企业必须根据产品相对的市场吸引力和竞争能力等因素做出相应的策略选择。美国管理学者凯瑟琳·哈里根在研究产品衰退期营销策略时，提出了以下五种策略。

1. 增加企业投资，以控制和加强优势的竞争地位

该策略一般适用于竞争优势十分明显的企业，若它在产品的衰退期能够通过高度压迫的战术迫使其竞争者退出市场，并通过收购、兼并等方式垄断整个市场，则有较大可能获得较好的利润收益。

2. 维持策略

即保持原有的细分市场和营销组合策略，把销售维持在一定水平上。待到适当时机，便停止该产品的经营，退出市场。该策略适用于有相当竞争能力的企业，若其仍对产品的未来前景抱有较大的希望，且能够付出较大的代价去忍受近期产品销售的萧条，则可以考虑采用这一策略。一般来说，这种策略的风险性极大。

3. 集中策略

即把资源集中使用在最有利的细分市场、最有效的销售渠道和最易销售的品种、款式上。概言之，缩短战线，以最有利的市场赢得尽可能多的利润。产品处于衰退期时，产品

销售额迅速下降，如果企业经营规模与各项投资水平仍维持不变，则会影响企业的短期利润回报。因此，企业应采用相对集中策略，即收缩企业原来的产品营销策略，将其人力、财力、物力集中到具有最大优势的细分市场上，以便背水一战。经营规模的相对缩小，使得企业从该市场再次获得较多的利润回报。从投资角度看，企业可以从本企业与同行业中最大竞争对手的相对市场占有率指标进行考察。一般情况下，若这一指标在15%以上，则可考虑采用相对集中策略，适当将投资向优势细分市场倾斜；若这一比例在5%以下，则应考虑大幅度降低投资额，采用绝对集中策略，即在企业有最大优势的细分市场尽可能获取最大的利益。

4. 收割战略

即大幅度降低销售费用，如广告费用削减为零、大幅度精简推销人员等，虽然销售量有可能迅速下降，但是可以增加眼前利润。该策略适用于竞争能力较弱的企业。在产品衰退期，由于市场销售率与市场占有率都很低，现金流动净值仅处于平衡或负值，此时企业应停止投资，削减广告宣传、推销等促销费用，降低产品销售价格，精简销售人员以及减少投入市场的产品数量，以增加企业当前的利润收入。

5. 放弃策略

一般来说，当产品处于衰退期时，继续保留衰退产品的代价是巨大的，如产品成本、营销人员成本等。如果企业决定停止经营衰退期的产品，应在立即停产还是逐步停产问题上慎重决策，并应处理好善后事宜，使企业有秩序地转向新产品经营。经过准确判断，如果产品无法再给企业带来预期的利润，则绝不能抱有侥幸心理，否则企业将进入更大的经营困境。要有计划地、有策略地处理原产品的投资并逐步淘汰这种产品。

7.5.3 衰退期产品的推广实例分析

在学习了衰退期产品的推广策略之后，接下来让我们一起来分析几个实例。

例 7.13　康师傅在衰退期的对策

作为康师傅的主营业务之一——方便面市场逐年萎缩，消费者需求持续下降。康师傅应对方便面行业衰退的业务投资战略是：第一，缩减经营规模、减少产出；第二，转移到高端面市场。面对方便面市场衰退的现状，康师傅开始推出高端方便面，来延长退出方便面市场的时间。

康师傅的这种业务投资战略，也是产品处于衰退期的企业经常选择一种的投资战略，即缩减经营规模、转移经营方向。但是在这种战略下，康师傅的业绩效果并未获得改善，2016 年第二季度创近十年来的单季利润最大跌幅，前三季度高端面销售额同比下降28.67%。针对这种业绩表现来分析，可能与统一的“汤达人”率先抢占了高端面市场、康师傅产品创新力度不足，以及新品处于推广阶段未成气候有关，但最重要的原因在于消费者的需求已经转移，推出的高端面虽然能有部分拉动作用，但难以改变方便面市场整体下行的趋势。

综合康师傅的业务投资战略和业绩呈现的效果来分析：首先，康师傅的这种策略并非没有道理。对于转移到高端面市场，一方面由于我国中产阶级崛起、生活消费水平不断提高，推出高端面有利于拉动部分由于消费水平提高导致的市场需求的变化；另一方面，面对2015年统一的“汤达人”为其带来了5亿美元的营业收入，康师傅推出高端面得以与老对手统一分割高端消费市场。其次，对于康师傅减少人员及产出、结束台湾康师傅的业务，既可以节约大量的成本和开支、避免产品积压，同时聚焦大陆市场，有利于将有限资源优化配置。最后，之所以难以摆脱业绩衰退的窘境，最大的问题在于消费者市场需求已经转移，但康师傅没有跳出方便面的经营范围，新的经营项目仍在方便面产品里打转，没有立足于市场需求现状和内外环境找到新的盈利增长项目。

7.6 互联网新媒体运营推广方案

7.6.1 互联网新媒体推广的必要性

在21世纪的互联网时代，网络的应用巧妙地改变了人们的生活方式，可以这么说，离开了互联网，现在的所有网民都会不习惯，并且会有一种鱼离开了水的窒息感。在这种环境下，互联网新媒体的推广自然就变得更有意义。

根据互联网新媒体的发展趋势，我们可以总结出互联网新媒体推广的必要性主要有以下两点。

1. 可以实现受众群体的精准定位及随意性

在大数据的互联网时代，客户的浏览倾向、时间、习惯通过技术手段的支持，均可在有效范围内实现整体的分类整合。而在传统的传播模式下，目标受众只能被动地接受全部信息，需要经过自身的判断和筛选，大大降低了主动选择的高效性和针对性。也因此使得传播信息失去了最大限度地被拾取和扩散的机会，边际收益微乎其微。通过数据分析所得精准定位，在最大限度上满足受众群体个性需要，充分发挥其主动接受、自主选择的参与积极性，最终使得传播的信息最大限度地满足受众群体需求，同时增加传播的周期和次数。

2. 可以增强传播的互动性及多向性

互联网新媒体的互动交流性特点，是传统传播媒介所无法实现和超越的。在数字信息化的今天，门户网站、社交网站、论坛、贴吧、微博、微信等平台及应用软件使得现代生活交流从传统的面对面发展成为二维、三维、四维的多重方式。目标群体通过不同的媒介平台实现时间上的自由参与、主题上的自主选择、跨地域的即时交流、多向性的互通有无。由一对一扩展到一对多、多对多。信息既可以持续保留又可以实时更新变化，使得信息传播的时效性、有效性、全面性、透明性均得到充分发挥，这是任何传统媒介都望尘莫及的。

7.6.2 互联网新媒体运营推广实例分析

例 7.14　屈臣氏 99 会员卡：借势明星，玩一场多城联动的快闪

9 月 9 日，正值屈臣氏全新会员卡代言人、“微笑倾城的肖奈大神”、人气小鲜肉杨洋的生日。当天 19 时，来自美拍、映客、花椒、一直播 4 大主流直播平台的近百位超级人气网红分赴北京、广州、上海、成都 4 个城市的 99 多家屈臣氏门店，联动店内的杨洋物料，以及杨洋的粉丝们玩了一场线上到线下的快闪直播，为杨洋送上了一份别开生面的生日祝福——“杨洋生日趴，99 会员卡”网红线下直播活动。

借助明星活动玩直播，是当下直播最常见的玩法，但怎样玩出新意？怎么激发粉丝的热情，打动不按套路出牌的 90 后、00 后女神的心？

屈臣氏 99 会员卡的营销便值得参考。空降过来的网红纷纷卸下偶像包袱，出现在屈臣氏各大门店，化身迷妹迷弟，与店内的各类杨洋物料玩合影，与购物粉丝们玩游戏、表演，一起为杨洋送上暖暖的爱和祝福。

如此不按套路出牌的营销玩法，让屈臣氏在半小时的直播时长内迅速涨粉，屈臣氏官网杨洋限量版会员卡上线第一天更是卖到脱销，同步引爆了多城多店。

例 7.15　小米：客服营销 9:100 万

新媒体营销怎么会少了小米的身影？“9:100 万”的粉丝管理模式就是典型。据了解，小米手机的微信账号后台客服人员有 9 名，这 9 名员工最大的工作是每天回复 100 万粉丝的留言。每天早上，当 9 名小米微信运营工作人员在电脑上打开小米手机的微信账号后台，看到用户的留言后，他们一天的工作也就开始了。

其实小米自己开发的微信后台可以自动抓取关键词回复，但小米微信的客服人员还是会进行一对一的回复，小米也是通过这样的方式大大提升了用户的品牌忠诚度。相较于在微信上开个淘宝店，对于类似小米这样的品牌微信用户来说，做客服显然比卖掉一两部手机更让人期待。

当然，除了提升用户的忠诚度，微信做客服也给小米带来了实实在在的益处。黎万强表示，微信同样使得小米的营销、CRM 成本开始降低，过去小米做活动通常会群发短信，100 万条短信发出去，就是 4 万块钱的成本，微信做客服的作用可见一斑。

例 7.16　南航服务式营销

中国南方航空公司（简称“南航”）总信息师胡臣杰曾表示，“对今天的南航而言，微信的重要程度等同于 15 年前南航做网站！” 也正是由于对微信的重视，如今微信已经跟网站、短信、手机 App、呼叫中心，一并成为南航五大服务平台。

南航作为国内主要航空公司之一，其业务增长量一直稳居前列，但南航仍紧紧抓住新媒体营销，对于其他企业的初创者来说，值得借鉴。对于微信的看法，南航胡臣杰表示，“在南航看来，微信承载着沟通的使命，而非营销。”早在 2013 年 1 月 30 日，南航微信就发布了第一个版本，在国内首创推出微信值机服务。随着微信功能的不断开发与完善，包括机票预订、办理登机牌、航班动态查询、里程查询与兑换、出行指南、城市天气查询、机票验真等，这些通过其他渠道能够享受到的服务，用户都可通过与南航微信公众平台互动来实现。

本章要点回顾

1. 品牌推广，是指企业塑造自身及产品品牌形象，使广大消费者广泛认同的系列活动和过程。

2. 新创立的品牌经历的第一个发展阶段就是引入期，让消费者尽快尽早地认同并接受该产品，是引入期产品营销策略的重点。

3. 产品成长期是产品生命周期阶段之一，指产品初步站稳脚跟并逐步拓展市场的时期。

4. 成熟期是产品在市场上普及、销售量达到高峰的饱和阶段。产品经过成长期的一段时间后，销售量的增长会逐渐趋缓，利润开始缓慢下降，这表明产品开始走向成熟期。成熟期可以再分为3个时期：(1)增长成熟期；(2)稳定成熟期；(3)衰退成熟期。

本章思考题

1. 产品引入期的推广策略有哪些？
2. 产品成长期的推广策略有哪些？
3. 产品成熟期的市场改良策略有哪些？
4. 产品成熟期的常用营销改良组合策略有几个？分别是什么？
5. 互联网新媒体推广的必要性有哪两点？

参考文献

[1] 唐莉莉，吴彩霞. 三只松鼠整合营销传播中的体验营销的运用，新闻研究导刊，2015.

[2] 王慧婕. 三只松鼠案例分析一：萌文化下的猛营销. 亿欧. https://www.iyiou.com/p/52700.

第8章

创业企业管理之运营管理

导入案例

游子心故园情，归来创业富乡亲

1999年大学毕业后，赵浩翔独自一人在广州闯荡。最早应聘到一家公司跑业务，因为勤奋努力，业绩不错，掘到了人生的“第一桶金”。2001年，他在长沙开了一家化妆品公司和桑拿洗浴用品公司，效益良好。

让人意想不到的是，赵浩翔在自己事业发展形势大好之时却选择回到家乡发展，很多人无法理解。其实事业如日中天的赵浩翔选择在苍溪县发展的原因很简单。

其一，赵浩翔认为，自己身为苍溪人，反正都是创业，在家乡创业还能带动这个地区脱贫致富。

其二，苍溪有着得天独厚的资源，有创业所需的木材、富足的劳动力以及政府的热情支持。

如今赵浩翔的发展越来越好，也印证了当初他的选择是正确的。现在的川湘木业有限公司主要进行网上营销。2013～2014年，在淘宝上成为销售木桶的“第一商家”。除此之外，赵浩翔还在天猫、阿里巴巴、京东等电商平台销售产品，并在天猫开设了苍溪本地第一家川湘旗舰店。

但是销售木桶仅仅带动了一部分劳动力脱贫，数量实在有限。赵浩翔在进行实地考察、仔细分析以后，考虑到苍溪山清水秀的环境，以及现在人们对于食品安全日益增加的重视程度，最终决定通过电商平台，帮助苍溪的老百姓们销售农产品，让他们直接获利，从土地上看到致富的希望。

2015年8月，赵浩翔投资成立了四川土农民农业开发有限公司，利用电商平台销售苍溪地方特色产品，并申请了“苍山土农民”和“苍山农夫”两个产品商标。

2015年9月，入驻淘宝和京东广元馆。公司在京东广元馆秒杀活动中，1分钟即销售苍溪红心猕猴桃3000件。淘宝店铺从“0”开始，一个月时间得到4颗钻石的好评，公司整体经营情况良好。

2015年10月，在政府的关心下，他的公司免费入驻电商孵化园，得到办公场地、培训等方面的大力支持。

2015年12月，为引导苍溪县电商业务进农村，解决电商“最后一公里”问题，方便农民生产、消费和销售农村土特产品，赵浩翔组建了苍溪县村村通物流有限责任公司。这是苍溪县第一家专为农村企业、农民服务的专业快运公司。公司注册资本200万元。

未来 2 年内，他将在县城筹建 1 个物流分拣中心，建立 1 个电子物流信息平台，在各乡镇建立 38 个物流服务站，建立 1000 个物流服务点，覆盖全县所有行政村、自然村、交通要道。公司以“助力电商提速，方便生产生活，提供三农服务”为使命，将吸收整合现有物流、快递资源，建立快捷、方便、畅通、优质的第三方物流联合体，从而推动苍溪县“电子商务进农村”，方便农户生产、消费、购物，让本地农村特产能方便快捷地走向全国各地，加速农村电商快速发展。

2016 年，为进一步推动公司电商业务开展，提升苍溪地方特产品质和形象，赵浩翔又投资注册了浩翔广告装饰公司，主要目的是帮助苍溪人民营造企业文化，提升公司外在形象，并为农民的土特产品设计个性化的包装，满足线上销售要求。目前运作情况良好。

2017 年，赵浩翔的公司销售水果 2000 吨，其中包括销售全县各地的猕猴桃，元坝镇的脆红李、红薯，六槐乡的橙子等，大约帮扶了几十个贫困户。今年，他又整合了苍溪优秀的电商人才，成立了专业电商营销团队，在天猫开设了益味鲜农产品旗舰店。

和赵浩翔带着资金回乡创业不同，长得瘦小单薄的李霞在外打拼几年后，并未能发家致富，倒是看到了一个巨大的商机。

在打工的地方，李霞的工友们听说苍溪的猕猴桃好吃，总让她帮忙捎带、购买，后来回到苍溪了，李霞还常常通过快递给工友们邮寄。考虑到现在电商的流行，李霞不禁问自己:“为什么不从事电商经营呢？”

李霞是个雷厉风行的女人，说干就干，她从网上学习，请教资深电商，购买资料研究，开始尝试在微信公众平台销售，开起了自己的个人微店。尝到甜头后，她将目光盯上了更大的市场。通过多方考察、详细了解后，2014 年 12 月，她大胆成立了苍溪县红欣源农业科技有限公司，主营苍溪红心猕猴桃及各类农特产品网上销售。经过多方联系、多方洽谈，她成功创立了三种电商销售模式，即自媒体下的微营销、私人订制下的订单模式、大型销售平台的战略合作。

为了保证货源和质量，她在歧坪四蛮寨村流转承包土地 120 亩，建立了自己的猕猴桃基地，并与周边种植大户和贫困农户签约 500 余亩。仅 2016 年，通过众筹、微营销等方式，短短一个月时间，就在网上销售猕猴桃 3 万余盒，销售金额近 300 万元，全年销售 400 多万元，发货量 4.5 万件。

2017 年，李霞已经和全国五家大型销售平台达成了合作协议。其中，和深圳欧佩薇商贸有限公司签订 1000 万销售订单，产品包括红心猕猴桃等各类水果，还有红薯、玉米饼、土鸡蛋和腊肉等苍溪特产。该公司还答应和李霞联手合作，主要针对贫困户、种养殖大户进行电商培训，使他们个个都成为电商能手，加大对苍溪特色农产品的宣传和销售。除此之外，李霞还准备在有一定产业基础的贫困村，建立自己的特色农业合作社，公司牵头入股，大力推行有计划、有规模的特色农产品种养殖，并逐步建立可追溯生产体系。

有创业初有小成的兴奋与开心，但随之而来的问题也让李霞颇为头痛。李霞称，苍溪电商大多单打独斗，在物流、宣传、包装等领域，造成了许多内耗。目前李霞已经多方奔走游说，希望电商们团结起来，大家统筹规划、抱团发展、齐心协力地推出苍溪的各类特色农产品，既助力农户脱贫，也壮大苍溪电商，不断推动当地经济的发展。

资料来源：根据苍溪县就业服务管理局提供的资料整理而来。

案例评价

赵浩翔回到故乡，通过考察故乡的固有资源，利用得天独厚的土地优势，带动全县人民利用电子商务销售农产品，而李霞与全国五家大型销售平台达成了合作协议，将苍溪县的土特产销售至全国各地。赵浩翔与李霞的创业过程虽艰苦，但二者的创业过程都是企业运营中的成功案例。

思考题

1. 根据案例分析赵浩翔及李霞两人的创业发展有何异同之处？他们选择的是哪种发展战略？

2. 结合本章内容，根据案例进行分析，试说明案例中的运营方式。

3. 根据案例分析赵浩翔及李霞是如何细分市场的？查阅相关资料，试任选一种外部战略环境的分析方法对案例进行简单分析。

本章要点

- 企业管理原则
- 企业战略选择
- 企业运营模式
- 选择目标市场
- 营销管理
- 网上店铺

学习目标

- 了解企业战略选择的方式
- 了解企业运营模式
- 了解企业不同时期的营销管理方式
- 掌握企业管理的原则

8.1 创业企业的管理原则

8.1.1 初创期企业的管理原则

初创期的企业往往会出现资金短缺、人才匮乏、业务开拓吃力等问题，所以初创期的企业对销售收入、现金流的渴望高于一切。在这一阶段，规范化、流程化、科学化，以及各种与管理相关的话题都显得不那么重要，企业唯一的重点就是把握住一切机会，能够尽快积累第一桶金，让自己活下来。

管理过程学派创始人亨利·法约尔的管理理论是管理史上的一座重要里程碑，法约尔的管理理论具有极强的系统性和理论性，经过多年的研究和实践证明，虽然有利有弊，但总体上是正确的。下面我们来看看法约尔的 14 条管理原则对初创期企业管理的建议。

1. 劳动分工原则

法约尔认为，劳动分工属于自然规律。劳动分工不只适用于技术工作，而且也适用于管理工作。应该通过分工来提高管理工作的效率。但是，法约尔又认为，“劳动分工有一定的限度，经验与尺度感告诉我们不应超越这些限度”。

初创企业的劳动分工合理且有效率是管理者不得不重视的方面，因为初创企业的核心员工较少，员工的工作积极性和工作效率都需要有一个合理的目标，才能使企业竞争力在创业初期有明显的上升。

2. 权力与责任原则

有权力的地方就有责任。责任是权力的孪生物，是权力的当然结果和必要补充，这就是著名的权力与责任相符的原则。法约尔认为，要贯彻权力与责任相符的原则，就应该具备有效的奖励和惩罚制度，即“应该鼓励有益的行动而制止与其相反的行动”。实际上，这就是现在我们讲的权、责、利相结合的原则。

“没有规矩不成方圆”。初创企业的管理过程中，必然有权力的下放与权力的集中，权力带来的责任通过奖惩制度来保证，是初创企业平稳运行的砝码。

3. 纪律原则

法约尔认为纪律应包括两个方面，即企业与下属人员之间的协定和人们对这个协定的态度及其对协定遵守的情况。法约尔认为，纪律是一个企业兴旺发达的关键，没有纪律，任何一个企业都不可能兴旺繁荣。他认为，制定和维持纪律最有效的办法是，要有各级好的领导，要有尽可能明确而又公平的协定，以及合理执行惩罚制度。

初创企业的纪律是保障企业安全的重要筹码。行动力强、敢闯敢冲的猛将型管理者运用严谨的纪律规范员工行为是企业下一步发展的前提。

4. 统一指挥原则

统一指挥是一个重要的管理原则，按照这个原则的要求，一个下级只能接受一个上级的命令。如果两个领导人同时对同一个人或同一件事行使他们的权力，就会出现混乱。在任何情况下，都不会有适应双重指挥的社会组织。与统一指挥原则有关的还有下一个原则，即统一领导原则。

初创企业很有可能是几个志同道合的人创业形成，但是在实际工作中，必须有一个完善的指挥系统，以保障命令的准确性。

5. 统一领导原则

“对于力求达到同一目的的全部活动，只能有一个领导人和一项计划。人类社会和动物界一样，一个身体有两个脑袋，就是个怪物，就难以生存”。统一领导原则是组织机构设置的问题，即在设置组织机构的时候，一个下级不能有两个直接上级。

统一的组织机构使初创企业有一个工作指挥中心，当所有的员工有着一样的目标时，才能使企业利益最大化。

6. 个人利益服从整体利益原则

对于这条原则，法约尔认为这是一条人们都十分明白清楚的原则，但是，“无知、贪婪、自私、懒惰以及人类的一切冲动总是使人为了个人利益而忘掉整体利益”。为了能坚持这个原则，法约尔认为，成功的办法是领导人坚持和做出好的榜样，尽可能签订公平的协定，以及认真地监督。

在当今社会的发展过程中，个人利益与整体利益难免发生冲突，如何合理地解决冲突以及如何树立员工积极的利益观是初创企业面临的难题。

7. 人员报酬原则

法约尔认为，人员的报酬首先要考虑的是维持职工的最低生活消费和企业的基本经营状况，在此基础上，再考虑根据职工的劳动贡献来采用适当的报酬方式。任何报酬方式都应该保证报酬公平，能奖励有益的努力和激发热情，不应导致超过合理限度的过多报酬。

对于普通的初创企业，可能没有办法给员工提供很高的报酬，但在报酬分配上一定要做到公平公正，以激发员工的努力和热情。

8. 集中原则

法约尔的观点是，组织权力的集中或分散问题是一个简单的尺度问题，关键在于找到适合该企业的尺度。提高部下作用的重要性的做法是分散，降低这种作用的重要性的做法则是集中。

权力的集中与分散对一个初创企业来说是管理者需要做好定位的方面，权力是集中还是分散会决定初创企业的发展方向。如果领导人的才能、精力、智慧、经验等允许他扩大活动范围，他则可以大大加强集中，把其助手的作用降低为普通执行人的作用。相反，如果他愿意一方面保留全面领导的特权，一方面更多地采用协作者的经验、意见和建议，那么可以实行广泛的权力分散。

9. 等级制度原则

等级制度就是从最高权力机构到低层管理人员的领导系列。

实行等级制度原则就是要在组织中建立这样一个不中断的等级链，这个等级链有两个方面；第一，它表明了组织中各个环节之间的权力关系，明确谁可以对谁下指令，谁应该对谁负责；第二，这个等级链表明了组织中信息传递的路线，即在一个正式组织中，信息是按照组织的等级来传递的。

信息传递是初创企业发展的一部分，要想快速发展，初创企业必须能保证有效清晰的信息传递。贯彻等级制度原则，有利于初创企业加强统一指挥原则，保证组织内信息联系的畅通。但是，如果过于严格地按照等级进行信息的沟通，则可能由于信息沟通的路线太长而使得信息联系的时间长，同时容易造成信息在传递过程中失真。

10. 秩序原则

法约尔所指的秩序原则包括物品的秩序原则和人的社会秩序原则。关于物品的秩序原则，他认为，每件物品都有一个最适合它存放的地方，贯彻物品的秩序原则就是要使每件物品都在它应该放的地方。

关于人的社会秩序原则，法约尔指出，由于每个人都有自己的优势和劣势，社会秩序原则就需要确定每个人能力发挥得最适合的工作岗位，并使每个人都在最能使自己的能力得到发挥的岗位上工作。贯彻社会秩序原则，首先要对企业的社会需要与资源有确切的了解，并保持两者之间经常的平衡。

在初创企业的管理过程中，管理者和被管理者都应该明确自己的定位，了解自己和企业的需求，才能用高的契合度工作。

11. 公平原则

所谓“公平”原则，就是“公道”原则加上善意地对待职工。当然，在贯彻“公平”原则时，还要求管理者不能“忽视任何原则，不忘掉总体利益”。

公平原则是每个企业的原则之一，更是初创企业必须重视的原则，树立公平的规章制度可以增强员工的归属感和依赖性。

12. 人员的稳定原则

法约尔认为，要使一个人的能力得到充分发挥，就要使他在一个工作岗位上相对稳定地工作一段时间，拥有一段熟悉自己工作的时间，了解自己的工作环境，并取得别人对自己的信任。人员的稳定是相对的，而人员的流动是绝对的，年老、疾病、退休、死亡等都会造成企业中人员的流动。因此，对于企业来说，就要掌握人员的稳定和流动的合适度，以利于企业成员的能力得到充分发挥。

初创企业对人才的依赖性较强，要想稳定发展就必须保证人员相对稳定，这也需要管理者从各个方面取得员工的信任。

13. 首创精神

法约尔曾经说过，“想出一个计划并保证其成功是一个聪明人最大的快乐之一，这也是人类活动最有力的刺激物之一。这种发明与执行的可能性就是人们所说的首创精神。建议与执行的自主性也都属于首创精神。”

人实现自我需求的满足感是激发人们的热情以及积极工作最有力的刺激因素。近几年来，“大众创业　万众创新”一直是中国的号召，而初创企业在建立之初就是因为首创精神而来，在前期发展中更离不开首创精神。领导者需要极有分寸地，并要有某种勇气来激发和支持大家的首创精神。

14. 团队精神

人们往往由于管理能力的不足，或者由于自私自利，或者由于追求个人的利益等而忘记了组织的团结。

团队是为了实现同一个目标而集合起来的团体，“心往一处想，劲往一处使”是初创企业快速壮大的必要途径。管理者需要确保并提高劳动者在工作场所的士气，培养个人积极的工作态度。

8.1.2 成长期企业的管理原则

成长期企业在提升现有员工的能力与素质的基础上，需要引进那些有过大型企业从业经历或较高素质的管理者，并逐步规范员工行为及完善内部管理，渐渐去除初创期的草莽式行为。对成长期企业而言，最好的管理者是既有行动力又有章法和规范的智慧型管理者，而不是行动力强的猛将型管理者，需要管理者主动思考如何行动、如何更规范有效地行动。

成长期企业的管理原则主要有以下几个。

1. 准确判定可行性

检验管理的试金石是：是否达到了目标，是否完成了任务。当然，这个原则并不是在所有情况下都适用，只有在不那么容易取得成果的情况下，这个原则是必要的、有效的。

2. 明确管理者定位

管理者应该理解自己的任务，不应该从自己的职位出发，而应该着眼于如何运用源于职位的知识、能力和经验来为整体效力。是看重职位还是看重贡献？不但能够判断出一个人是否是真正的管理者，还可以知道他对“管理”的理解程度的深浅。

例 8.1 俞敏洪：“我喜欢跟一批人干活，不喜欢一个人干。”

创业初期，环顾周围的老师和工作人员，俞敏洪认为能够成为他的合作者的几乎没有，最终俞敏洪觉得合作者只能是他大学的同学。他就到美国去了，跟他们聊天，刚开始他们都不愿意回来。当时王强在贝尔实验室工作，年薪 8 万美元，他一个问题就把俞敏洪问住了：“老俞，我现在相当于 60 万人民币，回去了你能给我开 60 万人民币的工资吗？另外，你给我 60 万人民币，跟在美国赚的钱一样，我值得回去吗？”当时新东方一年的利润也就是一百多万，全给他是不太可能的。俞敏洪认为，公司发展时期的三大内涵：第一是治理结构，公司发展的时候一定要有良好的治理结构；第二是要进行品牌建设，品牌建设不到位，公司是不可能持续发展的；第三是利益分配机制一定要弄清楚，到第三步不进行分配是不可能的，人才越聚越多，怎么可能不进行分配呢。

正是俞敏洪对企业的明确定位成就了多年以后人们耳熟能详的新东方教育集团。[①]

3. 专注少数真正重要的

许多管理者和管理著作似乎热衷于寻找所谓的“秘密”，其实这是一种冒险行为。倘若真的有什么秘方，那专注要点应该首当其冲。在管理中，精力分散、日理万机往往被视为是一种有干劲和有效率的表现，但从反方面说明，具备专注要点的能力、技巧和纪律性，就是效率很高的典型表现。专注要点的关键在于专注少数真正重要的东西。

---

① 在慧致天诚举办的“改变企业命运的商业模式公开课”上，新东方教育(科技)集团创始人兼董事长俞敏洪发表的对企业定位的看法.

4. 利用优点

“利用优点”是指利用“现有”的优点，而不是那些需要重新建立和开发的优点，关键在于利用，而不是去克服什么“弱点”。但现实中的很多管理者总是致力于与之相反的方面：一方面致力于开发新的优点，而不是发挥现有的优点；另一方面是忙于克服弱点，而不是发挥优点。如果是这样，即使管理方法很有技巧，看上去也很科学，但造成的管理失误却是无法弥补的。

5. 相互信任

只要管理者能够赢得周围其他人的信任，包括下属和同事，那他管理的部门或组织的工作气氛总是和谐的，或者说企业文化总是健康的。但如果缺乏信任基础，那为树立企业文化和激励下属所做的努力都是没用的，甚至会起到反作用。

6. 正面思维

正面思维的关键在于用正确的或创造性的方式思考，正面思维的原则能让管理者把注意力放在机会上。相当一部分人将管理者看作是解决问题的人。发现和抓住机会要比解决问题更加重要，即使一个部门或组织的所有问题都得到解决，也远远没有意味着这个部门或组织抓住了它可以利用的机会。

8.2 企业战略的选择

一个企业之所以要制定战略，是因为企业的资源与能力是有限的，由于其能力等原因的不足，鱼与熊掌往往不可兼得。企业战略选择是以市场为主导的，在考量了市场的种种因素之后，基于自身才能选择合适的战略。

8.2.1 差异化战略

差异化战略被认为是将公司提供的产品或者服务差异化，形成一些在全产业范围中具有独特性的东西。差异化战略需要在企业就客户广泛关注的一些方面在行业内独树一帜，或者在成本差距难以进一步扩大的情况下，生产出比竞争对手功能更强、质量更优、服务更好的产品来体现其差异性。

实现差异化战略可以有很多方式，如设计品牌形象、技术特点、外观特点、客户服务、经销网络及其他方面的独特性。最理想的状况是公司使得以上几个方面都产生差异性。

如果差异化战略能够成功地被实施，就意味着企业在该行业中将会赢得高水平收益，但是波特认为，推行差异化战略有时会与争取占有更大的市场份额的活动相矛盾。这一战略与提高市场份额两者不可兼顾，在建立公司差异化战略的活动中总是伴随着很高的成本，有时即使全产业范围内的顾客都了解公司的独特优点，但也并不是所有的顾客都愿意或者有能力支付公司要求的高价格。

一方面，一旦差异化战略取得成功，就会出现以下四个优点。

(1)形成进入障碍。由于产品的特色，顾客往往会对该产品或者服务产生很高的忠诚程度，从而使潜在的竞争者具有很大的进入障碍，潜在的竞争者想要进入这个行业与该企业竞争，就需要克服其独特性。

⑵降低客户的敏感程度。由于产品的差异性，导致相同产品的竞争对手少，顾客对于该产品或者服务产生了一定程度的忠实性，当产品价格发生变化时，顾客对价格的敏感程度不高，生产该产品的企业就可以运用其产品的差异性，在行业竞争中形成一个隔离带，降低竞争者的伤害。

⑶增强讨价还价的能力。产品差异化战略可以为企业带来较高的边际收益，降低企业的总成本，增加企业对供应者讨价还价的能力。同时，购买者在别无他选的情况下，对价格的敏感程度又降低，企业可以运用这一战略削弱购买者讨价还价的能力。

⑷防止替代品的威胁。企业产品实行差异化战略能够取得成功的前提在于该产品的差异性往往很难被复制，所以企业的产品往往会获得顾客的信任，在同类产品的竞争中将会更具优势。

另一方面，差异化战略的实施也有以下几个风险。

⑴性价比低。当顾客认为实施差异化战略的企业与实施成本领先战略的企业提供的产品的价格差过于悬殊，此时企业所提供的差异化特征可能超过顾客所需要的。在这种情况下，企业就很难经得起竞争对手的挑战，因为竞争对手提供的产品在性价比上更能满足顾客的需求。

⑵无法为顾客继续创造价值。如果竞争对手的仿效使得顾客认为竞争对手能提供同样的产品或服务，有时还提供更低的价格，那差异化战略的价值就不大了。

⑶降低顾客对企业差异化特征价值的评价。当顾客不断学习时，他们可能会觉得原本具有差异化特征的产品价格超过了其实际价格，不再值得为产品的差异化特征支付额外的成本。为了防范这种风险，企业必须持续地在顾客愿意接受的价格上为他们提供差异化产品。

⑷出现盗版产品。那些以极低的价格向顾客提供差异化特征产品的盗版厂商已成为执行差异化战略的企业越来越关注的问题。

8.2.2 低成本战略

低成本战略是指通过采取一整套行动，与竞争对手相比，以最低的成本提供具有某种特征的产品或者服务，这种特征是被顾客所接受的。除此以外，成本领先者提供的产品和服务必须能提供有竞争力的质量(并且通常存在差异化)，这样才能为顾客创造价值。在这种战略指导下，企业往往会成为所在产业中实现低成本生产的厂家。企业经营范围广泛，为多个产业部门服务甚至可能经营属于其他相关产业的生意，成本优势举足轻重。

一般来说，企业可以通过两种途径来实现低成本战略，即以更低的价格销售现有产品或保持价格不变但同时增添顾客认为重要的某种产品特征。成本优势的来源因其产业结构的不同而异，其中包括追求规模经济、专利技术、原材料的优惠等，有的企业会选择纵向一体化，即沿着产业链向前或者向后开展新的产业，占领新的环节。例如，在物流方面有竞争优势的企业，如果采取成本领先战略，会比采用差异化战略创造更多的价值。因此，正在寻找相对有价值的方法来降低成本的企业也许更注重内部和外部物流这类首要业务活动。这种情况下，许多公司会将运营(通常是制造)外包给有低薪资雇员的低成本公司。

如果一个企业能够取得并保持全面成本领先地位，那么只要将产品定价等于或者接近该产业的平均价格水平就会获得比其他企业更高的利润，这种战略竞争优势主要体现在以下五个方面。

(1)处于低成本的位置可以有效抵御竞争对手的进攻。因为拥有成本领先者的有利位置，竞争对手就很难在价格上与其竞争，特别是在衡量这种竞争的潜在后果之后。

(2)强有力的买方可以迫使成本领先者降低价格，但这个价格通常不会低于行业内第二个有效率的竞争者可以赚到的平均利润水平。尽管强有力的买方可以迫使成本领先者把价格降到这个水平以下，但他们通常都不会选择这样做。因为更低的价格会使第二个有效率的竞争者赚不到平均利润，从而导致其退出市场。

(3)成本领先者可以比其他竞争对手赚到更高的利润。当行业内原料成本大幅上涨时，成本领先者可能是唯一能够接受该价格并继续赚到平均利润或超额利润。

(4)通过不断的努力使成本低于竞争对手，成本领先者往往非常有效率。因为不断提高的效率可以巩固毛利率，这种不断提高的效率对于潜在进入者而言，就成为一种重要的进入壁垒。

(5)与行业内竞争对手相比，成本领先者对替代品来说也比较有吸引力。当替代品的特性和特征对一个成本领先者的顾客产生吸引时，替代品对这个公司来说就成为很大的问题。面临可能出现的替代品，成本领先者通常比其他竞争对手更加灵活。

然而，低成本战略也不是没有风险，一个在成本上占领先地位的企业不能忽视使产品别具一格的基础，如果忽视，可能会遭遇以下三种风险。

(1)一旦成本领先的企业生产的产品被客户认为与其他产品在质量等方面有一定差距，那么企业的竞争力就会下降，甚至不得不降低产品的价格。尽管一个成本领先的企业是以其成本上的领先地位来取得竞争优势的，但它要成为经济效益高于平均水平的超群者，则必须与其他竞争厂商相比，在产品别具一格的基础上取得价值相等或者价值近似的有利地位。

(2)过分强调削减成本，可能会使企业陷入试图理解顾客“对竞争力的差异化水平”的感知误区。一旦竞争者利用差异化产品的适当组合，如低成本和好品质的组合，就很有可能给单纯强调低成本的企业造成威胁。

(3)模仿是低成本战略的第三个风险。利用自身的核心竞争力，竞争者有时可以学会如何成功模仿实施低成本战略的企业。当模仿发生时，成本领先者必须提升其提供给顾客的产品或服务的价值。

8.2.3 聚焦战略

除了以上两种战略，三种通用战略中还剩下最为清楚明了的聚焦战略。聚焦战略指的是企业集中力量于某几个细分市场，主攻某个特殊的顾客群、产品系列的一部分或者某个地区市场，而不是在整个产业或者整个市场范围内全面出击。

由于一个企业拥有的资源、时间等条件的限制，企业往往很难在市场中全面展开自己的业务，而聚焦战略可以使企业提供更有效率、更有特色的产品或服务满足某一特定的战略对象需要，以便在狭窄的市场范围内实现低成本、差异化或者两者兼顾的竞争优势。因此，当企业想利用其核心竞争力以满足某一特定行业细分市场的需求而不考虑其他需求时，聚焦战略就比较合适，它也是目前市场上最好的营销战略之一。

在特殊的和独特的细分市场上，企业往往采用成本聚焦战略或者差异化聚焦战略两种方式之一来实现业务聚焦。实际上，利用差异化聚焦战略（成本聚焦战略）所处理的业务活动与利用差异化战略（成本战略）所处理的业务活动也是相似的。唯一的差别是公司竞争的范围：企业专注于一个狭窄的行业细分市场。通过这两种聚焦战略，企业能够以极具竞争力的方式完成其主要和辅助的业务活动，建立并且保持竞争优势的同时赚取超额利润。因而聚焦战略的优势与其聚焦业务的方式相关，也就是说，采用成本聚焦战略的企业往往能获得与采用低成本战略企业相同的优势。

然而，无论企业采取何种聚焦战略，都面临着与在整个行业内采用差异化战略或低成本战略的公司同样的一般性风险。除此以外，聚焦战略还具有一般性风险以外的三种风险。

(1)竞争对手可能会集中在一个更加狭窄的细分市场上，从而使原来集中的资源不再集中。

(2)在整个行业内竞争的企业可能会认为由执行聚焦战略的公司所服务的细分市场很有吸引力，值得展开竞争。

(3)狭窄的竞争性细分市场中的顾客需求可能会与一般顾客的需求趋同。此时，执行聚焦战略的公司有时会被削弱或消除。

以上就是三种常见的企业战略，企业应该根据自己掌握的资源以及自身在竞争市场上的定位酌情选择合适的发展战略。

8.3 企业的运营模式

创业公司在初期招募员工吸引投资时，为自身未来的发展规划了宏伟蓝图，但是只以目标为导向而没有良好的运营模式来维持稳定运行，又怎么能持续发展呢？

企业经营过程中的计划、组织、实施和控制，与产品生产和服务创造密切相关，即企业的运营模式。运营过程就是劳动过程或者价值增值的过程，是一个投入、转换、产出的过程，也是一个对生产和提供公司主要产品或服务的系统进行设计、运行、评价和改进的过程。

企业运营管理是由五大职能有机联系的一个循环往复的过程，它们分别是市场营销、生产运营、技术、人力资源管理、财务会计。

运营管理的对象是运营过程和运营系统。现代运营管理所涵盖的范围越来越大，已从传统的制造业企业扩大到非制造业。其研究内容也不再局限于生产过程的计划、组织与控制，而是扩大到包括运营战略的制定、运营系统的设计以及运营系统运行等多个层次的内容。将运营战略、新产品开发、产品设计、采购供应、生产制造、产品配送直到售后服务看作是一条完整的“价值链”，对其进行集成管理。

如今大多数的企业内部运营模式都具有相似的特点，趋同性说明这种结构模式具有一定的存在优势，所以以下的讨论基本以现有的大部分公司采取的模式进行。

从结构上划分，主要分为五个方面，分别为行政管理层面(主要职责是企业的规划、决策、管理、监督、考核，员工聘用以及任免等人事处理，公关及企业形象管理，企业精神和文化建设)、销售层面(产品销售以及推广、情报收集、形象推广、产品监测、库存管理、用户服务)、生产层面(“核心”，设备与原料的采购、使用及管理，生产组织、管理，生产人员的管理考核，库存管理，质检等)、技术层面(为生产及销售提供技术支持及保障、技术创新及新产品开发、生产过程，以及生产产品的质检、技术人员的培训)、资金管理层面(资金使用的管理、监督、指导、考核、预警、融资及引资)。

企业运营模式主要依靠以上五个方面的协调发展，这种运营模式具有相对完整的基本经济社会结构。其需求具有单向性(不可选择性)和相互依赖性特征，各环节之间的连接十分紧密。在交易过程中，该运营模式又具有高度的透明性与开放性，各环节、各部门、各方面都要对现有的信息进行整合、分析、共享。同时，该种运营模式又具有较强的针对性和快速灵活性，可以根据需要快速调整生产和人员安排，改变生产模式，对于市场的变化可以做出积极的反应。

选择了合适的运营模式后，企业下一个考虑的就是企业财务的利润应该怎样完成。

财务的盈利模式可以分为两种。第一种，财务管理利润。企业不仅可以通过自己的营业赚取业务利润，还能通过管理创造利润，如通过整体结构的运行来降低企业所带来的潜在成本等。在财务管理中，适当降低成本就相当于间接增加了企业的利润。第二种，资本利润。企业通过资产重组、并购等资本的运作来形成企业利润。在某种程度上，财务管理优劣甚至决定着企业的兴衰成败。

财务利润通常是通过权责发生制进行计算的，其收入与支出要考虑其收益期，不同期间的收入支出归属不同的时期算出利润，而不是用收付实现制来计算现金流量。

如果将企业比作军队，那么良好的运营模式意味着军队拥有了好的编制，财务利润即军队粮草，从哪儿获得粮草，以及用什么样的方式合理获得，这些都是企业家需要严肃考虑的问题。

8.4 创业目标市场分析

8.4.1 行业及市场分析

对于企业来说，要在市场中取得一定的市场份额，首先要做的就是分析市场。分析市场的任务就是对外部环境的众多因素进行研究调查，明确其现状以及今后的发展趋势，从中找出对企业发展有利的机会以及不利的威胁，根据企业的现状做出相应的反应，规避风险。

市场营销环境通常被分为微观营销环境和宏观营销环境。微观营销环境往往以企业为中心，与企业发展有关的因素都是需要考虑的，如竞争者的数量以及实力、客户的需求、供应商的需求、公众形象等。而宏观营销环境则是以现在的社会环境为主，考虑现有的政策、人口现状、经济、自然、科技等宏观因素。

了解了现在的市场营销情况之后，企业可以对现有状况进行分析。例如，人口出生率的不断上升提醒企业可以发展母婴产品，该市场将有利可图，而市场的范围又是相当广的，所以这时需要企业进行市场细分。

(1)地理细分。

地理细分的变量主要包括地理位置、城市规模、地形和气候、人口密度、交通状况等。由于不同地区的人在生活方式等多方面表现出不一致，企业在进行市场细分的时候，可以通过简单的地理细分，在不同的区域使用不同的营销方案，制定不同的发展策略。处在不同地理环境下的消费者，对于同一类产品往往会有不同的消费需求与偏好，如对自行车的选购，城市居民喜欢式样新颖的轻便车，而农村的居民注重坚固耐用的加重车等。

(2)文化细分。

消费者由于受教育的水平、宗教信仰、职业、收入等因素的不同，其思维方式往往也有一定的区别。例如，老年人与年轻人在选择服装和食品的时候通常会有截然不同的选择，企业可以通过年龄层将市场分为老年人市场以及青少年市场等。

(3)按心理因素细分。

按心理因素细分，就是将消费者按其生活方式、性格、购买动机、态度等变量细分市场。例如，由于社会阶层以及生活方式的不同，消费者会产生不同的购买行为，年轻人由于受到西方思想文化的影响，追求个性化，彰显自己的不同，中年人由于其经历而追求平稳朴实等。

(4)按行为细分。

由于消费者购买或者使用某种商品的时间、购买数量、购买频率、对品牌的忠诚度等不同，消费选择也不同。例如，消费者会根据自己对产品的了解及尝试形成相应的消费群体，在以后选择其他商品的时候往往会选择同类商品或者是同品牌商品，这就是对品牌的忠诚度。

根据以上四个因素，企业可以根据自己的发展现状以及发展目标选择适合自己的细分市场，然后对细分市场进行详细的了解。

行业及市场分析主要是创业者对特定行业和外部市场的现状及趋势进行调查和分析。在这里重点介绍以下几种方法。

(1)PEST 分析法：外部战略环境分析。

PEST 分析法是外部战略环境分析的基本工具，它通过政治(Politics)、经济(Economic)、社会(Society)和技术(Technology)四个方面的因素分析从总体上把握宏观环境，并评价这些因素对企业战略目标和战略制定的影响。

PEST 分析法的具体说明及理论框架如表 8-1 和图 8-1 所示。

表 8-1　PEST 分析法具体说明

主要因素	定　义	具体考察
政治法律环境	指对组织经营活动具有实际与潜在影响的政治力量和有关的法律、法规等因素，包括政治体制、政府稳定性、产业政策、相关法律法规、外交关系等方面	具体的影响因素主要有：1.企业和政府之间的关系；2.环境保护法；3.外交状况；4.产业政策；5.专利法；6.政府财政支出；7.政府换届；8.政府预算；9.政府其他法规等 对企业战略有重要意义的政治和法律变量有：1.政府管制；2.特种关税；3.专利数量；4.政府采购规模和政策；5.进出口限制；6.税法的修改；7.专利法的修改；8.劳动保护法的修改；9.公司法和合同法的修改；10.财政与货币政策等

续表

主要因素	定　义	具体考察
经济环境	指一个国家的经济制度、经济结构、产业布局、资源状况、经济发展水平以及未来的经济走势等	企业应重视的经济变量有：1.经济形态；2.可支配的收入水平；3.利率；4.消费模式；5.政府预算赤字；6.劳动生产率水平；7.股票市场趋势；8.地区之间的收入和消费习惯差别；9.劳动力及资本输出；10.财政政策；11.贷款的难易程度；12.居民的消费倾向；13.通货膨胀率；14.货币市场模式；15.国民生产总值变化趋势；16.就业状况；17.汇率；18.价格变动；19.税率；20.货币政策等
社会文化及自然环境	指组织所在社会中成员的民族特征、文化传统、价值观念、宗教信仰、教育水平以及风俗习惯等因素。人口因素对企业战略制定有重大影响	值得企业注意的社会文化因素有：1.企业或行业中的特殊利益集团；2.对政府的信任程度；3.对退休的态度；4.社会责任感；5.对经商的态度；6.对售后服务的态度；7.生活方式；8.公众道德观念；9.对环境污染的态度；10.收入差距；11.购买习惯；12.对休闲的态度等
技术环境	不仅包括引起革命性变化的发明，还包括与企业生产有关的新技术、新工艺、新材料的出现和发展趋势以及应用前景	企业应重点考察的技术环境因素有：1.科技水平及发展趋势；2.科研能力；3.科技政策与机制；4.专利及其保护情况；5.产品生命周期

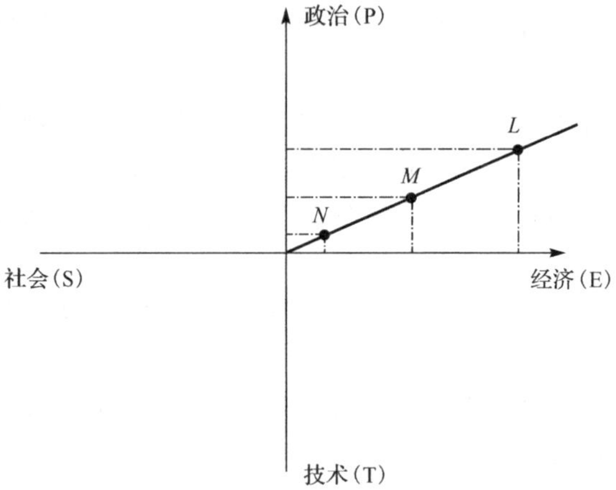

图 8-1　PEST 分析法理论框架

PEST 分析法通常采用矩阵式的方法，即将坐标分成四个象限。以政治和经济两个坐标为例，政治环境和经济环境都好的情况下，企业就应该大力发展，如点 L；两者都不理想的情况下，企业就不能大力发展，如点 N。环境时好时坏，就要适当考虑发展程度，如点 M。

PEST 分析法的信息收集是长期的、艰巨的。政府工作报告、行业协会的数据、专业论坛的观点、法律法规的变动……对于任何企业，PEST 中的某一项或者几项影响会较大，所以要抓住重点，对一个或者几个方面深入分析，其他则可一概而过。

（2）SWOT 分析法：战略规划和竞争分析。

SWOT 分析法是一种企业战略评估分析工具，通过对企业内外部条件的综合分析，识别和测试企业发展所具有的优势和劣势以及存在的机遇和威胁，从中识别必要的资源，将企业战略确立在发挥优势和消除劣势的基础之上，形成不同的战略匹配。

SWOT 分析法（自我诊断法）是一种能够客观而准确地分析和研究一个企业现实情况的

方法。利用这种方法可以从中找出对企业有利的、值得发扬的因素，以及对企业不利的、该去避免的因素，发现存在的问题，找出解决办法，明确以后的发展方向。然后根据分析，将问题按轻重缓急分类，明确哪些是目前急需解决的问题，哪些是可以稍微拖后一点的事情，哪些属于战略上的障碍，哪些属于战术上的问题。它很有针对性，有利于领导者和管理者做出较正确的决策和规划。

SWOT 分析法是把企业内外环境所形成的机会、威胁、优势、劣势四个方面的情况，结合起来进行分析，以寻找制定适合项目实际情况的经营战略和策略的方法。在经营活动中，企业或项目的负责人要经常运用 SWOT 分析法明确下列问题：我们的客户是谁？在哪里？产品是什么？应该提供什么样的服务？如何应付市场上不断出现的变化？存在哪些威胁和竞争对手？会发生什么样的竞争？如何扬长避短以取得竞争优势？怎样改善自己？分析和明确这些问题的过程也是不断完善经营和竞争策略的过程，可以为企业的发展与壮大提供战略性指导。

(3) 五力分析模型：行业竞争战略分析。

五力分析模型是迈克尔·波特(Michael Porter)于 20 世纪 80 年代初提出的，它对企业战略的制定产生了全球性的深远影响。对竞争战略的分析，可以有效地分析企业的竞争环境。五力分别是供应商的讨价还价能力、购买者的讨价还价能力、潜在竞争者进入的能力、替代品的替代能力、行业内竞争者现在的竞争能力。五种力量的不同组合变化最终会影响行业利润潜力变化。

(4) 市场营销调研分析。

营销调研是指系统地、客观地收集、整理和分析市场营销活动的各种资料或数据，用以帮助营销管理人员制定有效的市场营销决策。这里的“系统”指的是对市场营销调研必须有周密的计划和安排，使调研工作有条理地开展下去。“客观”是指对所有信息资料，调研人员必须以公正和中立的态度进行记录、整理和分析处理，应尽量减少偏见和错误。“帮助”是指调研所得的信息以及根据信息分析所得出的结论，只能作为市场营销管理人员制定决策的参考，而不能代替他们做出决策。

市场营销调研主要有以下几个作用。

① 有利于制定科学的营销规划。

② 有利于优化营销组合。

③ 有利于开拓新的市场。

市场营销调研主要有以下几种分类。

① 按调研时间分为一次性调研、定期性调研、经常性调研、临时性调研。

② 按调研目的分为探测性调研、描述性调研、因果关系调研。

(5) 行业销售数据分析与预测。

① 按周、月、季度、年的分类销售数据汇总。

② 进行月、年销售汇总数据的同比、环比分析，了解变化情况。

③ 对计划完成情况及未完成原因进行分析。

④ 用时间序列预测未来的销售额和需求。

⑤ 客户分类管理。

⑥ 消费者消费习惯、购物模式等。

(6) 目标市场特征分析。

分析目标市场的一个重要目的在于确认企业的机会和威胁，这些信息可以通过扫描、监测、预测以及评估的方法来获取。

机会是指那些存在于目标市场中的，如果能够开发出来，便能帮助企业获得竞争优势的情形和条件。举例来说，根据有关部门统计，我国 60 岁以上老年人口到 2014 年年底已达到 2.1 亿，占总人口比例的 15.5%，并且到 2035 年将达到 4 亿人。企业可以瞄准这个市场，通过专门为这些人设计产品和服务来满足他们的需求，这样一来，企业就能够利用这个细分市场人群的显著增长而获利。

威胁是指那些存在于目标市场中的，可能妨碍企业获得竞争优势的情形和条件。例如，随着国内外对环境保护要求的提高，某些国家实施绿色壁垒，对于某些不完全符合新环保要求的产品生产无疑是一种严峻的挑战。

① 扫描。扫描包含了对目标市场总体环境各方面的研究。通过扫描，企业能够辨别出目标市场环境中潜在变化的早期信号，探测到正在发生的变化。扫描常常能够揭示模糊的、不完整的，以及无关联的数据和信息。因此，扫描对于企业在高度不稳定的环境中竞争极具挑战性，也至关重要。

同时，互联网也为扫描提供了大量的机会。举例而言，与许多互联网公司一样，亚马逊网站记录了大量访问其网站的个人信息，尤其是当这个人购买了它的产品时。于是，当顾客再次访问其网站时，亚马逊可以显示顾客的名字并对其表示欢迎。亚马逊甚至会把与顾客以前购买的产品相类似的新产品信息发送给他们。

② 监测。分析师在监测时，通过观察目标市场的环境变化，看能否从扫描的成果中发现某种重要的趋势。成功监测的关键在于企业从不同事件和趋势中发掘其背后的意义。例如，在美国，非洲裔美国人中的中产阶级数量持续增长。伴随着财富的增加，这一部分居民开始迫切地寻求投资机会。从事理财业务的公司可以监测经济领域的这一变化，以此判断一个重要的趋势正在以何种程度出现。

有效的监测要求企业能够明确重要的利益相关者。由于在企业的生命周期中，不同利益相关者的重要性在不断发生变化，因此整个过程中都应该关注企业的需求和利益相关者团体。对于处在不稳定竞争中的企业而言，扫描和监测不仅为企业提供了信息，也能够作为引进信息的手段之一，这些信息能够帮助公司了解目标市场以及如何开展业务。

③ 预测。扫描和监测关注的是某个时间节点上目标市场中的时间和趋势。所谓预测，是指分析师们通过扫描和监测探知的变化和趋势，对将来可能发生的事情及其发生速度的推断。例如，分析师们可能要预测一种新技术市场化所需的时间。

当然，准确预测事件和结果充满挑战性。举例来说，一家以快速交货著称的企业曾预测销售增长为 25%，但实际却增长了 47%。尽管总的来说是正面消息，但是这个增长却引发了供货短缺，该企业没有能力以原有的计划和方式去满足这些大量增长的订单，由此失去顾客的信任。因此，为了销售与需求一致，预测非常重要。

④ 评估。评估的目标是要判断目标市场环境变化的时间点和变化趋势对企业战略管理的影响和显著程度。通过扫描、监测和预测，分析师们应该能够理解目标市场的总体环

境。而下一步的评估主要是为了明确指出这些理解对企业的意义。没有评估，企业得到的仅仅是一些数据，尽管有趣，但对竞争又有何用？

即使正式的评估不够充分，对信息适当的解读也十分重要。研究发现，在战略和相应的组织变革方面，对于高级经理人而言，解读环境信息实际上比准确了解环境状况更为重要。因此，尽管收集和组织信息很重要，但投入资源对这些情报进行正确的解读也同等重要。而当信息收集起来后，评估目标市场的某种趋势是代表一个机会还是威胁就显得尤为重要了。

8.4.2 市场细分与产品定位分析

1. 市场细分

目标市场是指营销者准备用产品或者服务以及相应的一套营销组合为之服务或者从事经营活动的特定市场。或者说，目标市场指的是企业为达到预期规划的经营目标而进入的并将从事营销活动的市场。

随着社会的发展、社会生产力的提升以及科学技术的进步，人们的生活水平逐步提高，消费者的需求以及欲望得到满足的条件越来越多，市场的需求变得越来越复杂以及多样。而市场由于竞争者的增多、资源的有限等限制原因，难以同时满足消费者的众多需求，消费者日益增长的需求与企业的发展之间产生了矛盾，这时就需要企业进行市场细分，然后选择自己的目标市场。

企业在寻找目标市场的时候，必须考虑以下几个因素。

(1) 市场规模以及发展潜力。进入市场以后的发展不是转瞬之间的，需要长远的发展以取得高额的回报，没有任何企业进入市场是为了退出市场，所以在选择目标市场的时候，往往需要选择规模合适以及拥有一定发展潜力的目标市场，企业需要制订相应的中长期计划，不能盲目选择过大的市场，也不能妄自菲薄地选择小的市场。同时，看清发展潜力，了解现有技术，明晰政府政策，知晓顾客动机，这样才能在竞争市场中占有一席之地。

(2) 市场的竞争现状。虽然某些细分市场具备了企业所期望的规模以及发展潜力，但是往往缺少盈利的机会以及空间，因此了解现有的市场分布状况以及自己的竞争对手状况，有利于企业更加全面地了解目标市场，制订良好的发展计划。

(3) 目标及资源。对于企业来说，制定企业目标是发展的要务之一，正如前文所说，我们制定一个大目标之后，还要制定多个小目标。选择目标市场的时候，即使目标市场拥有合适的市场规模以及发展潜力，同时竞争现状又十分乐观，如果不能契合企业的现有目标和资源，往往需要企业做出一部分牺牲，甚至放弃该目标市场。如果仅仅是目标出现偏差，企业可以通过对企业目标的适当修改来契合市场，但是在进入市场之后的发展，往往需要考虑自身拥有的资源，如果资源跟不上，企业只能放弃该目标市场，否则，即使挤入目标市场，也难以得到良好的发展。

企业花费了大量的时间和精力进行市场细分，最终选择了适合自己的目标市场，那么对于企业来说有什么好处呢？

(1) 有利于发掘市场机会。企业在进行市场细分的时候，往往对每个细分市场的大小、规模、发展潜力等都有一定的了解，这时企业再考虑自身的现有状况做出选择，会在一定程度上避免损失，降低自身的风险。

(2)有利于整合资源。选择企业合适的目标市场之后，企业通常需要跟进相应的资源才能完成企业目标。选择目标市场之后，企业的发展将会更加明确，以减少资源的浪费。

(3)有利于制订合理的发展计划。企业的发展计划不仅依托于现有的发展，还有赖于今后的发展规划。选择合适的目标市场，有利于企业根据市场的现状制订相应的合理发展计划。

2. 产品定位分析

产品指的是提供给市场用于满足需要和欲望的任何东西。企业提供给市场的产品有多种，包括有形商品、服务、信息、创意等。产品的概念十分广泛，表现形式也多种多样，但是都具有相同的两个特征，即具有使用价值和可以被交换。

(1)按产品分类。

依据其表现形式，产品可分为有形产品和无形产品。有形产品指的是有固定形态的产品，包括原材料、书本、食物等。而无形产品指的是没有固定形态的产品，如信息、服务等。

依据消费者的购买习惯，产品可分为便利品、选择品、特殊品、无需求品。便利品指的是不需要货比三家的商品，如便利店的塑料手套以及垃圾袋，这样的商品往往没有品牌效应，消费者在选择的时候不需要做过多的思考就能够选择。选择品指的是需要货比三家的商品，由于其价格、性质等影响，这类商品往往需要消费者通过多方比较才能做出购买行为，如衣物、食品调料等。特殊品指的是容易形成消费群体的产品，如苏宁的家电、苹果的电子产品等，这些特殊的产品由于该类型产品中的某一个企业产生了品牌效应，其口碑等会影响其消费者的行为。无需求品指的则是暂时没有满足需求的产品，这样的产品通常是因为消费者的一时冲动、心血来潮做出了购买行为，如购买《辞海》等。

(2)按消费人群分类。

将产品进行细分以后，我们要知道产品是为了迎合怎样的消费人群。例如，我们可以按照年龄将消费者市场分为老年市场、青少年市场、儿童市场等，针对相应的市场需要对产品进行适当的调整，在老年市场难以推出色彩鲜艳、图案夸张的服饰，而在青少年市场，由于青少年趋向于追求个性化，也难以接受千篇一律的风格。除此之外，还有价格分类等方式，企业可以选择适合自己的分类方式对自己的产品市场进行分类。

这里我们可以利用市场定位产品差异分析表对产品市场进行分类，如表 8-2 所示。

表 8-2　市场定位产品差异分析表

<table>
<tr><td colspan="6">市场定位产品差异分析表</td></tr>
<tr><td colspan="6">调查人：________　部门：________　调研地点(卖场/超市)：________
日期：　　年　月　日</td></tr>
<tr><td>项　目</td><td>竞争产品 1</td><td>竞争产品 2</td><td>竞争产品 3</td><td>本公司产品</td><td>对比分析/差异描述</td></tr>
<tr><td>产品功能与特点</td><td></td><td></td><td></td><td></td><td></td></tr>
<tr><td>产品零售价</td><td></td><td></td><td></td><td></td><td></td></tr>
</table>

续表

项　　目	竞争产品 1	竞争产品 2	竞争产品 3	本公司产品	对比分析/差异描述
产品规格					
产品包装样式					
品质稳定度					
耐用程度					
故障率					
使用方便性（难易程度）					
产品生命周期（适应市场的期限）					
营销力度（包括销售方式、渠道等）					
广告投入（数量及方式）					
促销投入（活动、展示方式、展示数量）					
售后服务					
品牌影响力					
顾客对产品的评价					
当前销量					
当前市场占有率					

8.4.3　竞争对手分析

1. 竞争对手调查数据分析

一个企业的策略如果是根据竞争对手的策略来制定的，那么这个企业是没有持续性的，每个企业的策略应该具有企业自身的特色。分析竞争对手的目的是为了了解对手，洞悉对手的市场策略等。我们可以用竞争对手分析的五个层次来说明，如图 8-2 所示。能准确地确定竞争对手，这是分析的最低层次；能分析出对手状况则是第二层次；最高层次是通过竞争分析制定策略后能够引导对手的市场行为。

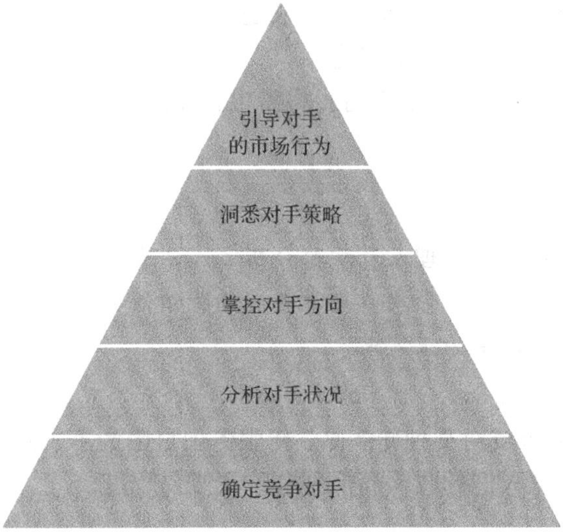

图 8-2　竞争对手分析的五个层次

2. 竞争产品调查对比分析

我们可以用竞争产品对比分析表对竞争产品做分析，如表 8-3 所示。

表 8-3　竞争产品对比分析表

竞争产品对比分析表												
品牌名称	产品名称	产品规格	产品图片	配置阐述		渠道定价	市场定价	预估销量	外观造型特征		客户反馈信息	
				基本配置	功能状态				造型风格特征	外观特征	产品优势	产品痛点

8.5　创业企业的营销管理

8.5.1　初创期企业的营销管理

正所谓最适合自己的才是最好的，作为创新企业，管理者需要选择最适合的营销管理方式，在不同的发展时间段对不同的物品和服务选择不同的营销方式。

初创期是打开市场的时期，营销主要着重于改善、扭转性营销，刺激性营销以及开发性、引导性营销。

(1)改善、扭转性营销。

① 需求状况：市场表现为负需求。负需求是指全部或大部分潜在购买者对某种产品或服务不仅没有需求，甚至达到厌恶的状态。

② 营销任务：改变人们的需求方向，将需求转变到营销的产品或服务上。

例 8.2

某大酒店有两位客人被人在店内谋杀了，在相当长时间内，客人都不愿意去这家酒店消费。在这种负需求情况下，管理人员就要分析客人不喜欢的原因，提高服务质量，用强有力的促销手段来重新塑造酒店形象。此时酒店的营销任务是扭转性营销，扭转人们的抵制态度，使负需求(不需求)变为正需求。[①]

(2)刺激性营销。

① 需求状况：无需求或对某种新产品、新服务项目因为不了解而没有需求，或是日常生活中的非必需品，根据人们的收入高低划分购买难易程度。

① 营销策略-需求分析篇，https://wenku.baidu.com/view/fd16375f5e0e7cd184254b35eefdc8d376ee141e.html.

② 营销任务：激发需求要在预期收益上下功夫，设法引起消费者的兴趣从而刺激需求。

例 8.3

法国一家化妆品公司在巴黎的《日日新闻》上刊登了一则广告：本公司选 10 名丑女，将于星期六晚上在巴黎大舞台与观众见面。广告刊出后，一时传为奇闻：世上只有选美女的，哪有选丑女的？还要在知名的巴黎大舞台上登台亮相。这个广告一下子就吊起了人们的“胃口”，于是不少人怀着好奇的心态赴会。当幕布徐徐拉开，10 位丑女鱼贯而出时，观众们发现她们果然是奇丑无比。随后该化妆品公司的老板出来致答谢词说：“此次征求丑女，并不是要贬低她们，而是用以证明本公司化妆品的功效。如诸位存有异议，就请稍等片刻，让丑女们化妆后再出来与大家见面。”当幕布再次拉开时，涂脂抹粉后的丑女们在霓虹灯下果然是另一番模样。自此，该公司的化妆品一炮打响，畅销巴黎。

(3) 开发性、引导性营销。

① 需求状况：市场上存在潜在需求。潜在需求是指消费者对现有市场上没有出现的某种产品或服务的强烈需求。

② 营销任务：设法提供能满足潜在需求的产品或服务。

例 8.4

陈欧第二次创业时发现，中国的广大女性消费者对于线上购买化妆品的信心不足，线上化妆品行业没有领头羊企业存在。对于他来说，化妆品就是新大陆。他总结出了三个“可行条件”。首先，电子商务在中国正在高速发展是不争的事实。其次，化妆品需求很大，但市场上还没有一个可信的化妆品网站。最后，做这个别的男人不好意思做的行业给了陈欧机会。

8.5.2 成长期企业的营销管理

成长期的企业在某一个领域已经有了一定的成就，这个时候的营销管理需要根据市场变化做进一步改变。适合成长期企业的营销方式主要有以下几种。

(1) 同步性、调节性营销。

① 需求状况：不规则需求，即在不同时间、不同季节，人们对某一物品或服务的需求量不同，因而与供给量不协调。

② 营销任务：设法调节需求与供给的矛盾，使二者达到协调同步。

例 8.5

酒店有着明显的淡旺季，客人的需求不规则，一般四五月、九十月为高峰(旺季)，12 月和 1 月为低峰(淡季)，饭店管理者必须通过灵活的价格及其他方法来调整供求关系，实施与不规则的淡旺季同步的营销方案，如实行淡季价格与旺季价格；冬季养客，夏季吃客。

(2) 恢复性营销。

① 需求状况：需求下降，是指消费者对产品的需求和兴趣从高潮走向衰退。

② 营销任务：恢复需求，设法使已衰退的需求重新兴起，但实行恢复性营销的前提是，处于衰退期的产品或服务有出现新的生命周期的可能性，否则将劳而无功。

例 8.6

北京的一家酒店每年都推出圣诞晚宴，由于年年如此，客人的兴趣淡了，顾客一年比一年少。后来酒店的一位主管提议开发新的销售热点——在 2 月 14 日推出情人节套餐以及情人礼品。于是酒店推出情人节晚会等创新产品并在报纸上大肆宣传，结果营业额大大超过了圣诞晚宴。①

(3) 维持性营销。

① 需求状况：充分需求，是指当前的需求在数量和时间上同预期需求已达到一致，但有变化，一是消费者偏好和兴趣的改变，一是同业者之间的竞争。

② 营销任务：维护需求，设法维护现有的销售水平，防止出现下降趋势。

资料 8.1

对于餐饮业来说，持续性、花样性的营销策划活动，将是饭店创收盈利的关键要素。所以不间断的营销将是饭店立于不败的关键因素之一。

1. DM 单的投放宣传。不间断的 DM 单的宣传与投放，将是饭店扩大知名度的关键(投放地点包括周边商场、小区、办公区、住宅等)。

2. 与周边商超、KTV、儿童城等商家不间断的合作将是饭店客户资源的来源之一，将定期定量、不间断地改变营销策略与方案。

3. 周一到周日每天推出一道特价菜品，作为促销让顾客感受到创新与实惠。

4. 对进店里消费的宾客给予代金券和 DM 单，加大宣传，为回头顾客做好铺垫。

5. 用网络媒体对本店菜品和服务进行推广与销售，突出优惠、突出环境、突出服务。②

(4) 降低性营销。

① 需求状况：超饱和需求，是指需求量超过了卖方所能供给或所愿供给的水平。

② 营销任务：限制需求。通常采取提高价格、减少服务项目和供应网点、劝导节约等措施。

(5) 反击性营销。

① 需求状况：有害需求。

② 营销任务：强调某种产品或服务的有害性，从而抵制这种产品或服务的生产和经营。

8.6 网上店铺的设立与经营管理

网上店铺就是我们俗称的网店，随着淘宝进入大家的视线，网店的发展可谓如日中天。网上店铺通过网络进行销售，并以快递的方式进行配送，即节省了消费者出门逛街消费的时间，也节省了商家门店等租金费用。网店作为电子商务的一种形式，是一种能够让人们在浏览的同时进行实际购买，并通过各种支付手段支付以完成交易全过程的网站。

---

① 营销策略-需求分析篇，https://wenku.baidu.com/view/fd16375f5e0e7cd184254b35eefdc8d376ee141e.html.

② 杨朝富. 持续性的促销细化方案，百度文库.

我们知道网店具有方便快捷、交易迅速、不会造成大量压货、打理方便、形式多样等特点，但是开网店也并不是勾勾手指头就能办成的事，要开网店，就要清楚地知道其中的流程。

1. 网店注册

- 注册会员；
- 填写开店资料；
- 核实信息、筛选网店并开通试用。

2. 网店制作的重要环节

- 域名；
- 主营项目。

3. 网店关键词

- 公司名称；
- 公司简介；
- 分类导航；
- 信息标题；
- 信息详细内容。

4. 优化其他内容

- 博客的发布与管理；
- 资料文件的上传与管理；
- 支付配送管理；
- 友情链接管理；
- 管理调查主题；
- 管理滚动广告。

5. 网店后期维护

- 刷新网店排名；
- 更新网店数据；
- 续登信息；
- 发布新信息；
- 留言回复；
- 提高浏览量。

但是由于现在淘宝、天猫、京东等网购平台的不断发展，依托大平台开网店已经变得更加简单，这里就不详细介绍了。

那么注册网店之后，店主还应该考虑什么内容呢？

(1)选择经营方向。

开网店和开实体店最大的区别就是实体店具有店面，店面所在的位置将会成为重中之重，相似的店铺如果选择的地理位置很好就有可能赚取到令别的店面眼馋的利润。但是网店使得店面地理位置的优势消失了，这时候，店家就应该调用自己所拥有的资源，选择销售具有成本优势的产品还是具有差异性的产品。

(2)决定货源。

除非是产品的差异性较大，能够长久吸引客户，否则大多数网店都只能在成本上下功夫，即找到物美价廉的货源。如何找到合适的货源呢？就像市场猎手一样时刻地关注市场动向，利用商品打折等方式找到价格低廉的货源；关注外贸产品，了解各外贸厂家；买入品牌积压产品，把握品牌产品换季周期，通过差价来赚取利润；批发商品，当购买的商品数量足够多的时候，就能拿到合适的优惠价格赚取差价；国外打折商品的代购，这也是近几年来比较流行的方式，如很多人会选择代购韩国的化妆品、欧洲的保健品等。

(3)建立起合适的网店制度。

建立起合适的网店制度包括售后服务以及优惠活动的推出等。由于人们在网店上往往无法亲手触摸到自己所选择购买的商品，有部分消费者在收到货物之后，由于物品与其预期有一定差距，往往会提出退货的要求，这时候就需要店家对于商品的售后做出合理的规划，在不损害自身利益的前提下妥善解决。

至于网店的经营管理，只要进行成本优势战的店家能够制定合理的价格、关注顾客的需求、把握市场的动向，而进行产品差异战的店家能够保证商品的特色以及在迎合消费者需求的前提下赚取合理的利润，都是能够获得一定成长的。至于最后店开得如何，还要根据商品的质量、售后服务等方面来进行考量。

本章要点回顾

- 法约尔的 14 条管理原则：劳动分工原则、权力与责任原则、纪律原则、统一指挥原则、统一领导原则、个人利益服从整体利益原则、人员报酬原则、集中原则、等级制度原则、秩序原则、公平原则、人员的稳定原则、首创精神、团队精神。
- 初创期企业营销主要着重于改善、扭转性营销，刺激性营销以及开发性、引导性营销。
- 成长期企业的管理原则：准确判定可行性、管理者明确定位、专注少数真正重要的、利用优点、相互信任、正面思维。
- 成长期企业的营销方式主要有同步性、调节性营销，恢复性营销，维持性营销，降低性营销，反击性营销。
- 企业运营管理中有五大职能有机联系的一个循环往复过程，它们分别是：财务会计、技术、生产运营、市场营销和人力资源管理。
- 企业运营模式主要靠五个方面协调发展：行政管理层面、销售层面、生产层面、技术层面、资金管理层面。
- 差异化战略需要在企业就客户广泛关注的一些方面在行业内独树一帜，或者在成本差距难以进一步扩大的情况下，生产出比竞争对手功能更强、质量更优、服务更好的产品来体现其差异性。
- 聚焦战略指的是企业集中力量于某几个细分市场，主攻某个特殊的顾客群、产品系列的一部分或者某个地区市场，而不是在整个产业或者整个市场范围内全面出击。

- 对特定行业和外部市场的现状及趋势进行调查和分析的方法有：PEST 分析法、SWOT 分析法、五力模型等。
- 市场定位产品差异分析表。
- 竞争产品对比分析表。

本章思考题

1. 初创期企业营销主要注意些什么？
2. 对市场现状及趋势调查和分析的方法有哪些？
3. 什么是差异化战略？
4. 成长期企业的管理原则与营销方式分别是什么？
5. 如何选择目标市场？

参考文献

[1] 在慧致天诚举办的“改变企业命运的商业模式公开课”上，新东方教育(科技)集团创始人兼董事长俞敏洪对企业定位的看法。

[2] 营销策略—需求分析篇，https://wenku.baidu.com/view/fd16375f5e0e7cd184254b35eefdc8d-376ee-141e.html.

[3] 杨朝富. 持续性的促销细化方案，百度文库.

第9章

创业企业管理之财务管理

导入案例

千夜旅游网

2013年5月30日，千夜旅游网(简称“千夜旅游”)与中关村兴业投资签署协议，获得1000万元投资，估值达到5000万元。2014年9月初，有人发现千夜旅游网站显示业务全面停止。千夜旅游也对此发出公告，称从9月1日开始，千夜旅游会员中心、呼叫中心停止运营，机票改期、退票等相关业务停止受理。

千夜旅游的创始团队有三人：邸烁，曾任谷歌技术总监；曹宇，曾任微软、百度等设计师，是国内UI/UE设计界资深设计专家；冯钰，在联想工作了10年的资深项目管理专家，具有多年投资分析和项目管理经验。从C2B反向定制模式到B2B加金融平台，据冯钰称公司在解散时已经有营收，账面到最后仍有一百多万元。

但为何仅仅一年多就出现团队解散、业务停止的状况？通过冯钰的口述，他向我们还原了千夜旅游倒闭的真相及运营千夜旅游三年多来的思考。

不断试错

千夜旅游成立于2011年8月份，一开始我们花了半年时间寻找方向，也看了很多行业，最早我们想做数字出版平台，也做了很多准备，但后来发现在中国做出版这个行业，受到很多政策限制，最后只能卖给出版社。在这个过程中我们接触了很多爱旅游的人，觉得旅游这个行业机会很大，现金流不错，盘子够大。

确定方向后，我们又花了半年的时间做产品，网站10月份之前上线，10月份之后我们开始谈融资。当时我们的方向是规模化定制，即反向定制加智能规划。我们在融资前做了很多调查，花了半年的时间把所有的旅游方式都试过，包括导游P2P、智能定制、尾单、小包团等，基本上能看到的主流旅游形式我们都去试了，最后发现2C很难做。因为2C最大的问题是每个用户的需求完全不一样：同样一个团，同样一个导游，同样的服务，不同的用户都有不同的反应。

像纯自由行，基本上不能做服务，做服务一定赔钱。给游客规划了半天，你收他20%的服务费他根本不认，所以说旅游里面有很多模式都是不成立的。小包团也是一样，这样的事效率非常低，你做大众没法做，只能做高端用户，一年做两百个用户，每个用户赚十万块钱，而不是说你今年做了十万用户，每个用户赚两百块钱。这个时候你会发现个性化不可能满足，太散了。

个性化定制的效率实在太低了，在这个用户上你花了超过他给你的利润做服务，当你把价提上去之后发现根本没有人买单。一开始我们拿技术做这个东西，后来发现也走不通。我最后反思这件事需要针对特定的用户群去做。

试验这个方向之后，我们想做智能规划。当时我们做泰国市场，雇了 20 个大学生，花了 3 个月时间搜集泰国的旅游数据，清理了 8000 多个信息点，每个信息点有 30 多个项目，想做信息结构化，最后没理全。

在这中间，数据在实时变化，你要随时更新。例如，去泰国头一个月你去一家饭馆觉得非常好，于是你推荐了，下个月去发现全是中国人了，再过一个月这个饭馆没法吃了。这种数据你得实时变化，要不然用户去一次这家饭馆，发现不好，就失去信心了。

这件事情拿机器也很难做。我们技术挺强的，当时负责研发的副总是原来 360 过来的，但我们发现这个事拿技术很难走通。公司花了很大的力气做了泰国，但往韩国做的时候还得花这么大的人力、物力，这不是一个快速复制的事，我们试了很多点，当时很苦逼，基本上 6×12，或者 6×14 小时的工作。关键是，做完这件事后，你发现还是不挣钱，一个自由行的用户看完这个信息之后，他未必会从你这里买，他可能还是在淘宝或去当地买。

其实我也觉得很奇怪，技术大家很少进旅游这个行业，基本上是一些做营销、业务、传统旅游或者互联网初级业务的人在这儿玩，大家都做得不深。

去年下半年，我们觉得找到了方向。当时我们做 B2B 平台，因为我们觉得实际上旅游直接 2C 很难做，拉用户的成本太高，而在 B2B 领域，有大量的线下门店，包括一些传统厂商、传统旅游销售，他们实际上都需要做线上。我们当时觉得这个中间有空白，于是我们做了一个批发商与门店之间的平台。

当时我们主打实时库存、实时价格，我们希望供应商、批发商能够在上面实时维护价格和库存，门店不用再打电话或用 QQ 确认，而是直接在我们的平台就能看到库存数量。

从 C2B 转向 B2B 之后，C2B 模式我们就停掉了。当时我们去找批发商谈，对于批发商来说没障碍，多了一个渠道帮他卖货，门店很喜欢我们这个产品，因为门店之前是用电话、QQ 等随时跟进数据，现在有一个应用能在手机上直接看到实时数据，当然是好事。

当时我们想往金融方向走：第一，我们有资金沉淀，门店付给我们钱，我们付给批发商；第二，我们可以给门店贷款、可以给用户贷款。旅游金融这件事儿，其实是最好赚钱的一个地方。

到那个阶段我们基本上想清楚了：B2B 市场我们靠流水，应该会有相当大的资金沉淀，另外就是金融服务，围绕这个流水做服务，我们可以给门店、批发商贷款，甚至可以给用户贷款，做类似这样的增值服务，也通过几个月的试点签了 200 多家批发商和上千家门店，证明确实可行。

要做垂直细分市场

从我来看，我觉得旅游这件事非常复杂，旅游的六大元素，吃、住、行、游、购、娱，每一个都是一个产业，吃是餐饮业、住是酒店业，涉及面非常多。现在旅游的人把产品都做得太简单了，很难抓住用户，也留存不了用户，最后就做得越来越累。

像旅游尾单这件事儿，我觉得是不成立的，很多人对这个也有争议。电商的尾单有真实的货存在，过季之后确实有一堆衣服需要打折卖掉，但在旅游行业并没有那么多尾单，批发商或者是旅行社做产品时都会预先估量。例如，一个团报了20个舱位，可能剩了三四个，这个时候找朋友甩掉就可以了，并不需要专门的机构。

对尾单来说，最核心的一块是机票。航空公司的量是有限的，不会有大量的尾单出现，供应商为什么要把尾单拿给平台去卖？他们完全可以用这个替自己拉流量。

做千夜旅游这三四年，我觉得最大的体会就是，旅游行业实际上没有用户这个概念。例如，我们现在拿了泰国特别便宜的机票，甩出去来了一百个用户后，这一百个用户三年之内都不会再去泰国，甚至五年之内都不会再去，频次非常低。他下次去的时候，也不会说上次从哪个网站去了，这次还一定用这个网站。

而对于导游P2P来说，难度也非常大，因为导游不可控。导游无非是两类人，一类是专业的人，另一类是非专业的人。专业的导游，淡季他会跟你玩，到了旺季他根本没空理你，因为接不过来。如果是非专业的人，几个人做没问题，但一旦上规模就会被查，像泰国、意大利这种旅游作为支柱产业的国家就不允许外国人当导游、不允许外国人带团。并且这件事儿在管理上也有难度，例如，他是兼职，如果他今天跟你说不来怎么办？我们当时在泰国找了十几个留学生，想试这件事情，后来发现根本不可控。

旅游对用户来说是高成本的事情，一方面是资金，一方面是时间，时间成本、资金成本非常大，用户因此会做很谨慎的选择。所以千夜后来把这方面业务都停掉了，因为我觉得旅游的很多业务线都不太适合拿互联网的方式玩，从我来看出境游这件事，直到现在也很怀疑这是不是一个可以拿互联网来玩的行业。

旅游市场很分散，大家都觉得有机会，VC也觉得将来会出几个大公司。但是从我来看，我们现在讲的目前旅游几万亿的大盘子，很可能机票、酒店都在这个大盘子里，但这个大盘子不会在线上(完全)体现。我认为这其中有机会点，但做不出大公司。

对于旅游，我觉得要不你有用户，要不你就控制资源。资源是有限的，控制了资源后，产品就是你的，通过任何渠道卖都可以，无论线上还是线下，就像中青旅的乌镇景区，或者港中旅的房车小镇。

旅游这个市场这么大、这么分散、这么细分，能不能出来像淘宝、百度这样真正把行业30%、40%吃掉的企业？对于这个我不太乐观。

输在早期股权分配

对于千夜旅游来说，实际上最大的问题是股权结构的问题，给操作执行团队留的股份太少，导致我们在融上一轮融资时就非常费力，将近6个月时间在谈融资。别人会觉得你们执行团队在早期的时候股份都这么少，担心会有风险。对于业务，我觉得我们已经找到重心，或者说已经把产品做得差不多，但我们几个都是第一次创业，经验不足。

最初曹宇和我最先在这个团队，我们很早之前就认识了。当时我们俩都是刚从公司出来，没太多经验，后来通过朋友介绍，认识了邸烁。他原来是谷歌的技术总监，当时和李开复老师一起回来创办谷歌中国。后来他自己创业，公司主要做硬件和解决方案，已经拿了比较大的A轮。他当时想拿了那么钱也用不了，于是就想投一些互联网公司。

也就是说，别的机构投了一笔大钱到他那儿，他拿了一小部分在我们这儿，控股了千夜旅游，而我和曹宇两个人占小部分股份。实际上我们刚开始启动的时候有四百多万元的资金进来，包括几家机构和个人的钱，里面股份比较分散，早期的四百多万元在其中占的比例很高。

因为早期股权比较分散，所以在上一轮中关村兴业投了1000万元之后，我们很谨慎。当时我们把管理团队降薪、普通员工降薪，从原来的办公室搬到一个小地方，希望能用这笔钱尽量坚持长久一点。今年年初时，公司开始有正常的流水，在公司清算的时候，我们账上仍有一百多万元的现金。

其实问题核心还是股份结构不合理，导致A轮进不来。我们整个执行团队的股份很少，剩下的都是股东的，后来有两个副总来了谈股份，实际上都没有兑现。

当时我们谈了很多有意向的投资方，跟老股东也在谈，拖了很长时间，股东之间扯皮就扯了小半年。我是4月份出来的，当时觉得公司没太大希望了，曹宇他们坚持到六七月份，这么扯下去人员流失很厉害，后来大股东觉得没有多大意义，就把这个项目停掉了。

执行团队股份少，站在投资人角度看，他们觉得风险非常大，首先动力不足，其次这么点股份很容易受到其他诱惑就走了。北京数得上的VC我们都谈过，我的判断应该是没有可能再继续下去了，基本上我们认为这是一个症结，不是其他的业务问题。

对于我们来说，因为是第一次创业，没想去谈那么多，更多的是想先做事情。而当时的资源拿了钱进来，提供了一些支持，包括人员、办公场地等，所以我们当时就没想到这个事儿有那么大风险。其实我们到现在都不能理解，为什么那些老股东宁可把事情黄掉，也不愿意把股份让出来。

对于我们来说，如果当时拿到钱估计我们还会做下去，因为仍有机会的。但是如果重新选方向的话，我们就不会再选旅游这个方向，因为确实太苦，包括你面临的竞争和复杂的市场环境。我们四个合伙人现在都出来了，全都在创业，曹宇和李志做互联网金融，李俊燊做在线教育。

再出发，做户外儿童教育

从千夜旅游出来后，我用自己的资金7月份启动了新项目，目前团队有2个人，我和一个技术合伙人。我负责业务，他负责后台，他之前是联想软件一个技术很牛的人，后来自己出来做外包做了三四年。

新项目主要做4～12岁小孩的周末活动。目前市场竞争不大，其他人一般都是区域性的，做得很小。

亲子游是一个刚性需求市场，客单价也比较高，但我们选择的方向更多偏教育，做户外的儿童自然教育。

美国有六千个童子军营地，每年在营地的孩子上百万，这是一个很大的市场，但在中国几乎没有。和国外模式不同的是，我们不建自己的营地，而是跟度假村、景区和酒店等进行合作。我们会带课程和用户进去，景区的用户也可以购买这些课程，相当于我们给他们提供了一些软性服务。

从7月份到现在，我觉得市场增速还可以。我们从8月份真正建微信公众号，到现在有900多个用户，没有做过任何推广，全是靠用户的自传播。与旅游相比，我们认为家长更会为教育买单。目前我们接待过的付费用户有三百多，活动做了将近四十次，都在北京。

目前我们平台最大的一块资源是渠道早教机构，课程我们自己会做，也会拿国外的一些课程进行翻译。今年我们有十五六个课程，我会把它细化出来做成标准的教案，我们希望到明年3月份的时候，至少有30～50个课程，这时候可以往外地走，拿整个培训体系去覆盖全国。我觉得这样培训与传统培训机构的做法相比的好处是不用租地，完全是合作的场地，只要去人就行。

未来我们想做的是像河狸家这样的平台，连接很多儿童户外教练、自然教育老师、体育老师等。

这次创业，我对股权的控制很紧，包括我们进来的人会分阶段给股份。股权其实是一个很严肃的事情，如果在开始的时候没分配好，等到公司估值5000万元后，一个点就是几十万，这个时候让谁让出一个点、两个点都是很困难的事情，更别说让出几十个点。

案例评价

"千夜旅游"是面向旅游市场需求研发和运营的品牌，致力于为广大旅游爱好者提供智能出行和线路规划服务。2013年5月30日，千夜旅游与中关村兴业投资签署协议，获得1000万元投资，估值达到5000万元。公司联合创始人和主要股东也都是由在IT业界拥有丰富阅历的资深人士组成，骨干分别来自谷歌、微软、联想、百度、酷派等知名企业。但为何仅仅一年多就出现团队解散、业务停止的状况？创始人把主要原因归结为——早期的股权分配。合理的财务管理在创业过程中的重要作用不言而喻。

思考题

1. 从千夜旅游的案例中，你可以发现创业过程的哪些典型特征？
2. 为什么早期股权分配问题能够很大程度上导致千夜旅游的失败？
3. 如果让你为千夜旅游设计一套财务管理方式，你有什么建议？

本章要点

- 启动资金的筹集
- 风险投资
- 融资准备
- 合理的股权关系
- 创业资金风险

学习目标

- 了解寻找投资人的方法
- 了解融资的基本过程
- 理解互联网资金风险
- 理解风险投资的概念
- 掌握合理的股权结构的建构方法

9.1 树立财务观念——站在企业的高度看财务

21世纪是数字信息和财经主导的时代，越来越多的人认识到财务管理对企业的重要性。财务管理已贯穿企业生产经营的方方面面，它是企业制定决策、实施决策的基础和依据。要搞好企业财务管理，创业者或职业经理人必须充分认识企业资金运动的规律，牢固地树立财务管理的一些经典理念，然后才能灵活地付诸实践、指导实践。

1. 预则立，不预则废——树立财务预测与预算的理念

财务管理，是指企业组织的四大财务活动，即筹资、投资、运营以及分配处理四大财务活动中发生的诸多财务关系的一项综合性的管理工作。财务管理的目标是实现所有者(股东)财富最大化。财务管理的实施步骤包括财务预测、财务决策、财务预算、财务控制及财务分析和考核。

财务预测是财务管理的首要环节，是指根据企业财务活动的历史资料，并结合当前正在影响财务活动的若干个因素，运用科学的预测方法对企业未来财务活动的发展做出预测和判断，最终找出未来财务活动发展变化的诸多可能性。然后在此基础上做出应对各种可能变化的规划或计划，即编制财务预算。财务管理中一定要树立起财务预测与预算的理念，要有防患于未然的规划意识。理念是行动的先导，有备方能无患。

然而，一般企业的财务管理还是停留在“头痛了才去医头，脚痛了才去医脚”的事后控制阶段，缺乏防患于未然的财务预测意识，导致的结果就是管理人员成天扮演“救火员”的角色，到处扑火，而一旦碰到特大火灾，公司的所有财产就会灰飞烟灭；或者讳疾忌医，等到病入膏肓才想到去看“企业医生”，但往往错过了治疗的最佳时机。可见，事后诸葛亮于事无补，防患于未然才能从根本上解决问题。正确的管理思路应该是先从企业的战略出发，规划好企业的财务战略，建立健全财务制度、预算管理制度和内部控制制度，按胜任力模型选择合适的财务人员，加强财务知识的培训普及工作，强化财务预测与预算的理念，做到事前有规划、事中有控制、事后有分析，才能把财务风险消灭于萌芽状态之中，为企业的健康发展保驾护航。

2. 有价值的创意可以增加企业财富——树立“创新”创造价值的理念

财务管理的目标是追求股东财富的最大化，尤其是追求股东财富的增加值最大。要使财富增加，关键是要创造价值。怎么才能创造价值？有价值的创意才能有效实现财富的增加。

财务管理的首要任务就是要使股东价值最大化或企业价值最大化。为了达到此目标，必须在开源节流两方面狠下功夫。首先说开源，就是要广开财富增加的来源，那么，怎样才能找到财富增加的源泉呢？有价值的创意能有效实现财富的增加。例如，自由女神像翻新后留下的废料按照平常的做法是把它卖给收破烂的，能收回一点儿残值也就算了，但经过犹太人的包装改造以后，平淡无奇的东西成了价值不菲的收藏品！而两筐卖不出去的苹果系上红彩带加上“情侣苹果”这一充满创意的命名，一下子就脱销了，还比原来多赚了5倍！可见，卖产品不要光盯着产品本身，要跳出产品以外寻找价值创造的闪光点、创新点，才能做到“开源”有术，财源滚滚。

3. **减少成本就等于增加财富——确立成本控制的“精益管理”理念**

要实现财务管理的企业价值最大化目标，要使股东的财富增加，除了“开源”还得“节流”。所谓节流，就是节约流出、支出，流出、支出即“成本”，节流即控制成本，控制企业的支出。成本控制是企业增加盈利的根本途径，因此对成本进行精益管理是另一发财之道。

企业要时刻关注其每项经济活动能否实实在在地创造价值，要把所有不能创造价值的流程进行精简、合并、优化，甚至剔除掉，以便更好地节省时间成本和费用成本，把更多资源进行有效安排，进而创造出更多的企业价值。“精益五原则”包括价值、价值流、流动、拉动、尽善尽美。在企业运作中，我们要从精益角度出发，从设计、采购、库存、生产、品质、销售、现场等入手，对成本运作进行剖析和改善，同时结合成本的规划，完善成本控制，实现节流，在不影响价值创造的基础上节约开销，降低生产成本，使企业增加利润，增强竞争力。

4. **行之有效的财务制度是财富创造的保障——树立制度是基础的理财理念**

制度是指均衡企业中各利益相关者责权利关系的一系列规范的总称。财务制度分为广义和狭义两种。广义的财务制度是指用来规范企业与各相关方面经济关系的法律、法规、准则及办法的总和。狭义的财务制度又可称为企业内部财务制度，是指与企业财务有关的制度，是由政府企业管理部门制定的用来规范企业内部财务活动、处理企业内部财务关系的具体规章制度，如财务管理制度，财务核算制度等。广义的财务制度是狭义财务制度实施的外部环境，狭义的财务制度是广义的财务制度在企业内部的具体及延伸，其作用是维系企业的存在并保障企业的发展。

不同的管理制度会带来不同的效果，财务管理也不例外，只有一开始就把财务制度制定好，才能保障企业的健康发展。

9.2 如何找到投资人——启动资金的筹集

9.2.1 寻找投资人的四种途径

投资指的是特定的经济主体为了在未来可预见的时间内获得收益或者资金增值，在一定时间内向一定领域投放足够数额的资金或者实物的货币等价物的经济行为。作为寻找投资商的企业来说，投资就意味着要争取一定的货币进入企业，再通过生产经营活动取得相应的利润，向投资者支付应得利润。

在如今经济全球化背景之下，资本的争夺也变得无比重要。投资人指的就是投入现金购买某种资产以期待获得利益的自然人或者法人。创业者在创业初期往往缺少相应的资金来维持企业的正常运作，找到投资人至关重要。想要寻找投资人，主要通过以下四种途径。

1. **注意报纸杂志以及各种媒体**

在各种报纸、杂志以及媒体之中，会出现大量的投资商寻找项目的信息，随着互联网的不断发展，网络媒体逐渐深入人们的日常生活中，在这样的背景下，一些项目方也会在一些网络媒体中主动发布寻找投资商的信息。如果要在本地进行筹资，在了解了当地投资商更倾向于在哪种媒介中获取信息之后，就能进行有效率的信息发布；在看到合适的投资商发布信息之后，也要懂得及时把握机会。现在随着经济的不断发展，全国各地的企业筹资也不再局限在本地，越来越多的企业选择在全国范围内进行筹资。如快递的信息单上会印上招商信息。

2. 适当参与商业聚会

参加各种创业人群以及投资商的聚会，不仅可以扩展自己的人脉，了解自己的同行竞争对手，而且可以为自己寻找合适的合作伙伴，即愿意投资的投资商。

3. 在同行的朋友中寻求帮助

这时候需要团队中的成员在相应的领域建立相应的人际关系网络，除了公众视线中的投资商，还能在同行的朋友那里得到一部分社交媒体上面难以找到的投资商。由于先进入市场，得到的信息会更加全面，有关投资商的评价也会更加真实可信。

4. 找到投资中介

投资中介就像房屋中介一样，通过各种信息的整合，为合适的企业寻找合适的投资商。但是值得注意的是，一定要找到正规的中介，对于创业中的公司来说，中介会起到很大作用，能否得到融资有时候意味着企业是否能在市场中站稳脚跟。

不难看出，要找到投资商不仅需要捕捉信息的能力，还需要广阔的人脉，在没有人脉的情况下，想要建立合适的人际网络，团队成员的人格魅力就显得格外重要。作为市场的新手，应该时刻保持谦虚好学的态度，不卑不亢，既要明白自身的不足，不恃才傲物，也要明白自身的优势，不能妄自菲薄。

9.2.2 兜售发展阶段，而不是兜售产品

Paypal 收购的移动支付系统 Zong 的联合创始人希尔·弗格森(Hill Ferguson)曾建议说，“要有关于你的产品的一个清晰的愿景，以及它在未来会是什么样子。但是，也要将各个发展阶段和各个时期的进度目标呈现给投资者，而不是像大多数人一样单纯出售愿景。”

“因为你有一个愿景和执行路径，这不仅会给予投资人更多的信心，而且它将有助于让你更富有责任感。”希尔·弗格森说。

你拿到的启动资金其实总是会比你所认为需要的少，但你必须努力独力发展你的企业，直到你能获利或者成功地获得第二轮资金。

9.2.3 正确认识与投资人的关系

随着经济全球化的不断推进，公司的上市将会面临更多的挑战以及规范，而这时的投资将会更加重要，不再是短期的、有目的性以及功利性的行为，而是长久的、进入企业管理战略的行为。

投资者关系管理(Investor Relations Management，IRM)这个概念诞生于美国 20 世纪

50 年代后期，其含义既包括上市公司(包括拟上市公司)与股东、债权人以及潜在投资者之间的关系管理，也包括在与投资者沟通过程中，上市公司与资本市场各类中介机构之间的关系管理。

具体而言，投资者关系管理指的是运用传播及营销的原理，通过管理公司同财经界和其他各界进行信息沟通的内容和渠道，以实现相关利益者价值最大化并如期获得投资者的广泛认同，规范资本市场运作、实现外部对公司经营约束的激励机制、实现股东价值最大化、保护投资者的利益，以及缓解监管机构压力等。

投资连接着投资方和筹资公司，那么如何建立良好的投资关系，如何更好地进行融资合作？创业公司在创业初期根基不稳之时、中期蓬勃发展之时、后期更新完善之时，投资都是在企业管理中较为重要的部分。

好的投资者能够给创业者理清工作思路，充分全面地认识自身，根据现有情况进行更加稳妥的创业。在市场中，与经验欠缺的创业者相比，投资者接触的项目更多，了解的事物也更加全面，信息渠道也更加广泛。在这样的情况下，投资者能够更准确地选定投资项目，使创业者能规避一定的风险，多了成功的保障。

在现代的市场经济中，企业的竞争不只是产品市场的竞争，还包括了资本市场的竞争，当企业竞争变成一个包含产品竞争以及资本竞争的全面竞争之后，与投资者的关系则变成了企业在资本市场上保持其竞争优势的关键。

9.3 如何获得后来资金——筹资与融资

9.3.1 介绍几种筹资方式

1. 商业信用筹资

商业信用筹资是利用商业信用进行融资的行为，具体形式包括应付账款、应付票据、预收账款等。商业信用筹资的基本方法有两种：一种是卖方向买方提供赊销而形成的信用，从买方的角度看，是一种利用应付账款的筹资渠道，商品的加价部分是买方筹资的成本；另一种是卖方给予现金折扣获取买方提前付款而形成的信用，从卖方的角度看，是一种利用预收账款或者减少应收账款的筹资渠道，现金折扣是卖方筹资的成本。

这种筹资方式的优点主要体现在：商业信用容易取得；企业有较大的机动权；企业一般不用提供担保。但相应地也存在缺陷：商业信用筹资成本高；容易恶化企业的信用水平；受外部环境影响大。

2. 留存收益筹资

留存收益筹资是指企业将留存收益转化为投资的过程，将企业生产经营所实现的净收益留在企业，而不作为股利分配给股东，其实质为原股东对企业追加投资。筹资渠道主要包括：盈余公积，即有指定用途的留存净利润；未分配利润，即未限定用途的留存净利润。留存收益筹资在这里有两层含义：第一是这部分净利润没有分给公司的股东，第二是这部分净利润未指定用途。

留存收益筹资的优点有以下几个。

(1)不发生实际的现金支出。不同于负债筹资，不必支付定期的利息；也不同于股票筹资，不必支付股利。同时还免去了与负债、权益筹资相关的手续费、发行费等开支。但是这种方式存在机会成本，即股东将资金投放于其他项目上的必要报酬率。

(2)保持企业举债能力。留存收益实质上属于股东权益的一部分，可以作为企业对外举债的基础。先利用这部分资金筹资，减少了企业对外部资金的需求，当企业遇到盈利率很高的项目时，再向外部筹资，而不会因企业的债务已达到较高的水平而难以筹到资金。

(3)企业的控制权不受影响。增加发行股票，原股东的控制权分散；发行债券或增加负债，债权人可能对企业施加限制性条件。而采用留存收益筹资则不会存在此类问题。

与此同时，留存收益筹资也存在一些缺点。

(1)时间限制。企业必须经过一定时期的积累才可能拥有一定数量的留存收益，从而使企业难以在短期内获得扩大再生产所需资金。

(2)与股利政策的权衡。如果留存收益过高，现金股利过少，则可能影响企业的形象，并给今后进一步的筹资增加困难。利用留存收益筹资必须考虑公司的股利政策，不能随意变动。

3. 短期借款

短期借款是指企业根据生产经营的需要，从银行或其他金融机构借入的偿还期在一年以内的各种借款，包括生产周转借款、临时借款等。与之相对的是长期借款。对中国的会计实务而言，短期借款是指企业为维持正常的生产经营所需的资金或为抵偿某项债务而向银行或其他金融机构等外单位借入的、还款期限在一年以下(含一年)的各种借款。短期借款主要有经营周转借款、临时借款、结算借款、票据贴现借款、卖方信贷、预购定金借款和专项储备借款等。

4. 长期借款

长期借款是指企业向银行或其他金融机构借入的期限在一年以上(不含一年)或超过一年的一个营业周期以上的各项借款。我国股份制企业的长期借款主要是向金融机构借入的各项长期性借款，如从各专业银行、商业银行取得的贷款，除此之外，还包括向财务公司、投资公司等金融企业借入的款项。

按照付息方式与本金的偿还方式，可将长期借款分为分期付息到期还本长期借款、到期一次还本付息长期借款和分期偿还本息长期借款。

长期借款的优点包括筹资迅速、借款弹性大、成本低、发挥财务杠杆作用和易于企业保守财务秘密。缺点为筹资风险大、使用限制多和筹资数量有限。

9.3.2 创业者如何选择筹资方式

筹资时考虑的因素主要是筹资数量、筹资成本、筹资风险和筹资时效这四个方面。

筹资数量是指企业筹集资金的多少，它与企业的资金需求量成正比，因此必须根据企业资金的需求量合理确定筹集数量。

筹资成本是指企业取得和使用资金时要支付的各种费用。主要包括：筹资过程的组织管理费；筹资后的利息或股息、租金等支出；筹资时所支付的其他费用。筹资成本是企业选择筹资渠道、筹资方式、筹资时间的基本标准。

筹资风险是指企业在筹资过程中，由于使用借入资金引起自有资金收益发生变动的可能性，或引起到期不能偿还债务的可能性。

筹资时效是指企业各种筹资方式的时间性、灵活性。即需要资金时，能否立即筹措到；不需要时，能否即时还款。通常，期限越长、手续越复杂的筹款方式，其筹款时效越差。

创业者可根据自身情况综合考虑后选择一种最适合的筹资方式。

9.3.3 融资的必要性和前期准备

对于创业企业来说，寻求融资主要是因为经营性长期资产投资项目，这种长期资产投资项目一般可以分为五种类型。

(1)新产品的开发或者现有产品的后续开发。

这时往往需要新的研发设备以及产品制作设备，同时还需要大量的原材料等，创业企业在创业初期一般并无较多的流动资金，难以在短时间内运转大量的资金，而市场瞬息万变，如果不能准确把握住时机，一旦被竞争对手抢先，便落于人后了。

(2)设备或者厂房的更新项目。

企业通常会更换现有已损坏的设备，以用来维持甚至提升企业生产率，但是创业企业在初期不会大量地更换现有设备，所以大多数的创业筹资在此时都是以购买设备为主。

(3)研究与开发项目。

在新产品进行生产进入市场之前，必须要经过产品研发团队的研发，在不断地试验之时，大量的资金投入是不可避免的，所以创业企业往往需要在研究与开发新项目的时候筹集资金。

(4)勘探项目。

企业在进入市场之前以及初入市场之后，由于对市场现状的了解较为模糊，所以需要对企业现状进行一定的勘探，了解实情，以便进行详细的规划。

(5)其他项目。

其他项目包括劳动保护措施的建设、污染控制设备的购买，这些决策虽然与直接的营业收入无关，但是也决定了企业的生存与发展。

在了解了所需融资的项目类型之后，根据该项目的类型以及规模进行项目评估，了解所需融资项目的资金整体大致多少、后续资金如何周转等。对于项目价值的评估方法主要有四种。

(1)净现值法。

净现值法指的是特定项目未来现金流入的现值以及未来现金流出的现值之间的差额。按照这种方法，所有未来现金的流入以及流出都应该用资本成本换算成为现值，然后用换算后的流入现值减去流出现值，得出的便是投资的报酬，根据投资报酬与筹资时所付利息进行比较，决定是否要选择融资来进行该项目。

(2)内含报酬率法。

内含报酬率法指的是未来现金流入量现值等于未来现金流出量现值的折现率。

(3) 回收期法。

回收期法指的是投资引起的现金流入累积到与投资额相等所需要的时间，它代表的是收回投资所需的年限。回收的年限越短，则项目越有利。

(4) 会计报酬率法。

会计报酬率法计算简便而且应用范围很广，计算时会使用会计报表上的数据、普通会计的收益以及成本观念。会计报酬率一般使用年平均净收益除以原始投资额，但是这种方法的缺点是使用账面收益而不是现金流量，这表明忽视了折旧对现金流量的影响，忽略了净收益时间分布对于项目经济价值的影响。

了解了项目所需资金以后，接下来就是对投资方的了解。投资方在找投资项目的时候往往会考虑以下几个问题。首先是团队成员。一个项目能否获得大的利润，能否带来客观的收益，都建立在优秀的人才之上。团队内成员的经历以及团队的背景都十分重要。其次是产品以及商业模式。公司盈利的来源是产品的售卖，产品如何吸引顾客、将会面临怎样的市场、如何实现盈利都是投资方关注的问题。再次是投资方应该承担怎样的风险。所谓风险越大，利润越大，但是一个项目所需投资方承担的风险是否值得进行投资也是投资方需要衡量的内容之一。最后是对未来的规划。投资人给项目投资的原因是为了获取收益，除了了解公司的过去以及现状，投资方还关心企业的未来，融资以后的钱会怎么用、需要多少钱、用来做什么。

在做好这样的准备之后，企业要做的就是开始寻找投资方并请求与其融资合作了。

9.4 如何合理使用资金——钱要用在刀刃上

9.4.1 选择合适的商业模式

好的商业模式应该是简单的、只需要一次创意的、可以低成本扩张的、有门槛的。

1. 两类赚钱的商业模式

有的商业模式做起来很顺畅，有的做起来很累，这就是好坏商业模式的差别。一般而言，越容易入手的商业模式门槛越低，做起来越容易的商业模式，倒下去的时候越快。

其实一个公司赚不赚钱应该从第一天就可以看出端倪。一般认为只有两类公司是可能赚钱的：一类是从创立的第一天就赚钱的公司，公司卖出的每件产品都赚钱，而且有办法越卖越多，卖出规模；另一类是需要累积到一定的用户规模才能爬过盈亏平衡点，但是用户增长的速度很快且没有天花板的公司。除此之外的商业模式，也许能够赚到钱，但无法赚到非常多的钱。

博彩其实堪称商业模式的典范，主要因为：两块钱起步，门槛低，谁都消费得起；冷门赔率高热门风险低，让你充满期待；每个人都自信自己的分析有理、选择成立，不断重复消费。

2. 好的商业模式应该具备的特点

唯有简单才能够被各级下属所执行，唯有可复制才能放大规模效益。一般来讲，好的商业模式有以下几个特点。

(1)产品简单。针对用户的一种强需求，将用户体验做到极致。商务通就是从记电话这个用户小小的强需求开始的，而当时惠普的掌上电脑包括日程等一系列的复杂功能，但商务通的销量是惠普掌上电脑的百倍。

(2)前提要简单。一项业务如果要以三个以上的条件为前提，那基本上是不可行的；一种商业模式如果环节非常复杂，更是不可执行的。分众的模式是谈楼宇、装电视、卖广告，非常简单，所以执行起来速度很快。拉卡拉的模式是谈商户、装 pos 机，也非常简单，所以执行起来也非常快。

(3)一次创意型。好的商业模式都只需要一次创意，凡是需要不断创意的生意都是难度极高的。例如拍电影，你连拍 10 部赚钱的电影，也无法保证下一部也是赚钱的，成败完全取决于你下一次的创意，这种生意风险很大。

(4)可以低成本扩张。需要巨额投入来拓展市场的商业模式的风险很大。商务通和好记星的广告不能停止，否则就意味着销量逐步下滑，需要一直投入，扩张成本很高。

(5)要有一定门槛。没有门槛或者门槛很低的商业模式意味着率先尝试的人如同第一个吃螃蟹的人，倘若成功，大家便蜂拥而上，与你一起分享胜利的成果；反之，则是你一人承担失败的痛苦。

3. 商业模式是否成立需要验证

社会科学是一门实践科学，并且计划和实际执行往往差别很大，未经验证很难确定一种商业模式是否可行。一种商业模式，经过验证和未经过验证的差别非常大。

有两种商业模式的风险很大：一种是系统性解决方案型商业模式，其特点是业务需要多个前提条件，而原则上需要三个以上前提的商业模型基本上是不成立的，因为即便每个前提我们都能够达成 90%，三个前提都达成的可能性也只有 70%，用这种商业模式赚钱只是理论上可能。

还有一种风险很大的超越逻辑的商业模式。逻辑是商业模式的基础，不符合逻辑的商业模式的成功是极偶然的，而失败是必然的。多年来，我们看到过很多绚丽的商业泡沫冉冉升起，随后却轰然破灭，皆因如此。其实很多人对于团购的质疑也在于此，消费者来团购是因为团购便宜，一旦团购网站降低折扣或者商家完成推广后恢复正常价格，那用户还会来吗？如果不来，那你现在烧钱累积起来的用户有价值吗？

9.4.2 正确看待风险投资

风险投资(VC，简称“风投”)，也有人称为创业投资。广义的风险投资泛指一切具有高风险、高潜在收益的投资，而狭义的风险投资是指以高新技术为基础，生产与经营技术密集型产品的投资。据美国全美风险投资协会的定义来说，风险投资是由职业金融家投入到新兴的、迅速发展的、具有巨大竞争潜力的企业中的一种权益资本。从投资行为的角度来讲，风险投资是把资本投向蕴藏着失败风险的高新技术及其产品的研究开发领域，旨在促进高新技术成果尽快商品化、产业化，以取得高资本收益的一种投资过程。从运作方式来看，是指专业化人才管理下的投资中介向特别具有潜能的高新技术企业投入风险资本的过程，也是协调风险投资家、技术专家、投资者之间的关系，利益共享、风险共担的一种投资方式。

风险投资的六要素分别为风险资本、风险投资人、投资目的、投资期限、投资对象以及投资方式。

1. 风险资本

风险资本指的是由专业投资人向快速成长且具有很大升值潜力的新兴公司提供的一种资本。风险资本通过购买股权、提供贷款或既购买股权又提供贷款的方式进入这些企业。由于国情不同，不同国家的风险资本的来源也不尽相同。但是大多数的风险资本主要来源于个人或者家庭、国外资金、保险公司资金、年金等，金融市场使得资金所有人的风险资本得以更好地配置。

2. 风险投资人

风险投资人通常分为四类，即同为企业家而向别的企业进行投资，通过投资获利，资本属于自身所有而非受托管理的风险资本家；通过风险投资，一般以有限合伙制为组织形式的风险投资公司；代表母公司利益进行投资，主要将资金投向一些特定行业的产业附属投资公司；投资成立时间较短的公司以帮助公司迅速启动的第一批投资人，也被称为“天使投资人”。

3. 投资目的

投资虽然属于股权投资的一种，但是并不是为了获得企业的所有权，也不是为了对企业控股获得经营权，而是通过投资和提供增值服务将投资企业做大，然后通过公开上市、兼并收购或者其他方式退出，在产权流动中实现投资回报。

4. 投资期限

风险投资人帮助企业成长，最终寻求渠道将投资撤出，以实现增值。投资资本从投入被投资企业到撤出投资为止，所间隔的时间长短被称为风险投资的投资期限。作为股权投资的一种，由于企业中资金的增值需要一定的时间，风险投资的期限一般较长。其中，创业期风险投资通常在7～10年内进入成熟期，而后续的投资大多只有几年的期限，大多数投资公司都会选择在适当的时机撤出投资，完成增值。

5. 投资对象

风险投资的产业领域主要是高新技术产业，这样的企业由于前期自身拥有的资本太少，而又需要一定的回报周期，因此需要大量的投资资本注入。

6. 投资方式

从投资的性质来看，投资的方式有三种，即直接投资、提供贷款或贷款担保、提供一部分资金或者担保资金的同时投入一部分资本购进被投资企业的股份。不管是哪一种投资方式，风险投资人一般都附带提供增值服务。除这三种以外，还有一种常见的投资方式是将风险资本长期投入被投资企业，这样既可以降低投资风险，也有利于资金的周转。另一种不常见的是一次性投入，在此投入之后，往往很难也不愿意继续提供后续资金支持，这种方法一般被风险资本家以及天使投资人使用。

风险投资是权益资本而非借贷资本，对风险投资非常看重的高科技创新企业来说，虽然该资本价格昂贵，但是与安全性在第一位的银行相比，风险投资更容易获得，甚至是高科技创新企业唯一的资金来源。

风险投资偏好高风险项目，追逐高风险背后隐藏的高收益、高回报，在较长期且流动性差的权益资本中寻求资本增值，更放眼于企业未来的发展、管理团队的水平以及其创新精神，更倾向于投资新兴且高速成长的产业。

风险资本虽然给企业带来大量的资金以维持其发展，但是风险投资并不是做慈善，当企业项目没有适当的后续发展潜力，风险投资者看不到资本增值的潜力，即使是高新技术企业也很难得到风险资本。

所以，想要得到风险资本，得让投资人看到管理团队的水平以及投资方案的潜力，否则投资家不会对企业注入资本，让自己的资金打了水漂。

9.5 如何做好利润分配——兼顾各方利益

9.5.1 利润分配的几大原则

利润分配应遵循以下几个原则。

1. 依法分配的原则

企业利润分配的对象是在一定会计期间内实现的税后利润。税后利润是企业投资者拥有的权益，对这部分权益的处置与分配，以《公司法》为核心的有关法律都有明确的规定和要求，充分反映了国家制定的利润分配中的各种限制因素，并制定了缴税、提留、分红的基本程序。企业的税前利润首先应按国家规定做出相应调整，增减应纳税所得额，然后依法缴纳所得税。税后利润的分配应按顺序弥补以前年度亏损，提取法定公积金、公益金，再向投资者分配利润。

2. 利润激励的原则

在保障投资者应分配利润的前提下，如何确保经营者和职工的利益，则应通过利润分配时确定的激励政策，以提高职工的主人翁意识，调动职工的积极性，这是现代企业管理层面临的重要而又特别的课题。我国现行法规规定，税后利润应当提取公益金，用于职工集体福利设施的开支。在现行企业中，可使用税后可供分配利润对具有一定工作年限或做出较大贡献的职工发送红股，使员工也成为企业的主人参与企业利润的分配。这种红股虽然在其转让、继承等方面做了一定的限制，但对提高职工的归属感和参与意识无疑具有积极的意义。有部分企业试行的“内部职工股”与“期权”，也是一种积极有效的探索。

3. 权益对等的原则

企业在利润分配中应遵守公平、公正、公开的原则。企业的投资者在企业中只能以其股权比例享有合法权益，不得在企业中谋取私利，企业的获利情况应当向所有的投资人及时公开，利润的分配方案应交股东会讨论，并充分考虑小股东的意见，利润分配的方式应当在所有股东中一视同仁。

4. 利润分配顺序分配原则

利润分配顺序分配原则包括支付被没收的财物损失、各项税收滞纳金及罚款，弥补以前年度亏损，提取法定盈余公积金，提取公益金，向投资者分配利润。

9.5.2 合理的股权结构

股权即股票持有者所具有的与其拥有的股票比例相应的权益及承担一定责任的权利。而股权结构是指股份公司的总股本中，不同性质的股份所占的比例及其相互关系。

股权结构是公司治理结构的基础，公司治理结构则是股权结构的具体运行形式。不同的股权结构决定了不同的企业组织结构，从而决定了不同的企业治理结构，最终决定了企业的行为与绩效。股权结构有不同的分类。一般来讲，股权结构有两层含义。

第一层含义是指股权集中度，即前五大股东持股比例。从这个意义上讲，股权结构有三种类型：一是股权高度集中，绝对控股股东一般拥有公司股份的50%以上，对公司拥有绝对控制权；二是股权高度分散，公司没有大股东，所有权与经营权基本分离，单个股东所持股份的比例在10%以下；三是公司拥有较大的相对控股股东，同时还拥有其他大股东，所持股份比例在10%～50%。

第二层含义则是股权构成，即不同背景的股东集团分别持有多少股份。在我国，就是指国家股东、法人股东及社会公众股东的持股比例。从理论上讲，股权结构可以按企业剩余控制权和剩余收益索取权的分布状况与匹配方式来分类。从这个角度，股权结构可以被区分为控制权不可竞争和控制权可竞争两种类型的股权结构。在控制权可竞争的情况下，剩余控制权和剩余收益索取权是相互匹配的，股东能够并且愿意对董事会和经理层实施有效控制；在控制权不可竞争的股权结构中，企业控股股东的控制地位是锁定的，对董事会和经理层的监督作用将被削弱。

企业具有什么样的股权结构对于企业的类型、发展、组织结构的形成都具有重大的意义。在如今这个瞬息万变的市场当中，随着社会环境以及科学变革的到来，企业的股权结构也会随之相应地变化，因此，股权结构其实是可变的、动态的。

当公司的大股东之间的股权比例相当接近，没有其他小股东或者其他小股东的股权比例极低的情况时，我们称之为平衡股权结构。如果股权结构不能达到平衡，将容易产生股东僵局或者公司控制权及利益索取权的失衡。

随着全球网络化的形成以及新型企业的出现，技术以及知识在企业股权结构中所占的比例越来越大，知识型经济将会成为未来的发展趋势，知识资本将会成为决定企业命运的最重要的资本。

在企业股权结构中，所有的股权资源中最稀缺、最不容易获得的必然是在企业中占据统治地位的，而企业的利润分享模式以及组织结构模式也会根据其占统治地位的资源所决定。

当社会发生技术变革以及生产方式改变时，为使企业更好地发展，股权结构如何进行适当的调整将会是企业重点考虑的问题。

9.6 如何解决财务危机——应对资金风险

9.6.1 创业资金风险的概念与特征

企业的经营必然存在风险，几乎所有的企业在市场经济条件下的经营活动都是不确定的，随着现在经济全球化的发展，企业所面临的风险也逐渐多样化，面临着各种竞争，对企业的内部管理以及财务管理提出了更高的要求。正所谓“留得青山在，不怕没柴烧”，企业的发展虽然是为了最终的盈利，但是如果企业没有进行良好的财务管理，也不能寻求更好的发展。

企业的目标首先是在竞争激烈的市场中生存下来，只有站稳脚跟之后才能进一步谋求发展以及获利。

凡事预则立，不预则废。要进行良好的财务风险管理，就要设定适当的财务风险管理目标，既能督促企业自身进行正确的发展，也能够评估在一定时间内的企业财务活动是否合理。财务风险管理目标按照其范围不同，可分为基本目标、分部目标、集体目标。

在之前的章节中提到过，公司的管理目标是实现股东财富最大化，所以企业财务管理部门在组织、指导财务活动时，通过识别、测试企业资金运动过程中客观存在的风险，采取行之有效的防范控制措施，以最小的成本获得最大的安全保障。

为了实现财务风险管理的目标，企业需要采取一系列相互连接的管理程序，这些程序的结合以及协调，形成了企业财务风险管理的基本环节，主要包括风险预测、风险决策、风险预防与控制、风险管理效果评价以及风险损益处理，它们共同构成财务风险管理工作的主要内容。财务管理部门在财务预测的基础上做出风险决策，将风险收益与控制风险所需的成本进行比较，确定企业应该做出怎样的风险决策，能够为实现财务目标以及经营目标承受多大的风险，从而降低企业风险管理成本，提高风险管理的绩效。在风险决策之后，企业财务管理部门及相关部门会制定并选择合适的方案，进行风险预防与控制，使企业向好的方面发展。为了实现风险基础管理的目标并提高管理的效率，财务管理部门需要对各项管理措施的适用性、有效性进行分析、检查、评估，并据此不断地修正和调整计划，然后对风险结果进行财务处理，及时补偿风险损失并合理分配风险收益。财务风险管理的上述五个基本环节，是周而复始、循环往复的过程，共同形成一个完整的财务风险管理循环。

当完成上述五个环节，形成良好循环之后，财务风险管理才能循序渐进地达到预定的财务目标。如何掌握市场的动向以及如何适当地对企业风险管理进行良好的调整，都是建立在良好循环之上的。

9.6.2 财务风险控制的方法

财务风险控制主要有三种方法。

(1)防护性控制。

与风险预测联系起来，即在财务活动发生之前，就制定一系列的制度以及规定，对即将面临的风险进行防护的控制方法。

(2) **前馈性控制。**

前馈性控制又称为补偿干扰控制，是通过对实际财务系统运行的见识，利用科学的方法预测可能出现的偏差，并采取合适的措施，使得差异消除。

(3) **反馈控制。**

反馈控制又称平衡偏差控制，是在认真分析的基础上，发现实际与计划之间的差异，确定差异产生的原因，采取切实有效的措施，调整实际财务活动或者调整财务计划，使得差异得以消除或者避免今后出现类似情况。

系统风险无法规避，而且随着经济的不断发展，人们的消费水平以及消费观念在不断改变，市场需求千变万化，经济全球化导致各国经济牵一发而动全身。在这种情况下，不同的企业应根据自身实际情况进行调整，在适当的时间选择适当的方法对风险进行预防和控制是很有必要的。

本章要点回顾

1. 财务管理，是指企业组织的四大财务活动，即筹资、投资、运营及分配处理四大财务活动中发生的诸多财务关系的一项综合性管理工作。

2. 投资指的是特定的经济主体为了在未来可预见的时间内获得收益或者资金增值， 在一定时间内向一定领域投放足够数额的资金或者实物的货币等价物的经济行为。

3. 寻找投资人的四种途径:

(1)注意报纸杂志以及各种媒体；(2)适当参与商业聚会；(3)在同行的朋友中寻求帮助；(4)找到投资中介。

4. 筹资方式主要包括商业信用筹资、留存收益筹资、短期借款、长期借款。

5. 筹资需考虑的因素主要是筹资数量、筹资成本、筹资风险和筹资时效这四个方面。

6. 股权结构是公司治理结构的基础，公司治理结构则是股权结构的具体运行形式。不同的股权结构决定了不同的企业组织结构，从而决定了不同的企业治理结构，最终决定了企业的行为与绩效。

本章思考题

1. 如何正确认识与投资人之间的关系?
2. 留存收益筹资的优缺点。
3. 如何正确看待风险投资?
4. 列举利润分配的几个原则。
5. 股权结构的两层含义是什么?
6. 创业资金风险的应对方法和原则有哪些?

第10章

创业的误区和忠告

导入案例

反思：一个90后创业者的连续失败

罗勇林，黑龙江工程学院计算机专业的大三学生，1994年生，他早在高中阶段就下定决心创业。罗勇林在步入大学校园之后便开始了自己的创业生涯。大一开始创业，但第一个学期三个项目就先后做失败了，分别是借钱炒股、开淘宝店、硬件发明。回头看那些项目，罗勇林用“都挺扯的”这四个字来形容。大二开始规划“聘爱”校园恋爱交友应用，应用上线仅三个月的时间就陷入绝境，上线四个月罗勇林决定放弃创业。后来，他以一名产品实习生的身份进入百度贴吧事业部，他希望沉下心来，好好提升自己……

罗勇林在目前的创业环境下发生的故事，是最朴素的大学生创业教材，其中的逻辑和教训值得所有创业大学生学习和反思。

无疾而终，短短三个月就陷入绝境

罗勇林团队做出“聘爱”网站版后，参加了IDG风险投资公司举办的校园创业大赛，并进了全国50强，拿到了10万元种子投资。

“聘爱”帮助用户找恋爱对象时，用了一种近乎简单粗暴的方法：招聘。用户可以在这个网站的“招聘会”上发帖招聘，找男朋友称为“聘夫”，找女朋友称为“聘妻”。如果看到合适的“招聘”，也可以“投递简历”。简历的基本信息包括年龄、星座、城市、学校等。“聘爱”App于2015年4月正式上线后，在短短3个月的时间内就积累了4万用户，而在罗勇林团队主要活动的黑龙江地区，3万用户是罗勇林团队通过各色校园推广活动所积累的，团队高峰时期人数高达近30人。7月，罗勇林团队利用暑期来到北京创业，在一些创业类媒体上得到集中报道，并且开始寻找新一轮融资。然而，在会见30余名投资人都无疾而终后，罗勇林团队陷入了绝境。一次次投资人的打击让他明白了，“聘爱”是一款不靠谱的产品。

三大反思，直面万众创业的泡沫浪潮

2015年8月，经过艰难的挣扎之后，罗勇林选择放弃创业项目。面对过往的创业经历，罗勇林陷入了深深的反思并写下了一篇名为“90后大学生创业失败案例”的文章，讲述了自己的创业过程以及失败的经验教训。

(1)疯狂浮躁，每日想着一夜暴富。

罗勇林最初深受媒体的影响，以为靠想法就能出去融资，最后经过失败清醒了，明白其实根本不是这么回事。罗勇林说：“我承认我疯狂过也浮躁过，甚至曾经每天想着如何超越扎克伯格、余佳文以及温成辉，但事实并没有。”产品上线后做到了4万用户量，安卓、iOS、Web都上线了，拿过种子投资，被各大媒体多次报道，产品有了，数据也还可以。这个看似美满的结果曾经让罗勇林认为自己无限接近那个梦想——做一款“现象级”产品，实现“一夜暴富”。但是创业不是做一个App就可以成功的事，之后投资人的冷眼和拒绝把他的梦想击得粉碎。他甚至心里默默地把拒绝他的投资人看作是“傻逼”。但他自己逐渐意识到，自己的产品乃至团队都存在硬伤。

(2) 不关注客户需求，终要失败。

罗勇林坦承，他在看了无数90后创业者的成功故事之后，曾经羡慕余佳文，也希望能像“脸萌”的郭列一样做一款“现象级”产品，获得千万投资。而经历了30余名投资人的面谈，和上百名投资人微信交谈过后，他终于明白，互联网上很多信息都是未加过滤的、夸大的，要学会理性分析，不要光看热闹而要仔细思考背后的原因。不要被现象级产品所迷惑，一个产品最终还是要商业化的，如果不深挖产品本身的价值，关注客户需求，无法实现商业化，产品终要失败。

超级课程表、脸萌、足迹、无秘这些短时间内爆红的产品都是难以商业化的产品，即使用户体量庞大，也难以取得成功。他甚至直言，这也是他当初决定做聘爱的时候没有看透的事，“聘爱”正是一款无法商业化的产品，必然会遭受冷遇。

(3) 保持清醒，不可为创业而创业。

罗勇林最后得到的教训是，在互联网浮躁浪潮下，不要为创业而创业。这种创业思维只能被称为“瞎创业”。罗勇林透露，真正决定放弃“聘爱”的前几天实际上已经找到了有投资意向的投资人，投资金额高达100万元。而他主动把项目存在的问题都说出来，并且建议他们理性投资，“因为我清楚地知道我的项目存在无法用投资来解决的问题，在未来的发展过程中死掉是早晚的事，我不想浪费自己的青春，也不想坑别人的钱去换取光环”。

放弃创业后，他的团队中已有3人利用暑期进入了BAT级别的互联网公司实习。罗勇林说：“我想在百度好好锻炼，或许有一天我会进入百度管理层，我会成为一名真正成熟的创业者！”

案例评价

国家对创新创业扶持政策力度很大，大学生跃跃欲试，但又缺乏必要的考察和调研，凭着胆大创业，很容易忽略现实难度。另外，社会创业案例以及毕业生的创业“传奇”，让一些大学生形成一种错觉。这种错觉使他们随波逐流、盲目跟风，结果创业失败。就创业者个人来说，要走好创业之路，首先，需要积累相关经验；其次，创业者必须具备一定素质，如长远的眼光、统筹协调能力、人事调动能力以及对市场的观察能力，等等。而现实中，很多大学生眼高手低、异想天开，忽视了对自我实际的客观审视，缺乏创业技能的储备和训练。此外，有的大学生全身心地投入创业，无法兼顾基本学业课程，最终得不偿失。

思考题

1. 罗勇林连续创业失败的核心问题是什么？
2. 罗勇林大学期间一心创业的做法是否值得推崇？
3. 罗勇林最终选择从实习生做起是否是正确的抉择？

本章要点

- 创业不能盲目为之
- 创业不能与赚钱画等号
- 创业要脚踏实地

学习目标

- 了解创业的现状
- 了解创业需具备的能力
- 理解创业失败的关键问题
- 掌握创业中规避风险的技巧
- 熟悉创业中的误区与忠告

10.1 盲目跟风创业，只能成为“失败的大多数”

在过去的几年时间里，“大众创业，万众创新”这一口号激发了无数创业者的热情，他们前仆后继地涌入创业的大潮当中，期盼自己有朝一日也能像马云一样在一夜之间家喻户晓。

据国家工商总局的统计数据显示，我国创新创业热潮持续高涨。2017 年，新设市场主体①达到新高点，全国新设市场主体 1924.9 万户，同比增长 16.6%，比上年提高 5 个百分点，平均每天新设 5.27 万户，高于 2016 年的 4.51 万户。全年新设企业 607.4 万户，同比增长 9.9%，平均每天新设 1.66 万户，高于 2016 年的 1.51 万户。按 2016 年年底全国人口计算，到 2017 年年底，平均每千人拥有市场主体 71 户，比上年增加 7.7 户；平均每千人拥有企业 21.9 户，比上年增加 3.1 户。②麦克思研究院联合中国社科院发布的《2017 年中国大学生就业报告》显示，近 5 年来，大学生毕业即创业的比例连续从 2011 届的 1.6%上升到 2017 届的 3.0%，接近翻了一番。以 2017 年 795 万名应届毕业生的总量计算，当年创业大学生数量超过 20 万名。③

创业的人那么多，成功的又有多少呢？由腾讯研究院等提供大数据支持的《2017 中国创新创业报告》显示，2017 年约有 100 万家中小企业倒闭，平均每分钟就有 2 家企业倒闭。《2017 年中国大学生就业报告》显示，毕业半年后自主创业的 2013 届本科生中，有 46.2%的人 3 年后还在继续自主创业。甚至有数据指出，中国大学生初次创业成功率仅为 2.4%，④即使在浙江等创业环境较好的省份，大学生创业成功率也只有 5%左右。⑤创业成功带来

---

① 市场主体：是指在市场上从事经济活动，享有权利和承担义务的个人和组织.

② 中华人民共和国国家工商行政管理总局网站，http://www.saic.gov.cn/xw/mtjj/201802/t20180213_272390.html，“日均 1.6 万新设企业成经济发展强劲动力”http://www.saic.gov.cn/xw/mtjj/201801/t20180119_271909.html，“2017 年新设市场主体创新高”.

③ 中国新闻网，http://www.chinanews.com/gn/2017/10-10/8348671.shtml，“中国大学毕业生创业率 5 年翻一番 平均成功率不足 5%”.

④ 人民网人民教育频道. http://edu.people.com.cn/GB/11966668.html，“大学生初次创业成功率仅为 2.4% 专家支招”.

⑤ 同③。

的财富以及名誉固然让人觉得精神振奋，但是创业也是一条艰险的道路，可谓是“九死一生”。

目前我国的创业机制尚未成熟，创业环境还亟待改善。在这种情况下，创业者更需要谨慎小心。鼓励创业，本无可非议，改革开放的经验告诉我们，让那些敢于创业的人才领导社会就业，可以推动社会就业的发展。然而大众创业并不意味着人人创业，提倡“大众创业，万众创新”，应该着重于后者，培养一种敢于创新、勇于创新、善于创新的精神。

目前叱咤中国互联网的风云人物，也都不是一毕业就创业的，而是在职场和相关行业积累了一定经验后才开始创业的。在创办腾讯之前，马化腾曾在中国电信服务和产品供应商深圳润迅通信发展有限公司主管互联网传呼系统的研究开发工作，在电信及互联网行业拥有十多年经验。马云毕业后被分配到杭州电子工业学院(现杭州电子科技大学)，任英文及国际贸易讲师，工作七年才正式辞职开始创业。李彦宏毕业后在华尔街呆了三年半，先后担任道琼斯子公司高级顾问、《华尔街日报》网络版实时金融信息系统设计人员，随后又到硅谷待了两年，在著名搜索引擎公司Infoseek(搜信)公司任职，到他认为创业条件合适时才回国开始创业。周鸿祎曾就职于方正集团，先后担任程序员、项目主管、部门经理、事业部总经理等职，从普通程序员被先后提拔为研发中心副主任、事业部总经理等职务。刘强东毕业后在一家外资企业工作了两年，历任电脑担当、业务担当、物流主管等职。①

可见，创业需要的并不是冲动和勇气，而是知识、经验和智慧。创业不是探索性的第一步，而是在做好准备后发起冲锋的号角。如果连基本的知识都不具备，只依靠自己灵光一现的小聪明就妄图在众多创业精英中脱颖而出，那不是创业，而是盲目和莽撞。

例 10.1　盲目创业，亏损 50 万

肖红(化名)毕业于 2016 年，参加了校园招聘后入职沿海地区的一家企业，后来被网上一些有关回乡创业有所作为的文章打动，主动辞职回农村老家准备创业。

肖红在一个创业网站上看到牛羊养殖的信息，信息中说山羊体格健壮，得病概率低，养殖成本低、风险小，前景可观。肖红相信了这个信息，贷款买了几百只种羊，总价高达几十万。

从没吃过苦的肖红在山上搭建了羊圈和她自己住的房子。房子很简陋，仅能容一人吃睡，但为了保证羊肉的口感，肖红就这样开始了和羊群同吃同住的生活。虽然有父母的帮忙，但萧红仍然吃了很多苦，短短几个月便变得黑瘦，和从前的她完全不一样。

但是，由于不能很好地适应当地的气候，肖红引进的品质很好的种羊前几个月就死了几十只。肖红请教了畜牧专家，经过一段时间的琢磨，她慢慢掌握了引进异地羊到本地养殖的驯化技术，羊群恢复了活力。

然而，事与愿违，夏天的一场暴风雨袭击了这个村庄，又给肖红带来了噩耗，肖红的羊群在这场暴风雨中走失、病死了二百多只。

尽管遇到这么大的挫折，肖红仍然没有放弃。然而在一个傍晚，她在山上找几只没有

① 百度百科. 周鸿祎. https://baike.baidu.com/item/%E5%91%A8%E9%B8%BF%E7%A5%8E/3486387?fr=aladdin.

回羊圈的羊时不小心被一块山石绊倒，摔断了左腿，这简直是雪上加霜。好在手机在身边，痛苦不堪的她立刻给父亲打了电话，父亲赶到时看到疼痛难忍的肖红，立即将她背回了山上的房子。做了简单的处理之后，肖红的父亲把她送到了山下的医院，山上的羊群只能交给没有经验的父母看管。养病期间，肖红在病床上简单计算了一下，目前已经亏损了五十余万。

创业本就风险极高，对没有经验、只凭着勇气走上创业征程的大学生更是如此。

10.2 单纯以盈利为目的的创业，注定走不长远

2016 年，在扎克伯格与马云的对话中，扎克伯格谈到自己对创业的理解："你要想着解决问题，而不是开公司。这在硅谷是很普遍的问题。很多人在没有想到解决什么样的问题之前就开了公司，在我看来这是很疯狂的。"

无独有偶，奇虎 360 公司董事长周鸿祎在美国西雅图举办的第八届中美互联网产业论坛上接受记者关于如何看待"大众创业，万众创新"背景下出现的创业热潮时表示，"关于(创业)这个问题，我的观点多年没变过。首先，我当然鼓励创业和创新，因为中国最缺的就是创新精神和创新文化。其次，创业是需要勇气的，中国的年轻人如果一毕业都想去当公务员、去大企业拿铁饭碗，这个社会就会没有创业精神，社会不可能良性发展。但从另外一面来讲，很多人把'大众创业，万众创新'过于狭义理解，大家老是把创业定义成我自己开公司才叫创业，我认为真的不是所有人都适合开公司，创业讲的还是一种企业家精神"。可见，创办公司并不等于创业。

创业在含义上具有广义和狭义之分。广义上的创业，是指人们从事有关创新事业的生产经营活动，主要体现为主体在能动性的社会实践中所体现的一种特定的精神、能力和行为方式。而狭义上的创业即指主体自己开办公司，进行生产经营活动。而在大多数创业者的观点里，创业还停留在狭义的层面上。从广义的创业来说，加入一个创业团体或初创公司也是进行创业之路的优秀选择之一，通过在优秀的创业团体中积累经验，发挥自己的作用，同样是创业者实现自我价值的手段。

马云说："我一直的理念，就是真正想赚钱的人必须把钱看轻，如果你的脑子里老是钱的话，一定不可能赚钱的。"当创业的热潮涌来时，如果只是抱着想凭借创业的势头捞一笔，创业是不可能成功的。因为创业不是投机，应该是你为之奋斗的事业。如果抱着侥幸的心理，很可能是血本无归。

例 10.2　一心上市，却栽在了(中国)香港联交所门外

在 2007 年的胡润零售富豪榜上，ITAT 创始人兼董事局主席欧通国名列第三，仅位列苏宁创始人张近东和国美创始人黄光裕之后。截至 2007 年 7 月，ITAT 已获得连续两轮共 1.2 亿美元的巨额风险投资，投资方包括蓝山基金、摩根士丹利、Citadel、美林等名声赫赫的国际顶级投资机构。仅 2007 年一年，ITAT 的净利润就高达 10.4 亿元，然而不久之后，2010 年 12 月 16 日，中国惠盈联合供应链集团并购了 ITAT，ITAT 彻底陨落。ITAT 究竟是一家什么样的公司，它的经历能给创业者什么样的启示呢？

1. 良好开端

ITAT 是英文“International Trademarks Agent Traders”的缩写，也就是“国际品牌服装代理商”。ITAT 集团是一家通过开设 ITAT 国际品牌服装会员店、ITAT 百货会员俱乐部和 FASHION ITAT 时尚店来售卖服装的服装百货连锁企业。相对于传统的百货商场、批发市场和单一的品牌店的运营方式，ITAT 集团采取的是多服装品牌的连锁门店形式，实现了个性门店和电商的有机结合。

从 2004 年 9 月创立到 2008 年 5 月不到四年的时间里，ITAT 已经在全国开设了 780 家店铺，营业面积超过 160 万平方米，销售额也从 2004 年的 500 多万元跃升到 10.4 亿元，成为全球扩张最快的连锁零售企业。ITAT 有自己快速扩张的秘诀，分别是实行向上游供应商先铺货再结账的零货款，以及先进驻商场再和地产物业商结账的零场租。供应商、ITAT 和地产物业商之间按照销售额的 58%～62%、23%～32%、10%～15%浮动比例分成。ITAT 向供应商和地产物业商都开放了 IT 系统，保证它们对销售额的实时监控，获得合作伙伴的信任。

卖衣服不需要货款，开商店不需要租金，从商业模式上来说，ITAT 集团开创了一种新型的连锁经营模式，它将商场业主、供应商缔结成销售同盟，实现风险和利润的共享，即所谓的“商业和谐、多方共赢”的 ITAT 新模式。ITAT 通过整合资源，大大缩短了流通环节的长度，实现了借力发力不费力。而且 ITAT 面世的 2004 年正是国内服装生产厂商受国际反倾销逼迫，只能出口转内销，且销路陷入困境的时候，从这个角度来说，ITAT 集团可谓生逢其时。因此，ITAT 集团继 2006 年 11 月获得了美国蓝山(中国)资本的 5000 万美元的战略投资后，又先后获得美国摩根史丹利 3000 万美元、美国蓝山(中国)资本 3000 万美元、美国 Citadel 投资集团及美林(亚太)1000 万美元的投资。

2. 一心上市

投资完成后，投资方开始着手推动 ITAT 上市，还邀请了高盛和德意志银行。从此，ITAT 发展的唯一方向就是上市，也就开始了迅速而盲目的发展，在选址、招人、选货方面都呈现出无标准的混乱状态。为了能够在 2008 年第二季度达成(中国)香港上市并募集 10 亿美元的目标，为了让上报的客流量与员工的数目相符，要求每个门店再招 50%的员工，而不对这些员工做任何方面的考查；同时为了扩张门店，ITAT 要求每位员工递交门店拓展计划，而不考虑地段位置，只要求地产商能接受零地租的方式即可。在门店如火如荼扩张的同时，ITAT 门店却十分冷清，从北京、上海等一线大城市，到贵阳、秦皇岛等二三级城市，能实现盈利的门店屈指可数。ITAT 还让员工扮成顾客，制造“门庭若市”的假象；并通过内部财务管理软件，大幅虚增销售额，以应付投资人和投资银行的调查。ITAT 成立仅四年，其估值就被膨胀至千亿元以上，令人咂舌。

3. 幻想破灭

ITAT 集团集中一切力量应对上市，将上市作为了公司发展的唯一目标。然而，在第一轮聆讯被否决后，(中国)香港联交所收到一封关于举报 ITAT 存在虚增销售数据等不当会计行为的匿名信，第二轮聆讯被再度否决。随后高盛、美林终止与 ITAT 合作，由此引发了 ITAT 大规模的地震：裁员、关店、拖欠工资、拖欠货款等一系列问题纷纷被曝出。此时，对于 ITAT 及其投资人来说已经无法挽救败局，ITAT 的陨落已成定局。

ITAT希望通过超常规发展，尽快地完成上市任务。风险投资的进入也对ITAT超常规发展模式推波助澜，他们更多的是希望快进快出，希望ITAT能快速发展、快速上市、快速套现获利，但快速发展也预支了ITAT的未来。ITAT品牌弱、地点偏、不自行设计，令人找不到核心竞争优势所在。有评价说，ITAT=(没人要的衣服+没人去的地段+二流ERP系统+混乱的业态)×广告的狂轰滥炸，另有业内人士指出，ITAT高层很多是做资本运作出身，这意味着ITAT关注融资上市胜过产品本身。ITAT在拥有良好的创业开端以后没有一步一个脚印地壮大自己，而是急于求成，把发展的希望完全寄托于通过上市来获得资金支持。为了实现这个目的还不惜造假，通过盲目扩张、凭空哄抬公司估值的做法吹起一个巨大的泡沫，泡沫虽美丽，可惜泡沫一捅就破，幻象终将消失。这种将融资作为公司唯一目标的做法，只是投机取巧，难免一事无成。

10.3　只做营销不做产品的创业，终会竹篮打水一场空

有一句话说产品是1营销是0，说明产品是根本，营销是辅助。但是，从目前的互联网现状来看，只注重产品和过分倚重营销不做产品都是不合理的，需要在产品和营销中寻找一个平衡点。

在互联网行业，很多CEO往往是公司的产品经理，如乔布斯是苹果的产品经理，国内的互联网大咖们都自称做过产品经理，如马化腾、周鸿祎等。他们是决定自己的产品真正长什么样子，能够给用户带来什么价值的人。最有代表性的是乔布斯与百事可乐公司总裁斯卡利在苹果公司采取不同的策略带来不同影响的例子。斯卡利与乔布斯观念不同，斯卡利的经验在碳酸饮料行业，这种行业的产品研发投入很少，主要靠营销。乔布斯虽然也以营销见长，但乔布斯非常重视产品的独特价值，他认为首先要做出有吸引力的产品，再通过营销实现产品的价值。苹果之所以成功，与其产品本身的特色和价值是分不开的。

但是如果一味地只做营销不关心产品的用户体验，不对产品性能进行改造和提升，即使有发展的机会，最终也只能回到原点，牛皮吹得有多高，摔得就有多痛。

例10.3　“90后霸道总裁”不管公司，却要给员工一个亿

余佳文，男，1990年7月5日生于广东潮州，毕业于广州大学华软软件学院，是“超级课程表”、广州超级周末科技有限公司的创始人。高二时余佳文设计了一个高中生社交网站，并以100万的价格卖掉了这个网站，挖得人生第一桶金。2011年，余佳文在读大学时，发现自己根本记不住一星期三十节课所有的上课时间和上课地点，也不敢主动向遇到的漂亮女生要联系方式。这些给了余佳文创业灵感。他建了一个8人创业团队，开发了软件“超级课程表”。2012年，他自己的公司——广州超级周末科技有限公司成立，同年8月，第一笔天使投资确定，2013年1月份第二笔天使投资也确定。2013年6月，余佳文参加东南卫视创业真人秀节目《爱拼才会赢》，首个进入全国五强。

“超级课程表”的功能主要是为用户提供查看课表、记录课堂笔记、成绩查询以及其他服务，并且能根据以往每堂课老师的点名频率预测点名的概率，还能帮助交友，让同学认识其他想要了解的同学，方便同学间更即时、更便捷的交流。此时的“超级课程表”，在运作和实际效果方面都还是不错的，但是此时的“超级课程表”团队却将发展的重点

放在营销上，忽视了产品本身的性能提升，使公众的目光集中在余佳文本人而不是产品。

余佳文在2014年11月参加了中央电视台综合频道推出的《青年中国说》节目，节目中他公开承诺“明年拿出一亿元给员工分红”，并提到“超级课程表”的管理模式中有“员工工资自己开”“上下班时间自己掌控”“鼓励员工用打架解决问题”，余佳文张狂的发言、张扬的个性受到了媒体和公众的关注，被称为“90后霸道总裁”。然而，当被问及公司的组织构架时，他却说：“我不喜欢管公司。我每天抽烟、喝酒、泡茶，不管公司。老板要管公司吗？”被问到是如何盈利时，他回答：“超级课程表”怎么赚钱关别人什么事。我喜欢聊梦想，不喜欢聊怎么赚钱。赚钱在我心目中是关上门来讲的，一个CEO整天说他是怎么赚钱的，说难听点他肯定是不赚钱的。”

头顶“90后创业成功人士”的桂冠，余佳文频繁出入各大媒体，然而，他展示给公众的却是十分消极和负面的形象。虽然这种故意炒作给“超级课程表”带来了一定的下载和使用量，但是由于团队的关注点并没有放在产品本身，2015年推出的“超级课程表”新版本遭到了用户的普遍质疑，新版本弱化了课表功能，强化了社交功能，并且在社交功能中还存在一些低俗的内容。“超级课程表”也因为余佳文一句“拿出一个亿给员工分红”的戏言，错失了俞敏洪的投资。2015年8月，余佳文参加中央电视台《开讲啦》节目，被问到“一亿分红”的承诺时，却公开反悔，表示放弃之前的承诺，并在节目中戏称，年轻人的企业就是玩出来的，不必过于认真。这样的态度让在场的360董事长周鸿祎极为不满，直接指责余佳文讲话虚伪。节目播出后，舆论哗然，认为余佳文浅薄无知，产品不怎么样就通过低俗、虚假的炒作来营销自己，甚至有网友评论他说：“全世界的牛皮都让你吹了，现在圆不上还这么横。”

终于，余佳文再也坐不住了，以长微博的形式发出道歉信。向社会公众、90后、创业者和员工道歉，并且指出，“因为自己不负责任的言论，传递了一种信息：好像口出狂言就能把公司做起来，信口开河可以不承担后果，让不讲信用的人也能继续混下去。”“请求大家给我一个机会，让我在哪里跌倒，在哪里爬起来，重新赢回大家的信任。”

余佳文的恶意炒作、过度营销不仅给社会造成了极大的负面影响，自身的事业发展也受到致命重创，已有投资人因为他口出狂言而放弃投资，余佳文不得不吞下因过度营销种下的恶果。

本章要点回顾

1. 创业不仅需要勇气，更需要创业相关的知识、经验和智慧，不能盲目跟风创业。
2. 创业需要具备创新精神和创新文化，单纯以盈利为目的的创业不可取。
3. 根据目前的互联网现状，创业者需要在产品和营销中寻找一个平衡点。

本章思考题

1. 创业者需具备的基本能力有哪些？
2. 导致创业失败的关键问题有哪些？
3. 创业中有哪些规避风险的技巧？

致 谢

书稿从开始撰写到完结，历经将近一年的时间，饮水思源，在此表达作者的诚挚谢意，也期望本书对高校创业学的教学有些许贡献。

随着社会的不断进步，创新创业人才已经成为社会紧缺人才。高校是承担培养高素质人才的主要场所，在当下如何优化学生创新创业能力已经成为高校首要关注的问题，大学生创新创业人才的培养工作也面临着新的挑战。在编写本书的过程中，作者时常担心自己才疏学浅，不能为高校育人工作和创业者提供更多帮助。幸而有各位同仁和老师的全力帮助，在书稿写作过程中携手探讨，现一并致谢。特别感谢在书稿资料查找过程中老师和同学们的鼎力支持，感谢宋俊宏、杨洋、谭笑、孙彦文、王加林、刘晗悦、韩冰、薛逸凡、王新宇、房庆云、曹佳、陈曦轶、侯倩、王映雪等的大力帮助，感谢各位同仁的才智贡献。

同时，感谢西南交通大学教务处、科研院等单位在书稿撰写过程中给予作者的大力支持。